叢書・働くということ

第4巻

人事マネジメント

佐藤博樹［編著］

ミネルヴァ書房

「叢書・働くということ」刊行によせて

　人はどのように働けばよいのか，というのが本叢書の目的である。人はなぜ働くのか，と問われれば，ほとんどの人は生活するための資金を稼ぐためと答える。しかし，人は食べるためだけに働くのではない。仕事をうまく成就することによって得られる満足感を求める人も多い。ただ，一方では勤労は苦痛を伴うことでもあるので，ほどほど働くだけでよい，という人もいる。これらの兼ね合いをどう考えればよいのかが本叢書の目的といってよい。

　働き方の多様化が叫ばれる時代となった。フルタイム労働かパートタイム労働かの選択はその一例であるし，派遣会社に所属しながら他社に派遣されて働く人もいる。一度働いてからもう一度学校に戻り，また働く人もいる。さらに，企業に雇用される人もいれば，自営業や起業家として働く人もいる。働き方の多様化を物語る例の一部である。

　このような多様化を発生させているのは，働く人々の労働供給への希望と，雇用する側の労働需要とそれに伴うコスト意識が要因である。人々が働きやすく，かつ満足を得るための働き方とはどのような姿であるか，そして企業はどのようにしてこのような人を雇用し，かつ人材形成を図るのか，ということを考案したい。ところで，経済を効率的に運営するには，働く人の生産性が高く，かつ企業も費用を少なくする体制を維持することが肝要である。いわば労働者の満足を高めつつ，経済効率をも高めるための労使関係のあるべき姿を探求するのが本叢書である。

　これまでの労働経済学と労使関係論の主たる分析対象は，中核的労働者であるフルタイムの男性に向けられていた。しかし，これ以外の労働者，特に若者，女性，高齢者の比率が高まっているので，これらの人に注目して働き方を考える。実はこれらの人々が，まさに働き方の多様性の真ん中にいる人なので，詳しく論じることの意義は大きい。どのような働き方をすればよいのか，という論点に加えて，若者に関しては学校から職場へのスムーズな移動，女性に関してはワークライフバランスをどう達成するか，高齢者に関してはどのように蓄積した技能を生かし，かつ後の世代にどう移転するか，といったことが課題となる。

　日本は少子・高齢化の中にある。減少する労働人口と，増加する引退世代の中での働き手の確保は，日本経済にとって死活問題である。生産性が高く，かつ勤労意欲の高い労働者の数を多くし，かつ働く人の満足度も高い労働の世界を達成するために，労働者，企業，政府の役割を探求するものである。

　平成21年（2009）3月

監修委員　橘木俊詔
　　　　　佐藤博樹

　　　　　　　は　し　が　き

　本書は，本シリーズ「叢書・働くということ」において，企業の人材活用，すなわち人事マネジメントや人事管理の視点から「働くこと」の現状や課題を考察するものである。
　企業の人事マネジメントは変化しているあるいは変革が必要ともいわれている。たしかに，企業の人材活用を巡る環境は激変しており，人事マネジメントが扱うべき課題も大きく変化している。たとえば，市場環境や技術構造の変化に対応できる人材の育成（変化への対応力や高い学習能力），人材活用ポートフォリオの構築，労働力の供給構造の変化（女性化，高齢化）に対応した人材活用，新しい労働法制への対応，さらには労働者のライフスタイルや価値観の変化に即した働きかたの見直し（ワーク・ライフ・バランス支援）などをあげることができる。このように人事マネジメントが対処すべき課題は，多様化，複雑化している。しかし，企業経営において人事マネジメントが担うべき役割が変わったわけではない。人事マネジメントが担うべき基本的機能は，企業経営が必要とする労働サービスを充足することであり，そのために労働サービスの担い手である労働者の人的資源の開発と労働意欲の維持向上を図ることが課題となる。後者の労働意欲の維持向上のためには，労働者の就業ニーズを満たすことが必要条件となり，そのことを通じて企業経営が必要とする労働サービス需要が充足できることになる。つまり，人事マネジメントが実現すべき課題は，企業経営の労働サービス需要と労働者の就業ニーズの両者を同時に充足することであり，この点に人事マネジメントの難しさと面白さがあるのである。
　本書は，序章と3部構成の各章からなる。序章では，人事マネジメントの役割を概観する。すなわち企業経営において人事管理が担うべき基本的な機能を説明するとともに，経営戦略と人事戦略および人事管理制度の関係，さらに企業によるそれらの選択を制約する外部環境および内部環境を紹介する。第Ⅰ部「コア人材の活用と課題」では，人事マネジメントのうち賃金管理，能力開発，

労働時間管理の3つの主要な管理領域を取り上げ，現状と課題を分析する。第Ⅱ部「環境の変化と人材活用の課題」では，採用から退職までの雇用管理において人事管理が直面している課題を取り上げる。第Ⅰ部と第Ⅱ部では，人事マネジメントの対象としてコア人材すなわち正社員を取り上げているが，第Ⅲ部「非典型社員と外部人材の活用」は，正社員以外の人材を分析の対象とする。最近，活用が増加している非典型社員と外部人材の活用の現状と課題を，産業社会学，労働法，労働経済学のそれぞれの視角から分析を加える。

　本書の内容は，第6巻『若者の働きかた』，第7巻『女性の働きかた』，第8巻『高齢者の働きかた』の各テーマと深く関係するものであることから，あわせて読まれることを期待したい。

　最後に，本書の刊行に際して，丁寧な編集をしていただいたミネルヴァ書房編集部の皆様，とりわけ堀川健太郎氏にお礼を申し上げたい。

　2009年8月

佐藤博樹

人事マネジメント

目　　次

はしがき

序　章　企業環境の変化と人事管理の課題 ……………… 佐藤博樹…1
  1　本章の構成 …………………………………………………………… 1
  2　人事管理の基本的機能 ……………………………………………… 1
  3　企業の内外環境と人事戦略および人事管理制度 ………………… 5
  4　企業内外の環境変化と人事管理の課題 …………………………… 13
  5　人材活用の多元化と人事管理および賃金管理の課題 …………… 16
  6　本書の構成 …………………………………………………………… 26

第Ⅰ部　コア人材の活用と課題

第1章　労働費用と個別賃金管理──持続と変化 ………… 今野浩一郎…33
  1　変化の時代にある賃金 ……………………………………………… 33
  2　労働費用と個別賃金をみる視点 …………………………………… 34
  3　労働費用の管理の現状と方向 ……………………………………… 40
  4　賃金制度の現状 ……………………………………………………… 43
  5　賃金制度のこれからの課題 ………………………………………… 47

第2章　人材育成の未来 ……………………………………… 守島基博…55
  1　人材育成のメリット ………………………………………………… 55
  2　1990年代から起こった人材育成の消極化 ………………………… 58
  3　90年代からの人材育成の評価 ……………………………………… 65
  4　キャリアを通じた育成の再構築 …………………………………… 73

第3章　新しい労働時間管理──規制の強化と緩和 ……… 佐藤　厚…81

iv

1 多様化する労働時間 …………………………………………… 81
 2 長労働時間の現状と背景 ……………………………………… 82
 3 勤務形態,就労意識,労働時間,そして仕事・職場の性格 ………… 84
 4 結果を解釈する——事例分析 ………………………………… 89
 5 弾力的労働時間制の運用の適正化の条件 …………………… 94

第Ⅱ部　環境の変化と人材活用の課題

第4章　ミスマッチを軽減する採用のあり方 …………… 堀田聰子 … 103
　　　　　——RJPを手がかりにして

 1 ミスマッチの軽減と採用のあり方 …………………………… 103
 2 新人の定着を促すRJP理論とは …………………………… 105
 3 RJPと体験的就業を通じたマッチング ……………………… 109
 4 RJPとしてのインターンシップ …………………………… 117
 5 組織と個人が選びあう関係 …………………………………… 124

第5章　ワーク・ライフ・バランスと企業組織への課題 …… 藤本哲史 … 133

 1 従業者のワーク・ライフ・バランス ………………………… 133
 2 仕事と生活の「アンバランス」 ……………………………… 144
 3 ワーク・ライフ・バランスのコンセプトと組織文化の融合 ……… 152
 4 ワーク・ライフ・バランス推進の課題 ……………………… 157

第6章　定年延長か継続雇用か？ ……………………… 八代充史 … 161
　　　　　——60歳定年以降の雇用延長

 1 高齢者雇用と雇用延長 ………………………………………… 161
 2 定年制 …………………………………………………………… 162

3 60歳への定年延長……………………………………166
4 60歳以降の雇用延長…………………………………170
5 継続雇用制度と人的資源管理改革…………………174
6 継続雇用制度と残された問題点……………………177

第Ⅲ部　非典型社員と外部人材の活用

第7章　非典型雇用の人材活用……………………佐野嘉秀…185
――非典型雇用の仕事とその割り振り

1 非典型雇用の仕事をみる視点………………………185
2 非典型雇用の仕事に関する既存研究………………188
3 非正社員の仕事とその割り振り――アンケート調査から…191
4 外部人材の仕事の範囲………………………………195
5 正社員のキャリアと非正社員の仕事………………197
6 類型別にみた非正社員への仕事の割り振り………203
7 非典型雇用の仕事とその割り振り…………………210

第8章　パート社員の活用と均衡処遇……………土田道夫…216
――法的観点からの考察

1 問題の所在……………………………………………216
2 パートタイム労働法（短時間労働者法）…………218
3 パートタイマーの雇用関係と法……………………220
4 「パート社員の活用と均衡処遇」の今後……………239

第9章　非正社員から正社員への転換……………原　ひろみ…246
――正社員登用制度の実態と機能

　　　　　　　　　　　　　　　　　　　　　　　　　　目　次

1　正社員登用制度の現状と非正社員の意識 …………………………246
2　正社員登用制度の実態——どのような事業所で導入されているのか？……253
3　正社員登用制度の機能——若年非正社員に着目して ………………259
4　正社員登用制度への期待 ………………………………………………264

索　引

序章　企業環境の変化と人事管理の課題

佐藤博樹

1　本章の構成

　企業経営において人事管理が担うべき基本的な機能は，企業規模や業種さらには資本形態を問わず共通している。経営目的を実現するための競争戦略など経営戦略や企業が置かれた環境条件の下で，人事管理の基本的な機能を実現するために，企業は人事戦略や人事管理制度（雇用制度，報酬制度，労使関係とその運用）を選択することになる。人事戦略や人事管理制度を制約する企業の環境条件には，外部環境（法制度や労働市場構造など）と内部環境（技術的条件や労働者の価値観など）の2つがある。

　以下の第2節では企業経営において人事管理が担うべき基本的な機能について簡単に説明を行う。第3節では経営戦略と人事戦略および人事管理制度の関係，さらに企業によるそれらの選択を制約する外部環境および内部環境を紹介し，つぎの第4節で外部環境や内部環境における最近の変化とその人事管理にもたらす課題を検討する。第5節では人材活用の多元化を取り上げ，賃金管理や人事管理の課題について議論する。最後の第6節では本書の構成を説明する。

2　人事管理の基本的機能

人事管理とは

　企業は，ヒト（人的資源），モノ（生産設備），カネ（資本）という3つの経営資源から構成されている。人事管理は，企業を構成する経営資源のうちのヒト

つまり人的資源に関わる管理機能を担う。他の経営資源であるカネに関わる財務管理，モノに関わる購買管理や生産管理などと並び，人事管理は経営管理を構成している。経営管理としての人事管理が実現すべき課題は，企業が事業活動に必要とする労働サービス需要を，支払い可能な人件費総額の枠内で合理的に充足することであり，そのためには，下記の3つの機能を担うことが必要となる。

第1は，企業の事業活動に必要とされる質と量の労働サービスが，必要とされるときに提供されるように，人的資源を確保，開発しその合理的な利用を図ることである（企業の労働サービス需要の充足機能である雇用管理）。

第2は，人的資源の担い手である従業員が，労働サービスの提供に対する反対給付として企業に期待している報酬内容（広義の労働条件）を適切に把握し，支払い可能な人件費総額の枠内でその充足を図ることである（従業員の就業ニーズの充足機能である報酬管理）。

第3は，企業の人的資源の活用方法や報酬に関する従業員やその集団（職場集団や労働組合など）の要望と，企業が合理的と考える人的資源の活用方法や企業が提示可能な報酬内容と調整を図ることである（個別的労使関係及び集団的労使関係における利害調整や安定維持としての労使関係管理）。この機能は，企業の労働サービス需要の充足と従業員の就業ニーズの充足の両立を図るための調整機能であり，第1と第2が円滑に機能するための前提条件となる。

以上のように，人事管理が実現すべき課題は，企業が事業活動に必要とする労働サービスの充足にあるが，その実現のためには，従業員の就業ニーズの充足，さらには企業の労働サービス需要と就業ニーズの調整にかかわる労使関係の調整と安定化が求められる。

従業員，人的資源，労働サービスの関係

これまで定義せずに使用してきた従業員，人的資源，さらに労働サービスの3つの関係は次のようになる。従業員が保有する職業能力が人的資源であり，労働サービスは，従業員が保有する人的資源を活用し企業に対して提供する具体的な労働内容である。言い換えれば，人的資源は潜在的な職業能力であり，労働サービスは顕在化した職業能力となる。

すでに述べたように，人事管理が実現すべき課題は，「企業が事業活動のために必要とする労働サービスの充足」にあるが，その労働サービスの質と量は，企業の事業活動のあり方に規定されるものである。企業の事業分野や活動内容が変われば，必要とされる労働サービスの質と量が変化する。企業の事業活動の変化は，人事管理の課題を変えることにもなる。さらに，労働サービスの質の変化は，従業員が保有する人的資源である職業能力に変化（質的調整）を求めることとなり，また労働サービスの量の変化は人的資源の担い手である従業員の人数や労働時間の変更（量的調整）を必要とする。職業能力を変える方法には，人的資源の担い手を外部から新たに採用することと，既存従業員の人的資源の開発つまり能力再開発の2つがある。企業として事業分野や事業内容を持続的に変革していくことが不可避な市場環境の下では，人事管理において人的資源開発がきわめて重要な役割を担い，そのことは従業員に対して継続的な能力開発を可能とする「高い学習能力」を求めることになる。

人事管理の前提としての労使関係
　人事管理がその課題を達成するためには，労働サービスを提供できる人的資源を保有する従業員を確保，育成するだけでなく，従業員が保有する人的資源に関する活用意欲や開発意欲を従業員から引き出したり，それを維持向上させたりすることが必要となる。人的資源の活用意欲と開発意欲をあわせて「勤労意欲」と呼ぶとすると，従業員の勤労意欲を引き出したり高めたりするためには，勤労意欲を引き出す動機付けとなる誘因の開発と提供が求められる。動機付けとなる誘因の開発と提供が，人事管理における広義の報酬管理である。動機付けとなる誘因は，従業員の価値観や就業ニーズに規定され，時代とともに変化するだけでなく，従業員によっても異なるものとなる。
　人事管理において，従業員の仕事に対する動機付けが重視されるのは，人的資源の担い手である従業員は，モノやカネとは異なり主体的な存在であり，労働サービスの提供は従業員の人的資源の活用意欲に，人的資源の開発はその開発意欲に規定されることによる。人的資源の活用意欲が低ければ，従業員が人的資源を保有していても必要な労働サービスが提供されないことになる。また，人的資源の開発のために能力開発の機会を提供しても，従業員の開発意欲が低

ければ能力開発は実現できない。つまり，人事管理は「管理」であるが，その管理の成否は，人的資源の担い手である従業員の主体的な行動に依存する。従業員が主体的な存在であるが故に，「自己」管理が人事管理の目標となる。この意味において，従業員の仕事に対する動機付け要因の開発と提供を担う報酬管理とその前提となる労使関係管理が，人事管理においてきわめて重要な役割を担うのである。

　以上のように，企業の人的資源の活用ニーズつまり労働サービスの充足は，従業員の就業ニーズによって制約され，労働サービスの充足は，両者の調整過程（労使関係）を経た結果としてはじめて実現される。人事管理に関わる制度や運用は，この調整過程すなわち労使関係の産物でもある。労使関係管理が円滑に機能しない場合には，仕事や報酬や人間関係，さらに仕事と生活の関係などに関する従業員の要望が実現できず，また従業員の不満が解消されないと，そのことは従業員の離職率を高めたり，勤労意欲を引き下げたり，さらには生産性や創造性の低下をもたらすことになりかねない。

人事管理の担い手として管理職

　人事管理が担うべき前述した3つの機能（雇用管理，報酬管理，労使関係管理）の担い手は，人事管理セクションのみでなく，部下を持った管理職もその機能の多くを担っている。管理職が人事管理機能を担っていることは，人事管理が他の経営管理と異なる点でもある。人事制度がその趣旨に即して運用されるかどうかは，管理職のマネジメントに依存することになる。それだけでなく，管理職がそれぞれの職能分野の中で担うことが期待されているマネジメントが，結果として人事管理の機能のあり方を左右する。この点を人的資源の開発である能力開発を取り上げて，つぎに説明しておこう。

現場の管理職が人事管理機能を担う

　採用基準や賃金制度など人事管理の制度の設計は，経営者や人事セクションが担うことになるが，能力開発や部下の意欲を引き出すこと，部下の日々の不満や苦情への対応は，現場の管理職の役割となる。ここでは能力開発を例として説明しよう。

能力開発機会として，主として研修など Off-JT が想定されている場合も多い。しかし，Off-JT も重要であるが，能力開発として必要不可欠なのは，仕事に従事しその仕事をこなしていくことが結果として能力開発機会となる OJT（仕事を通じての能力開発）である。この OJT が円滑に機能するためには，職場の管理職による人事管理，つまり人材育成を考慮した仕事の配分やアドバイスが鍵となる。従業員一人ひとりの育成目標を設定し，それに応じた仕事を配分し，アドバイスを行い，さらに能力伸長を評価して次の段階の育成へとつなげることが必要となる。つまり，能力開発としての OJT の担い手は現場の管理職であり，管理職は与えられた仕事をこなしていくだけではなく，同時に部下を育成する人事管理能力が問われることになる。しかし，現場の管理職が，日々の仕事に追われて，人事管理まで対応できないことも少なくない。この点が改善されない限り，従業員の能力開発，さらには従業員の仕事に対する意欲を維持向上するための環境整備も難しいものとなる。管理職が仕事に追われずに，人事管理を担えるように，管理職の人事管理能力を高めると同時に，人事管理のための時間を確保できるようにすることが重要となる。

たとえば，短期間に退職者が多く発生し，それを補うために多くの新人が採用されると，仕事に必要な能力と従業員が保有する能力の間にアンバランスが生じることになる。そうした場合，管理職がその不足をカバーすることが少なくなく，その結果，管理職が新人の育成に時間を十分に確保できなくなり，そのことが新人の離職率を高めて，人材がさらに不足するなどの悪循環に陥ることも珍しくない。このような場合，人事セクションとして，短期的に追加要員を配置するなど，現場の管理職が人事管理機能を担えるように支援することが必要となる。

3　企業の内外環境と人事戦略および人事管理制度

企業の内外環境と人事戦略および人事管理制度

人事管理が担うべき基本的機能を説明したが，その機能を実現するために企業が選択する人事戦略や人事管理制度は，経営戦略だけでなく，企業が置かれた内外の環境条件によって制約される（図序 - 1 参照）。言い換えれば，企業が

図序-1　人事管理制度の規定要因

(出所)　筆者作成。

選択する人事戦略や人事管理制度は，固定的なものではなく，環境条件が変化する場合には，それに適応するために変革を求められることになる。つまり，企業の内外の環境条件の制約の下で，競争戦略などの経営戦略に対応した人事戦略に基づいて人事管理制度が構築されるのである。

企業の経営戦略と人事戦略や人事管理制度の関係に関しては，ベストフィット・アプローチ（コンティンジェンシー・アプローチとも呼ばれる）とベストプラクティス・アプローチの2つの考え方がある。前者は，経営戦略によってそれに適合的な人事戦略や人事管理制度は異なるものであるとするのに対して，後者は経営戦略とは別に，企業の好業績をもたらす望ましい人事戦略や人事制度が存在すると考えるものである。

前者のベストフィット・アプローチとして，ポーター（Porter）の競争戦略に基づいて3つの戦略（イノベーション戦略，高品質戦略，コスト削減戦略）を想定し，それぞれに適合的な人事戦略や人事管理制度を明らかにした研究をあげることができる（Schuler & Jackson 1987）。この研究は，異なる競争戦略には従業員に求められる適合的な役割行動が存在するとし，その役割行動の実現に貢献する人事戦略と人事管理制度を整理している。この考え方は，企業の置かれた環境によって競争優位を獲得できる競争戦略が異なり，それぞれの競争戦略に適合的な人事戦略や人事管理制度を選択することの必要性を主張するものである（対外的なフィットの重視）。この議論は，経営戦略—人事戦略—人事管理制度の間の「整合性」や「一貫性」の重要性を指摘するものである。

他方，後者のベストプラクティス・アプローチに分類できる研究の多くは，持続的に良好な経営業績を実現できている企業には，共通した人事戦略や人事管理制度が存在することを明らかにしようとするものである。人事管理に関わる従来の研究の多くは，ベストプラクティス・アプローチに分類できるものが多い。たとえば，科学的管理法，人間関係論，行動科学などは唯一望ましい管

理手法を明らかにしようとしたと考えることができる。人事管理におけるこうした研究として，フェファー（Pfeffer）の業績をあげることができる。それは，好業績企業の人事戦略や人事管理制度に共通した特徴を明らかにして，それを①高い雇用保障，②慎重な選抜に基づく採用，③組織設計における自立的管理チームと権限の委譲，④組織のパフォーマンスに連動した報酬制度，⑤幅広い教育訓練，⑥組織内の様々な処遇格差の縮小，⑦企業内における情報共有の7つに整理している（Pfeffer 1998）。

　ベストフィットとベストプラクティスの両アプローチは，人事戦略と人事管理制度が，企業の競争優位を支えるものであると考える点は同一である。その点では，競争優位の源泉を企業内の経営資源に求める資源ベース理論（Resource-Based View）とも共通し，両アプローチは経営資源の中でも人的資源を重視する。言い換えれば，他社が模倣できず外部から調達できない「人的資源」を競争優位の源泉と考えるものであり，人的資源の開発の重要性の指摘となる。ただし，ベストプラクティス・アプローチは，企業の競争優位を支えることができる人的資源のあり方はひとつで，そのため人的資源を支える人事戦略と人事管理制度には共通した特徴があること，つまり普遍的なものであることを主張する点に特徴がある。

　ベストフィットとベストプラクティスの両アプローチは，異なる視点と考えることもできるが，詳細にその内容を検討すると，両者は議論における次元の違いとして整理することもできる。第1に，企業環境や経営戦略によってそれぞれに適合的な人事戦略や人事管理制度が存在すると当時に，それぞれに適合的な人事戦略や人事管理制度にはベストプラクティスが存在すると理解できること，第2に，経営戦略などに適合的な人事戦略や人事管理制度は異なるものとなるが，異なる人事戦略や人事制度には共通した基本的な原理や原則があると考えることによる（Boxall & Purcell 2003, ch. 3）。フェファーの研究による7つの特徴のいくつかは，後者のこうした基本的な原理や原則を明らかにしたものと考えることができよう。

　また，企業環境や経営戦略あるいは経営戦略と人事戦略などとの間のベスト・フィットとは別に，人事管理制度の施策間の整合性，つまり内的なフィットの重要性を指摘する研究も注目される。内的なフィットは，ベストフィット

とベストプラクティスとは別の次元の議論であるが，人事管理制度の設計に際しては重要な視点である。また，同様の考え方として，人事管理制度のまとまりを人事管理制度の束（Bundle）と呼び，個々の人事管理制度ではなく，人事管理制度をひとつのまとまりのあるシステムとして理解し，人事管理制度における個々の施策間の整合性や一貫性に着目し，人事管理制度の施策の組合せや一貫性の程度とその効果などを実証的に把握する研究などが行われている。こうした研究からは，人事管理制度における望ましい組合せが主張されることになる（Perry-Smith, Jill & Terry 2000 など参照）。

人事戦略や人事管理制度と外部環境および内部環境

人事戦略や人事労務制度の選択を制約する環境要因は表序‐1のようになる。内部環境として経営者のイデオロギー，技術的条件，労働者の価値観やイデオロギーを，外部環境として労働市場や製品市場などの市場的条件，権力構造，法システムなどをあげることができる。

内部環境における経営者のイデオロギーは人事戦略を，技術的条件は企業として必要とする労働サービスの質を，労働者の価値観や就業ニーズは動機付けに有効な誘因をそれぞれ制約する。また外部環境の労働市場条件は企業として採用可能な人的資源の量や質を，製品市場における企業の位置は提示可能な労働条件の水準を，権力構造は経営目標やコーポレイトガバナンスのあり方を，法システムはミニマムの労働条件や雇用ルールなどを，それぞれ制約することになる。

言い換えれば，こうした内外環境が変動すると，人事戦略や人事管理制度の改革が必要となる。たとえば，技術的条件である製造技術の変化は人材育成の仕組みの変更を，労働市場の供給構造の変化である人口減少の進展は多様な人材活用を可能とする人事管理制度への改革などを必要とする。

人事戦略としての「柔軟な企業モデル」

人事戦略の基本的な考え方の例として，J. アトキンソン（Atkinson 1985）の「柔軟な企業モデル」（Flexible Firm Model）と日経連の「雇用ポートフォリオ論」を紹介しておこう。

序章　企業環境の変化と人事管理の課題

表序-1　人事戦略・人事管理制度を制約する内外環境

内部環境	○経営者の価値観やイデオロギー：人事戦略を制約 ○技術的条件（技術の性格など）：必要とされる労働サービスの質を制約 ○労働者の価値観や就業ニーズ：動機付けに有効な誘因を制約
外部環境	○市場的条件 　労働市場の条件（労働力の需給条件と構造；人口構成（年齢，性別），学校教育，労働組合の供給規制など）：人的資源の量と質を制約 　製品市場における企業の位置（予算制約など）：提示できる労働条件を制約 ○権力構造（中央集権的・分権的，民主主義の浸透度，資本構成や所有と経営の分離の程度など）：経営目標やコーポレイトガバナンスの性格を制約 ○法システム（労働基準法，労働組合法，男女雇用機会均等法，社会保障システムなど）：労働条件のミニマムや雇用ルールなどを規定

（出所）　筆者作成。

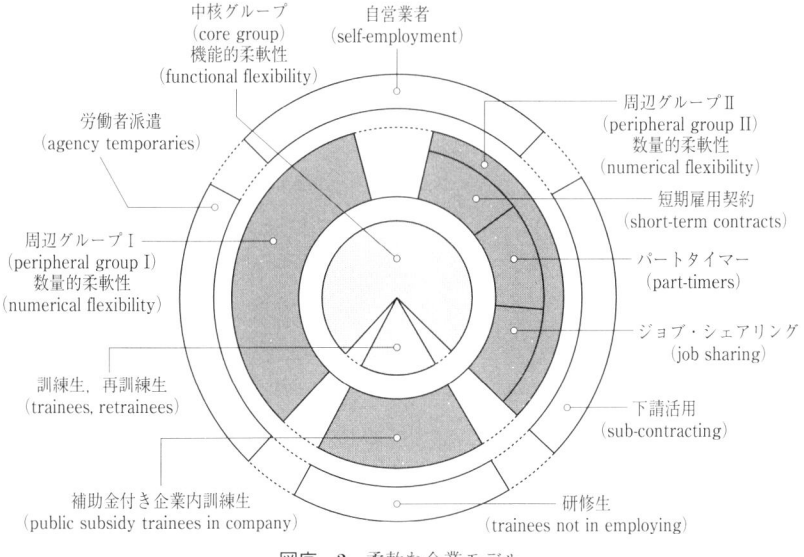

図序-2　柔軟な企業モデル

（出所）　Atkinson (1985).

「柔軟な企業モデル」は，国際競争の激化や競争範囲の拡大，さらには産業構造や技術構造の変化を背景とする製品市場の不確実性の増大などに対応するための人材活用戦略としてイギリスの研究者であるアトキンソンによって提唱されたものである（図序-2参照）。「柔軟な企業モデル」は，企業の労働力需要の

量的および質的な変化への対応能力の向上，さらには労働市場の需給や企業の支払い能力を適切に反映できる労働費用の実現を目指したものである。

労働力需要の量的変動への対応能力を「数量的柔軟性」(numerical flexibility)，質的変動への対応能力を「機能的柔軟性」(functional flexibility)，支払い能力と労働費用の連動強化を「金銭的柔軟性」(financial flexibility) と定義し，それぞれの柔軟性の向上を可能とする人事管理制度を提示している。なお，「数量的柔軟性」から労働力需要の時間的な変化への対応力を「時間的柔軟性」(temporal flexibility) として別に定義する論者も多いことから，ここでもそれを採用する。

上記の4つの柔軟性の向上を，人的資源のセグメント化，業務の外部化，労働時間制度の柔軟化，賃金制度の成果主義化などで達成しようとするのが，「柔軟な企業モデル」の骨子である。

「数量的柔軟性」は有期雇用の労働者の活用，業務の外部化，派遣労働者や請負労働者の活用，さらには継続雇用ではあるがキャリアが浅く技能レベルが低い労働者の活用（高い離職率，浅い内部労働市場）など労働力需要の変動に対して労働投入量の調整を可能とする仕組みによって実現し，「機能的柔軟性」は職場や職種の転換を受け入れることが可能な幅広い技能や知識を保有した労働者を確保，育成することで実現し，「時間的柔軟性」はフレックスタイム制や変形労働時間制などで実現し，最後の「金銭的柔軟性」は業績給や利益配分制などで実現できるとされている。

「数量的柔軟性」を担う有期雇用の労働者や派遣労働者さらには請負労働者が配置される仕事には，①定型的で単純な業務つまり技能水準の低い仕事と，②企業横断的な技能ではあるが専門的で高い技能水準を必要とする業務の両者が含まれる。なお前者は，後者に比べ労働条件は相対的に低いものとなる。「機能的柔軟性」は，企業の人的資源投資によって企業特殊的な技能を習得しかつ深い内部キャリアが提供された労働者が担うものとされる（深い内部労働市場）。こうした労働者は，「機能的柔軟性」を担うことで，雇用保障と良好な労働条件を獲得できることになる。

旧日経連（現，日本経団連）の新・日本的経営システム等研究プロジェクト(1995)が発表した『新時代の「日本的経営」——挑戦すべき方向とその具体

序章　企業環境の変化と人事管理の課題

表序 - 2　雇用ポートフォリオを構成する雇用形態の特徴

	雇用形態	対　象	賃　金	賞　与	退職金・年金	昇進・昇格	福祉施策
長期蓄積能力活用型グループ	期間の定めのない雇用契約	管理職・総合職・技能部門の基幹職	月給制か年俸制職能給昇格制度	定率＋業績スライド	ポイント制	役職昇進職能資格昇格	生涯総合施策
高度専門能力活用型グループ	有期雇用契約	専門部門（企画，営業，研究開発等）	年俸制業績給昇給なし	成果配分	なし	業績評価	生活保護施策
雇用柔軟型グループ	有期雇用契約	一般職技能部門販売部門	時間給制職務給昇給なし	定率	なし	上位職務への転換	生活保護施策

(出所)　新・日本的経営システム等研究プロジェクト (1995)。

策』は，雇用ポートフォリオ論と命名された雇用戦略を提起した。それは企業の内外環境の変化を踏まえ，「人材の育成と業務の効率化を図りつつ，仕事，人，コストを最も効果的に組み合わせた企業経営」を実現するために考案されたものである。企業が活用する雇用層を「長期蓄積能力活用型，高度専門能力活用型，雇用柔軟型従業員の3つのタイプ」にわけ，それらの雇用を効果的に組み合わせた「自社型雇用ポートフォリオ」の構築を提案するものである。3つの雇用層の対象や処遇は，表序 - 2のようになる。「自社型雇用ポートフォリオ」は，企業規模や業種の特性で異なると述べられているが，3つの雇用層の中で，長期蓄積能力活用型グループ，つまり長期継続雇用が「今後とも基本的に大切にすべき雇用慣行」としていることに注目する必要がある。なお，提起された雇用ポートフォリオ論には，雇用関係のない派遣社員や請負社員の活用が含まれておらず，その後の企業の人材活用の実際と異なることが注目される。

人材調達の2つの方法──内部化と外部化

「柔軟な企業モデル」は，企業が必要とする人的資源の内部調達（内部化）と外部調達（外部化）を組み合わせることで，環境変動への適応能力を高める戦略と見ることもできる。人材活用における内部化と外部化の境界あるいは比率はどのよう決まるものなのか。

内部化と外部化を規定する要因には，①技能の企業特殊性の程度，②外部労働市場における需給状況や外部労働市場から供給される人的資源のレベル，③企業の人事労務管理や労使関係の慣行，④業務を分離したり外部化する容易さなどをあげることができる。技能の企業の特殊性が高いほど，外部労働市場から必要な人的資源の調達が困難であるほど，業務の分離が難しいほど，労働組合が業務の外部化に反対しているほど，企業は人事戦略として人的資源の内部化を選択する傾向が強まることになる。内部化と外部化の選択のポイントはつぎのようになる（佐藤編 2008b 参照）。
　第1に，自社内で処理すべき業務と外部化可能な業務の切り分けである。前者の自社内で処理すべき業務とは，社員を直接雇用（無期契約，有期契約）して遂行させるのに適した業務となる。後者の外部化可能な業務の条件は，社内にノウハウを蓄積する必要がないこと，企業情報の社外流出の問題がないこと，他の社内業務から分離して処理可能であること，必要なノウハウなどを有する外注先（企業および個人）が外部に安定的に存在すること，仕事の成果が測定可能な業務であること，内部で処理するよりもコスト面で割高でないこと，社員の技能形成に不可欠でない業務であること，などがあげられる。こうした条件が整わない場合は，自社内で処理することが望ましいものとなる。
　第2に，自社内で処理すべき業務が確定した後は，それぞれの業務に直接雇用する社員（無期契約，有期契約）と雇用関係のない外部人材（派遣社員，請負社員）をどのように配置するかが課題となる。どのような人材を活用するかは，直接雇用する社員の人件費や，外部人材の活用にともなう料金などのコストだけでなく，それぞれが提供可能な労働サービスの質（職業能力水準など）をあわせて考慮することが求められる。コストが低くても，労働サービスの質が低く，その結果，財・サービスの質の低下が生じるような事態は避けなくてはならない。
　第3に，外部人材の活用に際しては，外部人材の求める労働サービスの質に即したその提供を可能とする人材ビジネスを選択することが必要となる。人事管理が実現すべき課題は，企業が事業活動の遂行に必要とされる労働サービスを，必要とするときに，必要とされるだけ，合理的なコストで確保することにある。従来，労働サービスを確保する方法は，必要とする労働サービスを提供

序章　企業環境の変化と人事管理の課題

できる職業能力を保有した人材を自社で採用，育成するというものであった。すなわち直接的な雇用による労働サービスの確保策である。

しかし最近は，人材ビジネスの発展によって，自社で直接雇用し労働サービスを確保しなくとも，労働サービスを人材ビジネスから購入することが可能となった。たとえば，人材ビジネスが雇用する外部人材による派遣サービス（派遣会社）や請負サービス（請負会社）の提供がこれにあたる。企業の人材活用のあり方は，人材ビジネスがどのような労働サービスを提供できるかに依存する時代となったのである。他方，人事管理セクションとしては，労働サービスの活用方法に応じて人材ビジネスを適切に選択することが求められている（佐藤2006）。

さらに，人材ビジネスは，労働サービスの提供だけでなく，人事管理を代替するサービスも提供している。人材ビジネスによる人事管理機能の代替サービスとして，採用管理に関わる紹介予定派遣や職業紹介サービス（サーチ機能など），雇用管理に関わるキャリアカウンセリングやアウトプレースメント，さらに報酬管理に関わる能力評価などをあげることができる。

企業経営だけではなく，人事管理においても自社で担うべき人事管理機能と外部化すべき人事管理機能を戦略的に選択する時代となった。自社の人事管理機能と人材ビジネスが提供する人事管理機能の適切な組み合わせの選択が重要となっている。

4　企業内外の環境変化と人事管理の課題

多様な人材の活用が不可欠

人事管理が直面している環境変化としてまず労働力人口の減少をあげることができる。少子化の影響によって，少なくとも今後20年間は労働市場に新たに入ってくる労働力人口の減少が確実視されている。その結果，労働力人口の構成では，若年層が減り，高年層が増加することになる。労働力人口の減少に対応するために，人事管理において人材確保の重要性が高まることになる。

人材確保のためには，これまで採用，活用してきた人材と同じような属性や資格などをもった人材の確保力を高めるだけでは限界がある。従来は活用して

いなかった層の採用や活用の可能性を検討することが必要になる。たとえば，女性が多い職場では男性を，若年層が多ければ中高年層を，資格取得者のみの採用であれば未取得者を採用してから資格取得を支援するなどの工夫も必要となる。また，直接雇用による人材活用だけでなく，派遣社員など外部人材の活用も，短期的な欠員の補充策として有効である。それだけでなく，紹介予定派遣やインターンシップなどを活用して，実際に仕事を経験してから採用に結び付けることで，人材の確保力の向上だけでなく，採用後の定着率を高めることにも貢献できる。

また，人材の確保力を高めるための取り組みとして，多くの企業は，募集方法や募集対象の工夫だけに施策を限定しがちである。しかし，人材の確保力を高めるためには，従業員の定着率を高める施策が重要となる。もちろん，従業員の採用力を高めることも重要であるが，定着率が高くなれば，採用の必要数を縮小することができる。高い離職率は，新たな人材確保のための採用コストの増加をもたらすだけでなく，人材育成のための教育訓練投資が回収できずに無駄となる。他方，定着率が向上すれば，新たな人材の採用コストが削減でき，さらに教育訓練投資の回収も可能となる。それだけでなく，定着率の向上は，採用力の向上にも貢献できる。それは学生を送り出す学校やハローワークなどの職業紹介機関は，定着率の低い企業を避け，定着率が良い企業に人材を紹介することによる。人材が定着する企業は結果として人材の確保力も高くなるのである。

ワーク・ライフ・バランス支援が重要な報酬に

従業員を確保し，意欲的に仕事に取り組んでもらうために整備すべき報酬として，仕事の中身や労働条件だけでなく，ワーク・ライフ・バランス支援が重要となってきている（山口・樋口 2008，佐藤編 2008c）。この背景には，働く人々の価値観や望ましいとするライフスタイルの変化がある（佐藤 2007d；NHK 放送文化研究所編 2004）。核家族化や結婚後も仕事を続ける女性の増加など家族のあり方や男女間の役割分業の変化がこうした状況をもたらしたのである。この結果，「仕事も大事だが，それに加えて仕事以外に大事なこと，やりたいこと，やらなければいけないことがある」とする従業員が増えてきている。

したがって，人材の確保力向上や仕事への意欲を引き出すために，従業員に対するワーク・ライフ・バランス支援への取り組みが企業に求められるようになってきているのである。

他方，ワーク・ライフ・バランスが実現できずに，従業員がワーク・ライフ・コンフリクト（仕事と仕事以外の生活の両立不能）に陥ると，ストレスが高まり，仕事への意欲を低下させたり，離職する従業員が増加することにさえなる。つまり，企業による従業員のワーク・ライフ・バランス支援は，人材の確保や従業員が仕事に意欲的に取り組むための「新しい報酬」となったのである（男女共同参画会議・仕事と生活の調和〔ワーク・ライフ・バランス〕に関する専門調査会 2008；佐藤・武石編 2008）。

従業員の価値観や望ましいとするライフスタイルの変化は，仕事に投入できる時間に制約がない従業員を減少させ，他方で，制約のある従業員を増加させることになった。子育て，介護，自己啓発，地域貢献活動など，仕事以外にやりたいことや，やらなくてはならないことがあるため，従業員は仕事に投入できる時間に限りがあるのである。子育てや介護のために急な残業ができない人や，保育園への送り迎えや自己啓発などのために週に数日は定時退社を必要とする従業員なども珍しくない。従来であれば，仕事が終わらなければ残業や休日出勤で対応することができたが，時間制約のある従業員が増加したため，残業や休日出勤を前提とした人材活用や働き方ではなく，仕事に投入できる時間が限られていることを前提とした人材活用や働き方とすることが求められてきている。具体的には，無駄な仕事をなくし，仕事に優先順位をつけるなど人材活用や働き方の改革を行うことで，時間生産性の高いより効率的な働き方への転換が求められている。

ところで，ワーク・ライフ・バランス支援の対象を子育て支援に限定し，さらには育児休業制度や短時間勤務制度など両立支援制度を整備すれば，それが実現できると考えている企業も少なくない。しかし，ワーク・ライフ・バランス支援は，子育て支援に限定されるものではなく，子育て期の従業員だけでなく，従業員のすべてを対象とするものである。また，子育て支援など両立支援制度の重要性を否定するものではないが，両立支援制度を導入するだけでは，ワーク・ライフ・バランス支援を実現することはできない。両立支援制度が機

能するためにも，従業員の時間制約を前提とした人材活用や働き方とすることが求められている（佐藤 2007d）。

男性に比較すると女性の離職率が高いため，女性の定着率を高めるためには，結婚や出産後も子育てしながら仕事を続けることができるようにワーク・ライフ・バランス支援がより重要となる。しかし，女性の継続就業を支援するためには，ワーク・ライフ・バランス支援と同時に，将来のキャリアが開けていると女性が実感できる男女雇用機会の均等施策が不可欠となる。女性にもやりがいのある仕事が開かれていなければ，子育てと両立しながら仕事を継続しようとする就業意欲を低下させることになる（佐藤 2007c）。

5　人材活用の多元化と人事管理および賃金管理の課題

雇用区分の多元化から見た人材活用の変化

市場環境の不確実性の増大などを背景とした企業の人材活用の変化の結果，職場には，多様な雇用形態の人々が働いている。雇用期間に定めのない正社員が減少し，定めのある非正社員が増加している。両者の区分はそれぞれの働き方の実態を見ると曖昧なものであることがわかる。それだけでなく正社員や非正社員も一様ではない。正社員と非正社員のそれぞれの内部に，異なるキャリアの下で異なる処遇が適用される複数の雇用区分が設けられてきている。人材活用の多様化に対応するために雇用区分の多元化が行われてきたのである。企業によって具体的な雇用区分の名称は異なるが，正社員では総合職，一般職，全国社員，地域限定社員などが，非正社員では契約社員，パート社員，アルバイト社員などの区分が設けられている。雇用区分で見れば，何種類かの社員が同じ企業に雇用され働いていると言える。複数の雇用区分が設定されている企業では，雇用区分毎に異なる賃金制度が適用されていることも多い。ひとつの企業の中に複数の賃金制度が導入されている。したがって，企業の賃金制度のあり方を議論する際には，賃金制度一般ではなく，どの雇用区分の賃金制度を取り上げているかを示さなくては意味がないことになる。

本節では，雇用区分多元化の現状をアンケート調査で分析し，雇用区分の多元化の下における人事管理，賃金管理の課題を提示することにする。アンケー

ト調査では，雇用区分を，「総合職社員」「一般職社員」「契約社員」「パート社員」「アルバイト」など呼称によりたがいに区別される雇用者の区分として定義している。そして，同じ正社員でも，異なる名称で呼ばれ，賃金テーブルが異なるなど賃金の決め方が異なり，勤務地や職種の限定に関する取り扱いが異なるグループがあり，採用あるいは昇進限度を別々に管理している場合は異なる雇用区分と見なすことにしている。ただし，管理職に関しては，管理職に昇進することで賃金の決め方が変化しても，たとえば「総合職社員」とキャリアが連続しているものとして管理されている場合は「総合職社員」に含めた。このような雇用区分の定義からして，雇用区分に関する分析には，外部人材は含まれていない点に留意されたい。調査に利用した正社員，非正社員の区分は，調査対象企業の判断によるものであり，雇用期間の定めの有無等で定義したものではない。

賃金管理の課題

雇用区分の多元化の現状を分析する前に，人事管理における賃金管理の課題を確認しておきたい（今野・佐藤 2002；佐藤 2007b）。

人事管理における賃金管理の対象は，①総額賃金と②個別賃金の２つに分けることができる。前者は企業の支払い能力内に賃金総額を管理することであり，後者は賃金総額を個々の従業員に配分するルールの管理に関わるものである。本稿で取り上げる賃金管理は，後者の配分ルールである。

配分ルールは，①短期評価賃金（たとえば賞与）と長期評価賃金（たとえば基本給）の配分と組み合わせ，さらに②各賃金の決定基準などからなる。配分ルールには，多様な組み合わせがあるが，通常，当該企業にとって「価値ある働き方」をした従業員を高く評価できる決定基準が採用される。したがって，企業にとっての「価値ある働き方」が変われば，当該企業が選択する決定基準も変わることになる。つまり，すべての企業にとって望ましい賃金制度が存在するわけではない。同時に，企業が採用した配分ルールは，従業員の働き方を規定するものとなる。なぜなら従業員は，企業が「価値ある働き方」と評価する職務行動を行おうとすることによる。

賃金の配分ルールに採用される決定基準には，①従業員が従事している仕事，

②従業員が保有する能力（潜在能力），③従業員が仕事に投入した能力（顕在能力），④従業員が実現した成果，⑤従業員が実現した成果に関する市場評価，⑥従業員の属性などがある。企業が，これらのうちいずれの決定基準を採用し，それぞれにどの程度の比重を置くかは，企業が評価する「価値ある働き方」だけでなく，仕事の性格や人的資源管理戦略などに規定される。たとえば，配置された仕事を適切に処理できるミニマムの能力があれば，それ以上の能力を保有していても成果の質や量に影響しない場合は，仕事要素のみを決定基準に採用することも合理的となる。しかしそうではなく，同じ仕事に従事していても能力によって成果の質や量が異なる場合では，仕事要素だけでなく，保有する能力や発揮された能力を評価する基準を採用することが合理的となる。さらに，仕事の変化が激しく，あるいは将来のキャリアを想定した能力開発を従業員に期待する場合では，現在従事している仕事に求められる能力だけでなく，仕事の変化や将来従事するであろう仕事を考慮し保有する能力や能力向上への取り組みなどを評価することが合理的となる。これは，人材の内部育成重視・外部調達重視など企業の人的資源管理戦略に規定されたものでもある。したがって，同一の企業であっても異なるキャリア段階，たとえば能力育成段階と能力発揮段階において賃金の決定基準を異なるものとし，あるいは仕事内容やキャリアに応じて複数の雇用区分を設定している企業では，雇用区分毎に異なる決定基準を設けることが合理的となる。こうした結果，最近では，同一の企業の中に複数の賃金制度が設けられるようになってきている。

　ところで，賃金の配分ルールに採用された決定基準に応じて，賃金制度を特徴づける議論も多い。たとえば，①従業員が従事している仕事を基準とするのが仕事給・役割給，②従業員が保有する能力や③従業員が発揮した能力を基準とするのが職能給やコンピテンシー給（この両者を区分する場合もある），④従業員が実現した成果や⑤成果の市場評価を基準とするのが成果給・業績給（この両者を区分する場合もある），⑥従業員の属性を基準とするのが属人給などと賃金制度を特徴付け，類型化する議論である。しかし，こうした特徴付けや類型化は，現実の配分ルールがひとつの決定基準のみでなく，複数の決定基準を採用していることが一般的であるため，誤解を招くことが少なくない。大企業では，90年代に入り，職能給から仕事給や成果給に賃金制度を変革しつつあるな

どと言われる。しかし実態は、職能要素で決定される賃金部分を削減し、仕事要素や成果要素で決定される賃金部分の比重を拡大するような改革を行っている企業が多い。しかし、上記の類型化ではその点の理解が不十分となる。また、キャリアの特定段階層のみを対象とするものや、特定の雇用区分だけを対象とする賃金制度の改定も少なくない。つまり、賃金制度を議論する場合には、いかなる雇用区分のどのキャリア段階を取り上げているのか、またどの決定要素がどのように変化したのかを検討しなくては意味がないものとなる。さらに、職務等級制度など仕事要素に基づく賃金制度の場合であっても、ブロードバンディング（職務等級数の統合や削減）の結果、同一の職務等級に分類される仕事に従事していても賃金水準の違いがきわめて大きい場合がある。こうした賃金制度は、仕事要素だけでなく、能力要素で賃金を決めている部分が大きいと判断することができる。賃金制度の名称だけでなく、その内容に則して賃金の決定要素を理解するとともに、複数の決定要素を組み合わせて賃金が決められている場合には、基本給を取り上げれば、基本給総額の半分以上を決定している要素に着目して当該賃金制度を特徴付けるなど議論の整理も必要である。

企業アンケート調査でみた雇用区分の多元化の現状

アンケート調査に基づき企業内における雇用区分数や雇用区分の設定要因、さらに正社員と非正社員の雇用区分の特徴について全体の傾向を明らかにしよう。

①雇用区分数[6]

アンケート調査の結果によると、回答企業数547社のうち非正社員を雇用する企業は538社で、回答企業の98.4％とそのほとんどが非正社員を雇用し、非正社員の活用が一般化していることがわかる。さらに回答企業の多くは、非正社員を雇用するだけでなく、正社員と非正社員の両者に関して複数の雇用区分を設けている。

正社員の雇用区分の設定状況（547社）では、1区分が43.7％と多い。とはいえ、1区分だけは半数を下回り、2区分が25.8％、3区分が16.8％、4区分が6.0％となり、2区分以上の合計は56.3％と半数を超える（平均2.2区分）。このように正社員に複数の雇用区分を設けている企業が半数を超え、2つあるいは

３つの雇用区分を設けている企業も多い。

　つぎに，非正社員を雇用している企業（538社）を取り上げ，非正社員の雇用区分数をみると，１区分が14.9％，２区分が31.0％，３区分が28.1％，４区分が14.3％，５区分以上が10.8％となっている。非正社員の雇用区分数は，正社員よりも多元化しているといえる（平均2.9区分，無回答0.9％）。

②複数の雇用区分を設ける理由

　企業は，いかなる基準に基づいて複数の雇用区分を設定しているのか。図序‐３は，正社員と非正社員を区分する要因（３つまで選択）とそれぞれに複数の雇用区分を設ける要因（３つまで選択）を示したものである。同図によると，いずれの要因についても，「仕事の内容や責任の違い」と「賃金・処遇制度の違い」が多い。正社員内部に雇用区分を設ける要因は，それらに加えて「転勤の有無」と「昇進・昇格の上限の違い」が指摘されている。さらに，非正社員内部に雇用区分を設ける要因（３つまで選択）は，「労働時間や勤務日数の長さ」と「雇用期間や期待する勤続年数の違い」にある。この２つは，正社員と非正社員の区分を設ける要因としてもあげられている。他方，「残業による勤務時間の拘束性の違い」，「技能育成に関する方針の違い」，「事業所内の配転の有無や頻度の違い」は，正社員と非正社員を区分する要因および正社員と非正社員のそれぞれに複数の雇用区分を設ける要因の上位には指摘されていない。

　ところで，「労働時間や勤務日数の長さ」は，正社員と非正社員の雇用区分を設ける理由と非正社員内部に雇用区分を設ける理由とされている。しかし，正社員内部に雇用区分を設ける理由にはあげられていない。つまり，正社員内部に複数の雇用区分が設定されていても，労働時間はすべてフルタイム勤務であり，短時間勤務の雇用区分は想定されていないことがわかる。

③正社員と非正社員の雇用処遇の異同

　アンケート調査では，雇用区分毎にそれぞれの雇用契約や雇用条件を尋ねている。まず，雇用区分を正社員と非正社員に分類し，それぞれの特徴を見よう。前述のようにここでの正社員と非正社員の区分は，企業の判断によるものであり，雇用期間の定めの有無などで事前に定義して調査したわけではないことに

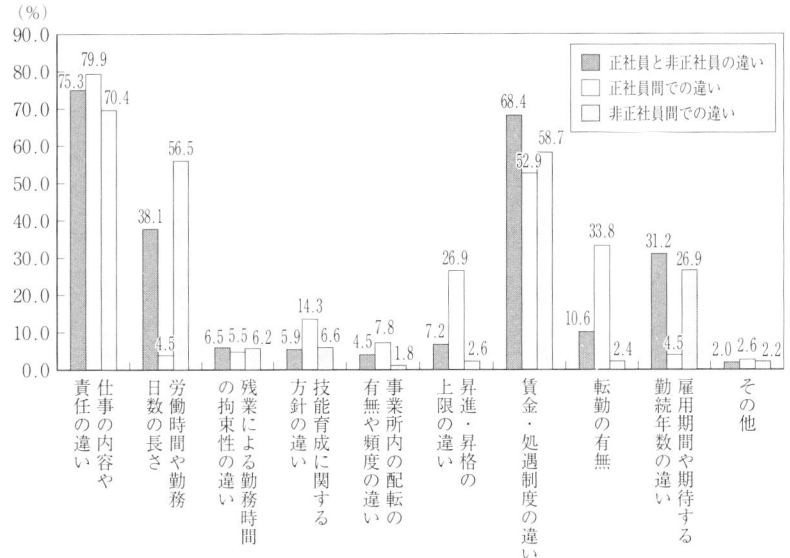

図序-3 正社員と非正社員の区分を設ける理由およびそれぞれに複数の雇用区分
を設ける理由（それぞれ3つまで選択）
(出所) 佐藤・佐野・原 (2003)。

留意されたい。

正社員として分類された雇用区分の特徴は，①雇用期間に定めがなく，②仕事の範囲や勤務地が限定されず，③管理職を主な職種のひとつとし，第2次考課者以上のポジションへ昇進可能で，④長期的な視点から計画的に幅広い技能を習得させる方針をとり，⑤技能や職務遂行能力を基本給の主な決定基準とする月給制が適用されていることにある。

これに対して，非正社員として分類された雇用区分の特徴を概観すると，①有期の雇用契約を結ばれるものの通常は契約更新され（雇用期間に定めのない区分が一部にある），②仕事の範囲や勤務地が契約上あるいは実態として限定されており，③管理職的なポジションには従事せず，④定型業務をこなせる程度に技能を習得させ，⑤市場の賃金相場を基本給の主な決定基準とする時間給制が適用されていることがわかる。また，所定労働時間は，正社員よりも短い雇用区分と同じ雇用区分が半々となる。正社員の雇用区分は，同じ労働時間であっ

表序-3　正社員の雇用区分類型計

	雇用区分数	配置要員数（人）	配置要員数の構成
計	873　(100.0%)	1,304,721　(842)	100.0%
a)仕事非限定・勤務地非限定型	459　(52.6%)	900,354　(442)	69.0%
b)仕事非限定・勤務地限定型	110　(12.6%)	142,524　(107)	10.9%
c)仕事限定・勤務地非限定型	110　(12.6%)	136,063　(103)	10.4%
d)仕事限定・勤務地限定型	194　(22.2%)	125,780　(190)	9.6%

(注)　1. 正社員の雇用区分のうち雇用期間に定めのない雇用区分895件のうち仕事と勤務地の限定の有無に関して回答のある873件を母数とする。
　　　2. 配置要員人数欄の（　）内の数字は，配置要員に関して回答のあった雇用区分の数である。
　　　3. 仕事非限定：仕事の範囲が契約で限定されていないし，実際も限定されていない。
　　　　 仕事限定：仕事の範囲が実際に限定されているもの。なお，契約で限定されていないが，実際は限定されているものを含む。
　　　　 勤務地非限定：勤務地が契約で限定されていないし，実際も限定されていないもの。
　　　　 勤務地限定：勤務地が実際に限定されているもの。なお，契約で限定されていないが，実際は限定されているものを含む。
(出所)　佐藤・佐野・原（2003）。

たことから，労働時間の短い働き方はほとんどすべて非正社員の雇用区分となっていることがわかる。

　さらに，正社員と非正社員の雇用区分を類型化し類型毎の雇用区分数や配置要員数を見よう。ここでは雇用区分を，仕事の範囲と勤務地の限定の有無で類型化し，a)仕事非限定・勤務地非限定型，b)仕事非限定・勤務地限定型，c)仕事限定・勤務地非限定型，d)仕事限定・勤務地限定型の4つの類型を設定した。

　正社員の雇用区分を上記の4類型に分けると（表序-3），a)仕事非限定・勤務地非限定型が52.6%で半数強を占め，このほかはd)仕事限定・勤務地限定型が22.2%，b)仕事非限定・勤務地限定型とc)仕事限定・勤務地非限定型はそれぞれ12.6%となる。4つの類型に配置されている要員数の構成をみると，a)仕事非限定・勤務地非限定型が69.0%，b)仕事非限定・勤務地限定型が10.9%，c)仕事限定・勤務地非限定型が10.4%，d)仕事限定・勤務地限定型が9.6%となる。仕事の範囲や勤務地が限定されていない従来の総合職型に相当するa)仕事非限定・勤務地非限定型は，雇用区分数の50%強，配置人数では70%ほどとなる。従来の総合職型以外の雇用区分がかなりの割合を占めてき

序章　企業環境の変化と人事管理の課題

表序 - 4　非正社員の雇用区分類型計

	雇用区分数	配置要員数（人）	配置要員数の構成比
計	1168（100.0%）	550,829（1092）	100.0%
a) 仕事非限定・勤務地非限定型	63（ 5.4%）	8,113（ 61）	1.5%
b) 仕事非限定・勤務地限定型	87（ 7.4%）	79,730（ 85）	14.5%
c) 仕事限定・勤務地非限定型	70（ 6.0%）	50,158（ 62）	9.1%
d) 仕事限定・勤務地限定型	948（81.2%）	412,828（ 884）	74.9%

(注)　非正社員の雇用区分のうち仕事と勤務地の限定の有無に関して回答のある1168件を母数とする。ほかは表0 - 3に同じ。
(出所)　佐藤・佐野・原（2003）。

ていることがわかる。

　さらにキャリア形成の機会や雇用条件に関してこれらの類型毎の特徴をまとめると，①正社員の区分であっても，仕事や勤務地が限定されている雇用区分ほど，「第2次考課を行うポジション以上」への昇進が閉ざされている。とりわけ，b) 仕事非限定・勤務地限定型とd) 仕事限定・勤務地限定型の勤務地限定型では上位ポジションへの昇進が制約されている。②技能育成の方針（いくつでも選択）では，勤務地が非限定のa) 仕事非限定・勤務地非限定型とc) 仕事限定・勤務地非限定型では，「長期的な視点から計画的に幅広い技能を習得させる」という方針をとる雇用区分の割合が高い。他方，b) 仕事非限定・勤務地限定型とd) 仕事限定・勤務地限定型では，「長期的な視点から計画的に特定の技能を習得させる」と「業務の必要に応じてそのつど技能を習得させる」が主となる。つまり，正社員の雇用区分であっても仕事や勤務地の限定に応じて異なる雇用管理が行われている。

　続いて，非正社員の雇用区分を正社員の場合と同じく仕事と勤務地の限定の有無で4類型に分けると（表序 - 4），d) 仕事限定・勤務地限定型が，雇用区分数では81.2%，配置要員数では74.9%と大多数を占める。他の3つの雇用区分類型は雇用区分数でみても配置要員数でみても比率が低くなる。とりわけ従来の正社員の働き方に典型的であったa) 仕事非限定・勤務地非限定型は，雇用区分数では5.4%を占めるが，配置要員数は1.5%にすぎない。

　キャリア形成の機会と雇用条件に関して非正社員の雇用区分の類型毎の特徴をまとめると，①雇用契約期間の定めの有無では，いずれの雇用区分類型でも

雇用期間に定めがあるものが多数を占める。しかしそのほとんどでは通常，契約更新が行われている。また，仕事の範囲を限定していないa)仕事非限定・勤務地非限定型（19.0％）とb)仕事非限定・勤務地限定型（12.6％）では雇用期間に定めのない無期雇用の区分が少数であるがみられる。とりわけ前者の従来型正社員の働き方であるa)仕事非限定・勤務地非限定型ではその比率が20％ほどになる。②非正社員の雇用区分類型では，「管理的なポジション」がキャリアに含まれていない雇用区分が70％から80％と多数を占める。しかし，仕事の範囲に限定がない雇用区分類型は，キャリアの上限が高く，転換制度によって他の雇用区分までキャリアが広がる可能性がある。ただし，正社員の雇用区分への転換では，勤務地が限定されていない雇用区分類型の方が有利となる。③技能育成の方針（いくつでも選択）では，雇用区分類型別に大きな違いはなく，いずれの雇用区分でも「長期的な視点から計画的に幅広い技能を習得させる」と「長期的な視点から計画的に特定の技能を習得させる」の比率が低くなる。非正社員についても仕事や勤務地の限定に違いがあるだけでなく，それぞれに応じて異なる雇用管理が行われている。

雇用区分の多元化と人事管理と賃金管理の課題

　人材活用の多様化にともなう雇用区分の多元化に関わる人事管理と賃金管理の課題を整理しておこう。

　第1に，雇用区分毎の仕事やキャリア管理に適合的な賃金制度を設計することである。このことはひとつの企業の中に複数の賃金制度が併存することを意味する。大企業を中心に70年代後半から普及した職能資格制度に基づく職能給の特徴は，職能分野やキャリア（管理職，専門職など）の違いを超えて，全社同一の賃金制度であることに特徴があった。この点からすると大きな変化である。雇用区分の多元化の下で職能資格制度を維持する場合，全社1本の職能資格制度でなく，雇用区分毎の職能資格制度となろう。これは，日経連能力主義管理研究会編（1969：39-40）が，職能資格制度を2つ（全社1本の「能力的資格制度」と職能分野毎の「職能的資格制度」）に類型化した上，近代的な人事制度に望ましいものとして提起していた「職能的資格制度」に近い仕組みである（佐藤2004a）。

第2に，同一企業内に複数の賃金制度を導入することは，雇用区分間の賃金水準のバランスや均衡という新しい賃金管理上の課題を浮上させることになる。従来も異動の範囲や仕事の種類に応じて異なる雇用区分を設定し，それぞれ異なる賃金制度を導入している企業では，雇用区分間の賃金水準差の合理的な設定が課題となっていた。雇用区分間の賃金水準差の合理的な設定方法として，雇用契約時点における働き方に関する限定条件（職務限定，勤務地限定，時間限定など）に応じて，賃金にリスクプレミアムを導入する案が提起（短時間労働の活用と均衡処遇に関する研究会編 2003）[7]されており，検討に値しよう。

　第3に雇用区分の即した賃金制度を導入し，雇用区分間の賃金水準のバランスを配慮する前提として，雇用区分の合理的な設定が求められる。しかし，雇用区分の現状を見ると，雇用区分の再編成を必要とすることがわかる。これは，正社員と非正社員の区分を前提として，それぞれ内部に雇用区分を設定する方法が採用されていることによる。雇用区分毎の仕事やキャリア管理の実態を見ると，正社員の雇用区分と非正社員の雇用区分の間に重複が見られる。さらに，所定労働時間が短い雇用区分はほとんどすべて非正社員の区分とされている。この背景には，「短時間勤務は会社への貢献が低いのだから非正社員とし扱いの低い処遇で良い」との考えがあろう。正社員・非正社員の区分を廃止し，雇用区分の実態に基づいた雇用区分の再編成が求められる。たとえば，表序-3のa)の雇用区分と表序-4のa)の雇用区分を統合することなどが課題となる。正社員と非正社員を統合した人事制度の構築が求められる。統合後の賃金制度は，従来の正社員，非正社員に関係なく同じ雇用区分に関しては同一の処遇制度が適用されることになる（厚生労働省雇用均等・児童家庭局編 2002；脇坂・松原 2003）。重要な点は，所定労働時間の長短を雇用区分の設定基準に含めないことである。同一雇用区分内では同一の賃金制度が適用され，労働時間の長短による賃金水準の違いは時間比例となる[8]。

　第4に，同一企業内に複数の雇用区分を設定した場合，雇用区分間の移動のルールをどのように設計し，運用するかが課題となる。現状の仕組みを見ると，移動の仕組みはあるものの，その適用は限定的である。頻繁に移動が発生すると計画的な人事管理が困難となることが背景にある。移動ルールには，雇用区分間の移動を可能とする時期の設定（キャリアやライフステージの節目等）などの

工夫も必要となろう（佐藤 2004b）。

　第5に，正社員，非正社員の区分を超えて既存の雇用区分を再編する際の最大の問題は，雇用契約の違いである。雇用区分は雇用期間に定めのない無期雇用となるが，雇用区分の大多数は，契約更新が主となる有期雇用である。両者の雇用区分を統合し，同一の雇用区分として，同一の処遇制度を適用することで処遇の均衡が実現できたとしても，雇用保障の均衡が課題として残される。この解決が今後の課題となろう。一時的な仕事以外はすべて雇用期間定めなしの無期雇用とし，同一の雇用区分内は同一の雇用保障水準とするためには，雇用区分の多元化に応じた「雇用保障の多元化」が求められよう（佐藤 2001）。具体的には，無期雇用を前提とした上で，雇用契約における働き方の限定のあり方に応じて，雇用保障の範囲を限定する仕組みである。この仕組みが導入できなくては，現状の非正社員に見られる有期契約とその契約更新の問題は解消できないであろう。[9]

6　本書の構成

　本書は総論に加えて，第Ⅰ部から第Ⅲ部の3部構成からなる。

　第Ⅰ部「コア人材の活用と課題」は，正社員を対象として人事管理の主要領域を取り上げて現状と課題を分析する。第1章「労働費用と個別賃金管理」では，賃金管理の対象が総額人件費管理と個別賃金管理の両者であることから，両者の現状と課題を分析した上で，個別賃金管理において目指すべき新しい賃金制度のあり方を提示する。第2章「人材育成の未来」は，人事管理の中核として位置づけるべき人材育成を取り上げ，経営リーダーから一般職を含めてキャリアを通じた人材育成の重要性とそのための取り組み施策を議論する。第3章「新しい労働時間管理――規制の強化と緩和」は，就業ニーズや企業の人材活用の変化を踏まえて，労働時間管理の弾力化の必要性を議論するとともに，弾力的な労働時間管理が適正に運用されるためには，職場のマネジメントが重要であることを示す。

　第Ⅱ部「環境変化と人材活用の課題」では，採用から退職管理に至る雇用管理において人事管理が直面している課題を取り上げる。第4章「ミスマッチを

軽減する採用のあり方――RJPを手がかりにして」は，新規学卒の定期採用以外の採用として中途採用を取り上げ，従来とは異なる新しい人材確保策の意義や効果などを分析する。第5章「ワーク・ライフ・バランスと企業組織への課題」では，人事管理においてワーク・ライフ・バランスを推進する必要性とともに，推進上の課題を分析し，人事管理が前提とする従業員像の転換を提起する。第6章「定年延長か継続雇用か？――60歳定年以降の雇用延長」は，60歳前半層の雇用機会確保の必要性を踏まえた上で，定年延長と継続雇用の比較検討を行う。

　第Ⅲ部「非典型社員と外部人材の活用」は，最近，企業における活用が増加している非典型社員と外部人材の活用の現状と課題を，産業社会学，労働法，労働経済学のそれぞれの視角から分析を加える。第7章「非典型雇用の人材活用――非典型雇用の仕事とその割り振り」では，非正社員と外部人材の活用を仕事の割り振りの視点から分析し，正社員と非正社員の位置づけの関係を明らかにするとともに，非正社員のキャリア形成や能力開発のための課題を提起する。第8章「パート社員の活用と均衡処遇――法的観点からの考察」は，パート社員と正社員の処遇の均衡を，法的な側面から検討する。とりわけ2008年4月に施行された改正パート労働法の意義や効果を明らかにする。第9章「非正社員から正社員への転換――正社員登用制度の実態と機能」は，正社員登用制度の人材活用における意義と効果を計量分析に基づき測定している。

　注
(1)　須田（2005）の第2章，第3章，第4章，伊藤（2008）の第3章，第5章さらに木村（2007）は，戦略的人的資源管理の研究動向を知る上できわめて有益である。
(2)　厚生労働省雇用政策研究会（2007）は，労働人口の推計に基づき「2006年の労働力率と同水準で推移した場合は，2006年の労働力人口と比較して，2030年で約1,070万人減少することが見込まれ，経済成長の大きな制約要因となることが懸念される」としている。
(3)　本節のアンケート調査の分析に関わる部分は，佐藤・佐野・原（2003）を利用している。
(4)　パート社員，派遣社員，フリーターなどのキャリアや働き方の実態に関しては，佐藤・小泉（2007a）を参照されたい。

(5) アンケート調査は,「雇用管理の現状と新たな働き方の可能性に関する調査研究委員会」の成果に基づく。調査結果は,雇用管理の現状と新たな働き方の可能性に関する調査研究委員会（2003）としてまとめられている。アンケート調査は,2002年10月から11月にかけて実施し,有効回答企業数は547社,有効回答率は18.7％であった。回答企業の業種は製造業が30.7％と最も多く,これに小売業18.3％,サービス業14.6％,運輸業10.6％で,企業規模を正社員数でみると1,000人以上の大企業が全体の40％弱となる。
(6) 本節の①で分析する雇用区分と③の正社員と非正社員の比較で取り上げる雇用区分は異なる。①ではすべての雇用区分が分析対象となっているが,後者の③で分析対象としている雇用区分は,ⓐ定年後の雇用延長の受け皿となっている区分,ⓑ医師,看護師,乗用車運転手などの特務職のための区分,ⓒ会社役員の区分,ⓓ特別な事情によって数名残っているが現在の在籍者が退職すれば廃止する区分は除かれている。なお,①と③のいずれの雇用区分でも役員の雇用区分は除外されている。さらに,③の分析では,上記のⓐからⓓの4つ以外の雇用区分の中で,かつ正社員と非正社員のそれぞれ主要な雇用区分を3つまでを対象としており,ここで分析対象とされた雇用区分の数は,①の分析対象となった正社員の雇用区分数の80.4％,非正社員の雇用区分数の77.4％を占める。つまり主たる雇用区分に関してはほぼ分析対象に含まれている。
(7) 「時間限定」に関して具体的な説明がないが,所定労働時間の長短ではなく,会社側の都合による就業時間,勤務時間帯,曜日などの変更可能性として提起されている（短時間労働の活用と均衡処遇に関する研究会編 2003）。
(8) この点に関しては2008年に施行された改正パート労働法の均衡処遇の考え方が参考になる。詳しくは,本書の第8章および高崎（2008）を参照されたい。
(9) 有期契約の契約更新などの現状と課題に関しては,佐藤（2008a）および堀田他（2008）を参照されたい。

参考文献

伊藤健市（2008）『資源ベースのヒューマン・リソース・マネジメント』中央経済社。
今野浩一郎・佐藤博樹（2002）『人事管理入門』日本経済新聞社。
木村琢磨（2007）「戦略的人的資源管理論の再検討」『日本労働研究雑誌』No. 559。
雇用管理の現状と新たな働き方の可能性に関する調査研究委員会（2003）『雇用管理の現状と新たな働き方の可能性に関する調査研究報告書』財団法人連合総合生活開発研究所。
厚生労働省雇用均等・児童家庭局編（2002）『パート労働の課題と対応の方向性──

パートタイム労働研究会最終報告』財団法人21世紀職業財団。
厚生労働省雇用政策研究会（2007）『すべての人々が能力を発揮し，安心して働き，安定した生活ができる社会の実現』。
佐藤博樹（2001）「外部労働市場依存型の人材活用と人事管理上の課題」『ジュリスト』（Jurist）1211号。
佐藤博樹・佐野嘉秀・原ひろみ（2003）「雇用区分の多元化と人事管理の課題——雇用区分間の均衡処遇」『日本労働研究雑誌』No. 518。
佐藤博樹（2004a）「1960年代，日経連はすでに今日的な人事制度を提案していた」『エコノミスト臨時増刊：戦後日本企業史——経済大国を築いた人々』82巻8号，2月9日号。
佐藤博樹（2004b）「若年者の新しいキャリアとしての『未経験者歓迎』求人と『正社員登用』機会」『日本労働研究雑誌』No. 534（特別号）。
佐藤博樹（2006）「人材ビジネスの社会的機能と課題——雇用創出機会とキャリア形成支援」樋口美雄・財務省財務総合政策研究所編集『転換期の雇用・能力開発支援の経済政策』日本評論社。
佐藤博樹・小泉静子（2007a）『不安定雇用という虚像——パート・フリーター・派遣の実像』勁草書房。
佐藤博樹（2007b）「コメント・賃金管理の課題——唯一望ましい賃金体系は存在するのか」『日本労働研究雑誌』No. 562。
佐藤博樹（2007c）「女性の活躍の場の拡大とワークライフバランス」日本経団連出版編『女性社員活躍支援事例集——ダイバーシティを推進する11社の取り組み』日本経団連出版。
佐藤博樹（2007d）「労働意欲を左右するワーク・ライフ・バランス——仕事管理・時間管理の変革を通じた効率化を」『中央公論』5月号。
佐藤博樹・藤村博之・八代充史（2007）『新しい人事労務管理（第3版）』（有斐閣）。
佐藤博樹（2008a）「総論」『非正規雇用者の雇用管理と能力開発に関する調査研究——安定した働き方とキャリア・アップをめざして』独立行政法人雇用・能力開発機構・財団法人国際労働財団。
佐藤博樹編（2008b）『パート・契約・派遣・請負の人材活用（第2版）』日本経済新聞社。
佐藤博樹編（2008c）『ワーク・ライフ・バランス——仕事と子育ての両立支援』ぎょうせい。
佐藤博樹・武石恵美子編（2008）『人を活かす企業が伸びる——人事戦略としてのワーク・ライフ・バランス』勁草書房。

新・日本的経営システム等研究プロジェクト編（1995）『新時代の「日本的経営」：挑戦すべき方向とその具体策』日本経営者連盟。
須田敏子（2005）『HRM マスターコース──人事スペシャリスト養成講座』慶応義塾大学出版会。
高崎真一（2008）『コンメンタール パート労働法』労働調査会。
短時間労働の活用と均衡処遇に関する研究会編（2003）『短時間労働の活用と均衡処遇──均衡処遇モデルの提案』財団法人社会経済生産性本部生産性労働情報センター。
男女共同参画会議・仕事と生活の調和（ワーク・ライフ・バランス）に関する専門調査会（2008）『企業が仕事と生活の調和に取り組むメリット』内閣府。
NHK 放送文化研究所編（2004）『現代日本人の意識構造（第6版)』日本放送出版協会。
日経連能力主義管理研究会編（1969）『能力主義管理──その理論と実践』日本経営社団体連盟弘報部。
堀田聰子・佐藤博樹・坂爪洋美・佐野嘉秀（2008）「有期契約社員の契約更新の現状と課題──実態に即した雇用契約と有期契約社員の意欲を高める雇用管理に向けて」日本労務学会編『日本労務学会第38回全国大会 研究報告論集』。
脇坂明・松原光代（2003）『短時間正社員の可能性についての調査報告書』東京都産業労働局。
山口一男・樋口美雄編（2008）『論争・日本のワーク・ライフ・バランス』日本経済新聞社。
Atkinson, J. (1985), *Flexbility, Uncertainty, and Manpower Management*, IMS, No. 89.
Boxall, P. & Purcell, J. (2003), *Strategy and Human Resource Management*, Palgrave Macmillan.
Perry-Smith, Jill, E. & Terry, C. Blum (2000), "Work-Family Human Resource Bundles and Perceived Organizational Performance", *Academy of Management Journal*, vol. 43, No. 6.
Pfeffer, J. (1998), *The Human Equation: Building Profits by Putting People First*, Harverd University Press（佐藤洋一訳、1998年、『人材を生かす企業──経営者はなぜ社員を大事にしないのか？』トッパン）.
Schuler, R. S. & S. E. Jackson (1987), "Linking Competitive Advantage with Human Resource Management Practices", *Academy of Management Executive*, 1 (3), 207-219.

第Ⅰ部

コア人材の活用と課題

第1章　労働費用と個別賃金管理
——持続と変化——

今野浩一郎

1　変化の時代にある賃金

　わが国企業の賃金はいま変化の時代にある。1990年代の「失われた10年」を経験して、年功賃金が企業の競争力を実現できる賃金であるのか、それに代わる賃金は成果主義型の賃金であるのかという議論がさかんに行われてきた。この議論自体は重要であるが、こうした年功的な賃金の是非をめぐる狭い議論を超える様々な現象が現れている。

　まず企業内で決定される賃金と企業をとりまく市場との連結が強まりつつある。企業は正社員より非正社員を雇用し、固定的な基本給より変動的な賞与への依存度を高めている。これは、市場の不確実性が高まり、経営リスクを回避するために総人件費を経営状況に合わせて柔軟に決めたいという動きであり、市場と企業内賃金の連結が強まったことを意味している。また、個々の社員の賃金についても社員の市場価値が重視されてきているが、このことは賃金と労働市場の連結を強めようとする動きである。

　賃金の決め方についても大きな変化が起きている。社員の高齢化が進む中で「高齢社員の高賃金」が経営の重要な課題になり、年功重視の賃金の決め方が問題になっている。しかし、考えて見ると「高齢社員の高賃金」そのものが経営にとって問題になることはなく、問題になるのは、それによって人事管理の基本原則である「仕事と能力と賃金の均衡」が崩れているからである。さらに、その背景には、高賃金の高齢者が増加しているにもかかわらず、彼ら（彼女ら）を必要とする仕事がそれほどには増えないという企業内の人材需給関係の変化

がある。

　さらに，正社員とパートタイマー等の非正社員，男性社員と女性社員の間の均衡処遇が問題になっている。これは，社員の働き方が多様化しているにもかかわらず，伝統的な賃金の決め方がそれに適応できていないことを示している。基幹的な仕事には長時間労働を厭わない男性正社員を配置する，したがって，経営の中枢を担う人材を養成するための教育訓練機会は長時間労働を厭わない男性正社員を中心に提供される。年功を重視した伝統的な賃金の決め方はこうした人材の活用と育成の政策を前提に形成され，そこから外れた社員群には異なる人事管理を適用するということが行われてきた。

　そのため，正社員と同様に基幹的な仕事につくパートタイマー等が増えているにもかかわらず，彼ら（彼女ら）は正社員に比べて低い水準の処遇にとどまらざるをえない。女性社員についても，高い能力をもっているとしても，女性であるという理由で能力を十分に発揮できる仕事に配置されない。また男性社員と同様に基幹的な仕事についたとしても，長時間労働を厭わない男性正社員を前提に形成されている人事管理のもとでは，家庭等の生活と仕事との両立から十分に能力を発揮して仕事を続けることが難しい。このことは，働き方の多様化が進む中で，伝統的な人事管理や賃金の決め方が「適材適所の配置をする」「仕事と能力と賃金の均衡をとる」という人事管理の基本原則を維持できていないことを示している。

　これまで，賃金の変化に関わる象徴的な現象について紹介してきたが，それでは，これからの賃金はどうあるべきなのか。本章では，この問題を総人件費と個別賃金に焦点を当てて考えてみたい。そのためには，まず，それらをみる視点を整理しておく必要がある。[1]

2　労働費用と個別賃金をみる視点

労働費用の構成と2つの報酬管理

　企業は社員に対して，労働の対価として多様な形態の経済的な報酬を提供している。経済的報酬というと賃金に目がむきがちであるが，賃金はその中の一部であり，企業にとってみると，競争力を高めるために経済的報酬（つまり労

表1-1 労働費用の構成

労働費用総額　100			
現金給与総額 82	毎月決まって支給する給与 67	所定内給与 63	基本給　54
			諸手当　9
		所定外給与　4	
	賞与・期末手当　15		
現金給与以外の労働費用 18	退職金　6		
	法定福利費　9		
	法定外福利費　2		
	その他（募集費・教育訓練費など）　1		

(出所) 1.「労働費用総額」「現金給与総額」「現金給与以外の労働費用」および，現金給与以外の労働費用を構成する「退職金」「法定福利費」等は厚生労働省「就業条件総合調査」（企業規模30人以上，2001年6月現在のデータ）による。
　　　 2.「現金給与総額」を構成する「毎月決まって支給する給与」（定期給与），「賞与・期末手当」（特別給与），「所定内給与」，「所定外給与」の構成比は，厚生労働省「毎月勤労統計」（事業所規模5人以上，2003年平均のデータ）によっている。
　　　 3.「所定内給与」を構成する「基本給」と「諸手当」の構成比は，厚生労働省「就業条件総合調査」（企業規模30人以上，2004年11月現在のデータ）による。

働費用）全体をどのように管理するかが問題なのであり，そのための管理が報酬管理と呼ばれる。

　報酬管理のあり方を考えるには，まず労働費用の構成を頭に入れておく必要がある。ここで表1-1をみてほしい。労働費用は現金で支払われる現金給与と現金給与以外の労働費用（以後は付加給付と呼ぶ）に分かれ，現金給与は労働費用の8割強を，付加給付は2割弱を占める。

　現金給与は「毎月決まって支給する給与」と賞与・期末手当に，さらに前者は，会社が決めた通常の労働時間（所定労働時間）に対応して支払われる所定内給与と所定労働時間を超えた労働時間（所定外労働時間）に対して支払われる所定外給与に分かれる。所定内給与は基本給と諸手当から構成され，表1-1に示した構成比率を使って計算すると，労働費用に占める割合は約6割になる。つまり会社が1人の社員を雇用すると，毎月一定額を支払う所定内給与の2倍弱の労働費用がかかるという計算になる。

第Ⅰ部　コア人材の活用と課題

```
           ┌─────────────────┐
           │ 長期・短期の経営計画 │
           └────────┬────────┘
                    ↓
           ┌─────────────────┐
           │     労働費用      │
           └────────┬────────┘
                    ↓
           ┌─────────────────┐
           │    配分システム    │
           └────────┬────────┘
              ┌─────┴─────┐
              ↓           ↓
      ┌───────────┐  ┌───────────┐
      │現金給与の原資│  │付加給付の原資│
      └─────┬─────┘  └─────┬─────┘
            ↓              ↓
      ┌───────────┐  ┌───────────────┐
      │ 配分システム │  │  配分システム    │
      │ (資金制度)  │  │(福利厚生制度，  │
      │            │  │ 退職給付制度等) │
      └─────┬─────┘  └─────┬─────────┘
            ↓              ↓
      ┌───────────┐  ┌───────────────┐
      │個々の従業員の│  │個々の従業員が受け│
      │賃金(個別賃金)│  │とる福利厚生サー │
      │            │  │ビス，退職金等   │
      └─────┬─────┘  └─────┬─────────┘
         ┌──┴──┐        ┌───┴────┐
         ↓     ↓        ↓        ↓
       基本給等         福利厚生サービス
        賞与              退職金等
```

「原資の管理」の領域

「制度の管理」の領域

図1-1　報酬管理の全体像

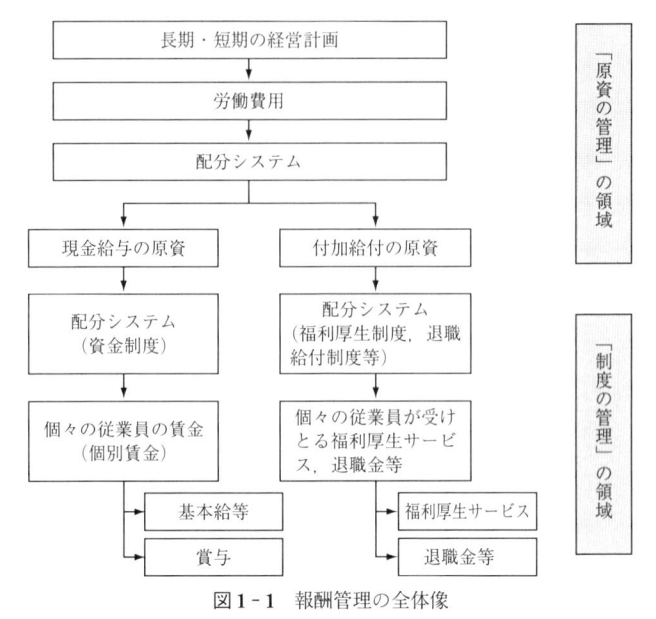

(出所)　今野 (2007)。

　さらに付加給付は退職金，法定福利費，法定外福利費，その他費用（募集費・教育訓練費など）から構成されている。退職金は退職一時金・企業年金の支払いと積み立てのための費用，法定福利費は法律で定められた社会保険（厚生年金，健康保険）と労働保険（雇用保険，労災保険等）の企業負担分の費用，法定外福利費は社宅などの企業独自の福利厚生のために負担している費用である。これらの中では特に退職金と法定福利費の費用が大きく，両者を合わせると労働費用の15％，付加給付全体の8割強を占めている。

　こうした構成を頭に入れると，報酬管理の全体像が理解しやすくなる。図1-1にあるように，まず長期・短期の経営計画等に基づき労働費用全体が決められ，それが現金給与のための原資と付加給付のための原資に配分される。つぎにそれらの原資は，それぞれに対応して設定される報酬制度を介して社員個人に配分される。たとえば現金給与のための原資は賃金制度を介して配分され，個々の社員の賃金（個別賃金）が決定され，付加給付の原資の一部は退職給付制度を介して配分され，個々の社員の退職金や企業年金が決定される。

このように報酬管理，さらには報酬を構成する個々の要素の管理は，それに配分される原資をどのように決めるのかに関わる「原資の管理」と，原資を個人に配分するための報酬制度をいかに設計し運用するのかに関わる「制度の管理」の2つの分野から構成される。報酬管理を考えるには，この「原資の管理」と「制度の管理」を明確に分けて捉えることが重要である。

賃金制度（賃金の配分ルール）の決め方
「原資の管理」と「制度の管理」の役割をこのように理解すると，つぎに問題になるのは，原資の配分を決める報酬制度をどのように設計するかであり，この点を賃金制度に焦点をあてて考えてみたい。賃金制度を設計するには2つの段階を踏む必要がある。

　第1は，賃金をどのような賃金要素の組み合せにするのか，各賃金要素の重要度をどの程度に設定するのかについての「賃金の構成」を決める段階である。基本給，手当，賞与・一時金等があることから分かるように，一般的に賃金は複数の賃金要素から構成されている。賃金には多様な機能が期待され，1つの賃金要素でその全てに応えることが難しいため，賃金は複数の要素の集合体として設計される。それでは，どのような賃金要素を考える必要があるのか。

　賃金は社員の企業にとっての価値の金銭的表現であり，それには長期的な評価に基づく価値と短期的な評価に基づく価値がある。それに対応して賃金にも，長期の評価に対応する安定的な賃金と短期の評価に対応する変動的な賃金の2つがあり，前者を長期給，後者を短期給（一般的には，業績給あるいはインセンティブ給と呼ばれている）とすると，賃金の基本構成は以下のようになる。

$$賃金＝長期給＋短期給（業績給あるいはインセンティブ給）$$

「賃金の構成」を設計する際の重要な点は，この長期給と短期給をどのように組み合わせるかである。このことは企業を越えて共通する制度設計上の考慮点であるが，長期給と短期給の具体的な決め方とそれに対応する賃金要素，さらに長期給と短期給の構成比率は企業によって異なり，その決定は企業の人事戦略の反映でもある。なおわが国の一般的な賃金制度では，基本給と手当が代表

的な長期給に，企業や個人の成果によって変動する賞与・一時金が代表的な短期給に当たる。

このようにして「賃金の構成」が決まると，賃金要素ごとに決定基準（つまり個人への配分ルール）を決める必要がある。これが，賃金制度の設計の第2段階である。短期給は一般的に成果に連動して決まるので，問題は長期給であり，その制度を設計にはあたっては「内部公平性」と「外部競争性」の2つの原則に準拠することが必要である。

内部公平性の原則とは，長期的にみて，企業にとって価値ある働きをする社員であるかどうかによって社員を序列化し，高く位置づけた社員には多くの給与を払うという社員間の公平性を確保するための原則である。ここで重要な点は，内部公平性の基準が社員格付け制度に対応して決められ，その基準には多様な選択肢があるということである。このような観点から現実に採用されている長期給をみると，決め方（つまり賃金制度）には大きく3つのタイプがあり，それらは以下のような内部公平性の基準に対応している。

- 職務給—職務の重要度・困難度・責任度などによって決まる職務の価値
- 職能給—職務遂行能力によって決まる人材の価値
- 属人給—年齢・学歴，勤続年数等の属人的要素で決まる人材の価値

こうした基本給のタイプはそれぞれ異なる利点と欠点をもっている。職務給と職能給を例にとると，前者は仕事に給与がリンクしているので，組織が決まると個別賃金も賃金総額も決まるという意味で賃金管理がやりやすいという利点がある。しかし，仕事が変わると社員の給与が変わるために，環境変化に対する人員配置や組織編成の柔軟性が阻害されるうえに，同じ仕事であれば能力にかかわらず同一賃金であるため，能力向上のインセンティブが小さいという欠点がある。それに対して職能給には，能力からみた社員の構成が変化すると賃金が変わるために賃金管理が難しいという欠点がある一方で，賃金と仕事が厳密にリンクしていないため人員配置の柔軟性を実現しやすく，能力と賃金がリンクしているため社員の能力向上意欲を高めるインセンティブ効果が大きいという利点がある。

こうした内部公平性の原則によって社員の賃金序列を決めても，その序列にいくらの金額を対応させるかは決まらない。それは，序列に対応する賃金の組合せが無限に存在するからである。賃金制度を設計するには，その中からある組み合せを選択しなければならず，そのためには，何らかの基準が必要になる。そこで必要になるのが，「給与は外部の市場の中で競争力をもった水準（言い換えれば，市場相場に対応できる水準）に設定される必要がある」という外部競争性の原則であり，この原則に基づいて実際の金額を決めることになる。そうなると，どのように市場相場が形成され，企業はそれをどのように確認するのか，ということが問題になる。

さらに外部競争性の基準は，内部公平性の基準として何を選択するのかに規定される。たとえば仕事の重要度を内部公平性基準とすれば，仕事の重要度別にみた賃金の市場相場が外部競争性の指標になる。事実，職務給を採用してきたアメリカ企業は，賃金を決める際に他社の賃金水準を職務別に調査している。また内部公平性基準として年功をとれば，年齢あるいは勤続年数別の市場相場が外部競争性の指標になる。

賃金制度の選択の視点

このように賃金制度には多様な形態があるので，最後に問題になる点は，その中からどの形態を選択するかである。それを決めるには，以下の点が重要である。

第1は，企業が社員にどのような働き方を求めるのかである。定型的な業務を確実にこなす人材が欲しい場合と，新しい製品やサービス，効率的な仕事の進め方を企画し開発する人材が欲しい場合とでは賃金制度の作り方が異なるし，いま成果をだす人材が欲しい場合と長期的にみて成果をだす人材が欲しい場合でも異なろう。

このような社員に対する企業のニーズ（つまり人材の需要構造）とともに，社員が「どのような働き方を望んでいるのか」（供給構造）によっても，企業のとるべき賃金制度は異なってくる。長時間労働も厭わず働く社員ばかりの場合と，生活との両立も考えて労働時間を柔軟に変えられる働き方を望む社員が多い場合とでは賃金制度の作り方が変わってこよう。また，将来のキャリア・アップ

を考えている社員と特定の仕事を継続していきたいと考えている社員とでも変わってこよう。

　以上の社内における人材需給の構造に対応して賃金制度は設計されることになるが，その際に企業は次の2つの視点をもつ必要がある。第1は，賃金を投資と考えるのか費用と考えるのかという視点である。単なる費用と考えるのであれば，社員のいまの成果に対応して賃金を決めることになろうが，投資と考えるのであれば，いまの成果と賃金を必ずしも一致させる必要はなく，いま仕事に使える能力ではないが，将来必要であろう能力を高めることに努力している社員に多くの賃金を支払う賃金制度を作ることが可能になる。もう1つは，単一の賃金制度を全社員に同じように適用する必要はないという視点である。つまり企業の社員に対するニーズも，社員の働くニーズも多様であれば，社員を幾つかの社員群に分け，異なる社員群には異なる賃金制度を適用するという賃金制度の組み合わせを考える必要がある。この社員を幾つかの社員群に分ける制度は社員区分制度と呼ばれ，この制度の作り方によって賃金制度の基本骨格は形成されるのである。

3　労働費用の管理の現状と方向

労働費用の決め方

　前節で説明したように，企業は賃金や退職金などの個々の要素を決める前に，労働費用全体を適正な水準に管理することから始める必要がある。これが労働費用の管理（報酬管理）であり，そのための代表的な管理指標が労働分配率と売上高人件費比率（売上高に対する人件費の比率）である。適正な労働費用はそれぞれ「付加価値×適正な労働分配率」，「売上高×適正な売上高人件費比率」によって決定されるが，「適正な」水準を見極めることは難しい。そこで自社の過去の実績や競合他社の状況等が参考にされることになる。なお財務省「法人企業統計」によると，わが国の現状は，2003年の全企業平均で労働分配率72％，売上高人件費比率14％である。

　この2つの指標の中で，特に労働分配率の考え方が重要である。付加価値は経営活動が生み出した価値である。その中のある部分は賃金等の報酬の形で社

員に配分され，残る部分は株主に配分されるか，将来の投資のために企業内に留保される。この労働者に配分される部分が労働費用であり，付加価値に対する労働費用の割合が労働分配率になる。もし付加価値の全てを労働費用に配分したとすると，企業は株主に対して配当ができないし，投資を行う資金を確保することもできなくなる。したがって企業は長期の経営の成長性と健全性を考えて，労働分配率を適正な水準に維持するように労働費用を決める必要があり，それが労働費用の「原資の管理」の役割である。

しかし，こうした企業性の理屈だけでは労働費用は決まらない。それは，優秀な社員を確保する，社員の労働意欲を維持するためには賃金等の市場相場を考慮せざるをえない，さらには社会保険料等の負担が政府によって決められる，という社会性の要因についても配慮しなければならないからである。市場相場を把握することは難しいということがあるものの，労働費用は企業性を中心にしつつも社会性の要素も加味して総合的に決められる。

労働費用の現状と動向

高賃金をもって厳しい国際競争に立ちむかわざるをえない日本企業は労働費用を全体として管理する報酬管理の指向を強めてきているが，労働費用が構造的に拡大するというもう一つの背景がそれを加速している。

ここで製造業における売上高人件費比率と労働分配率の長期推移（5年間の移動平均値）をまとめた図1-2をみてほしい。それをみると，1960年代以降の高度成長期には売上高人件費比率，労働分配率ともに一貫して増加してきたが，1970年代後半から1980年代にかけては，若干の変動はあるものの一定水準で安定化するという状況が作りだされた。しかしバブル経済崩壊後の90年代に入ると，厳しい経営状況にあるにもかかわらず労働費用水準が再び上方にシフトし，売上高人件費比率が14％前後から15％前後へ，労働分配率が60％台前半の水準から同後半の水準へと増加した。21世紀に入り1980年代の水準にむかって低下しつつあるが，こうした経験が，企業に労働費用の戦略的管理（つまり報酬管理）の必要性を強く認識させたといえるだろう。

このようなことが背景にあって，企業は労働費用を適正水準に管理するために，固定費的な労働費用を抑制し，労働費用の変動費化を進めるとの対応策を

第1部 コア人材の活用と課題

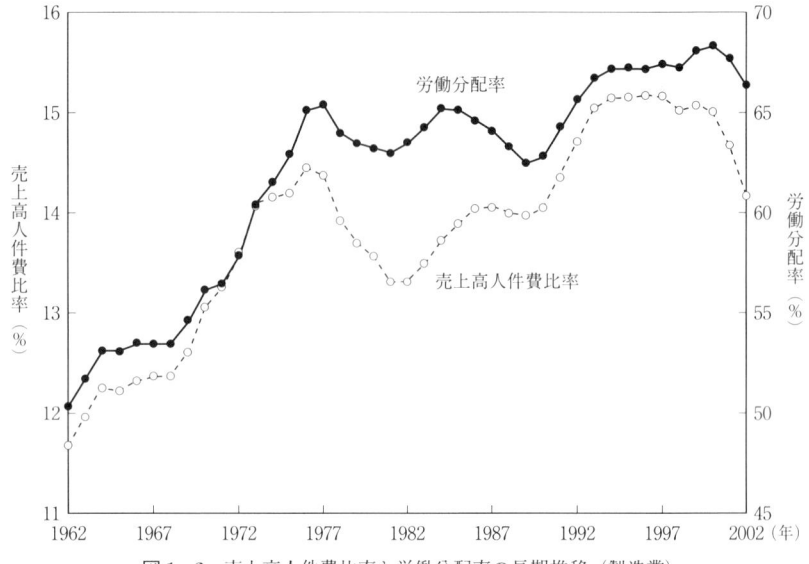

図1-2 売上高人件費比率と労働分配率の長期推移（製造業）

(注) 図のデータは5年間の移動平均値である。
(出所) 財務省『法人企業統計年報』(http://www.fabnet2.mof.go.jp/nfbsys/Nennhou_oy.htm)。

表1-2 労働費用の構成（企業規模30人以上）

年	労働費用	現金給与	現金給与以外の労働費用	退職金等	法定福利費	法定外福利費	その他
1975	198,042	171,073	26,968	6,163	12,096	6,225	2,484
	100.0	86.4	13.6	3.1	6.1	3.1	1.3
1985	361,901	306,080	55,820	14,119	27,740	10,022	3,939
	100.0	84.6	15.4	3.9	7.7	2.8	1.1
1995	483,009	400,649	82,360	20,565	42,860	13,682	5,253
	100.0	82.9	17.1	4.3	8.9	2.8	1.1
2001	449,699	367,453	82,245	25,862	41,937	10,312	4,135
	100.0	81.7	18.3	5.8	9.3	2.3	0.9
2006	462,329	374,591	87,738	27,517	46,456	9,555	4,209
	100.0	81.0	19.0	6.0	10.1	2.1	0.9

(注) 表中の上段は金額（単位 円），下段は構成比率（単位 %）を示している。
(出所) 労働省「賃金労働時間制度等総合調査」，厚生労働省「就業条件総合調査」(2001年以降)。

とってきた。まず労働費用の変動費化に対しては，正社員を抑制して非正社員を増やすという雇用政策を進める一方で，正社員の賃金については賞与・一時金を積極的に活用するという対応策を強化してきている。

次の固定費的な労働費用の抑制については，企業はまず賃上げ率を厳しく設定するとの対応策をとってきた。これによって賃金の原資を抑制できたとしても，付加給付が拡大したのでは労働費用の抑制効果は限られる。表1-2をみると，「現金給与以外の労働費用」（付加給付）が1975年の13.6％から2006年の19.0％へと確実に増加していること，その増加が退職金と法定福利費の伸びによることが分かる。退職金と法定福利費は短期的には動かすことのできない，制度に規定された固定費的な部分であるので，報酬管理にとって付加給付（特に退職金）の合理化が重要な課題になっている。

4　賃金制度の現状

次に個別賃金を決める賃金制度はどのように変化しようとしているのか。前節で説明した賃金制度を捉える枠組みにそってみると，わが国の賃金制度にはどのような特徴があるのか。まず「賃金の構成」については，労働費用との関連でみたように所定内給与，所定外給与，賞与・一時金の要素から，また所定内給与は基本給と手当から構成され，所定内給与（基本給と手当）が長期給，賞与・一時金が短期給に対応する。

ここでは，賃金制度を設計する上で重要な長期給としての基本給と短期給としての賞与・一時金に焦点を当てることにする。なお基本給は①賃金の中で最も大きな比率を占める要素であること，②社員の生活の基礎になる安定的な賃金部分であること，③社員に対する企業の評価・格付け（つまり社内的な「偉さ」）の金銭的指標であること，④賞与，退職金，手当等の算定基礎になっていること，といった理由からみて長期給を構成する最も重要な賃金要素である。

基本給について

わが国の基本給は大企業を中心にして，職能資格制度をベースに［基本給＝生活給（年齢給，勤続給と呼ばれることもある）＋職能給］の構成がとられている。属人給の一形態である生活給は文字通り生計費を重視した給与なので，社員のライフ・ステージを表現する年齢（あるいは勤続年数）に対応して決められる。その上に積み上げられる職能給は職能資格制度に対応する給与で，一般的には，

第Ⅰ部　コア人材の活用と課題

(賃金)

C万円 ········· 「翌年」の賃金表
　　　　　　　　　　　　　　　ベア分
B万円 ········· 「ある年」の賃金表

　　　　　　　　　定期昇給分

A万円

　　　ある年　　　翌年　　　翌々年
　　　(t年)　　 [(t+1)年]　[(t+2)年]　(勤続年数)

図1-3　定期昇給とベースアップ

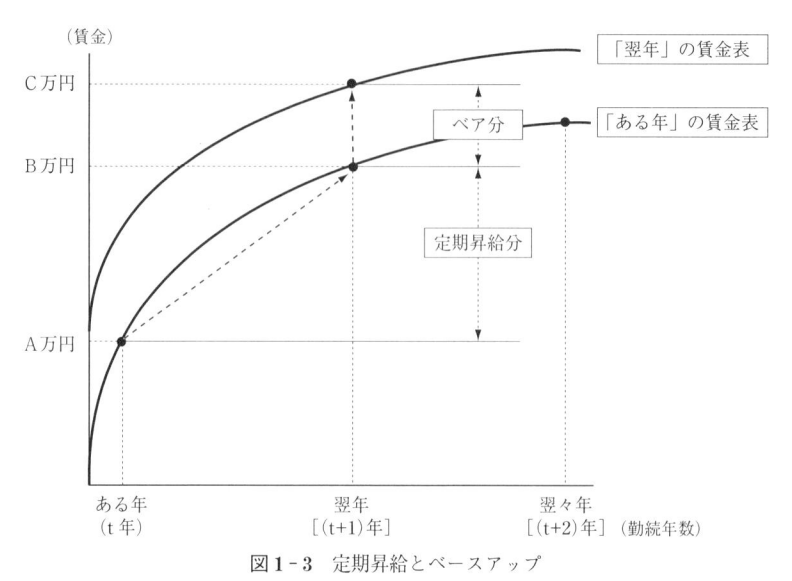

(出所)　今野 (2007)。

同一資格に対応する賃金に幅を持たせるレンジ・レート型(範囲給とも呼ばれる)の形態をとる。そうなると基本給は，能力と生計費(あるいは年齢・勤続)という2つの内部公平性基準よって決定されることになるが，社員序列に対応しているという点からみて職能給が基本給の最も重要な要素であることから，能力を内部公平性基準の基本においているといえるだろう。

　以上の賃金制度の下で，個人の基本給はつぎのように決まる。まず入社すると，初任給が決まる。2年目に入ると昇給するが，この昇給額には定期昇給(定昇)分とベースアップ(ベア)分の2つが含まれる。この2つを区別していない会社も多いが，定昇とは，賃金制度に基づき制度的に保障されている昇給を，ベアとは，賃金制度の中の賃金表の改定に基づく昇給を指す。

　ここで図1-3をみてほしい。ある社員の「ある年」(勤続t年)の賃金はA万円で，「翌年」以降の賃金は「ある年」の賃金表にそって増えていくとする。そうすると，この賃金表に基づき「翌年」(勤続t+1年)にはB万円になり，A万円からB万円への昇給が賃金制度に基づく定期昇給ということになる。さらに「翌年」には賃金表の改定があり，同一条件(つまり，勤続t+1年の社員)

の賃金が「ある年」ではB万円であったが,「翌年」にはC万円に増えたとする。このB万円からC万円への増加分がベースアップ分にあたる。以上の定期昇給とベースアップの2つの増加によって,社員の賃金は「その年」のA万円から「翌年」のC万円へと昇給している。

　この点を現実の賃金制度にそって説明すると次のようになる。前述したように基本給は職能給と生活給から構成されるので,定昇は2つの部分から構成されることになる。第1は,年齢とともに自動的かつ一律にあがる生活給の昇給部分であり,第2は,同一資格内での職能給の昇給部分である。後者の職能給の昇給は,同じ資格内での習熟による能力向上に対応する習熟昇給と呼ばれる昇給であり,人事評価によって格差が設けられている。したがって,定昇は生活給の一律部分と職能給の査定部分から構成されることになる。さらに,職能給は同一資格にとどまる限り昇給に上限があるように設計されているので,社員が連続的に昇給を続けていくためには,上位の資格に昇格し昇給すること（昇格昇給と呼ばれる）が不可欠になる。

　以上のように決定される基本給は,どのような指標を外部競争性基準としているのか。多くの企業が社員格付け制度として職能資格制度を採用していること,社員を同制度のもとで10段階前後に区分していること,管理職に対してほぼ等しい格付け段階を対応させていること等を考えると,社員を序列化する社員格付け制度は企業を超えてかなりの程度標準化されているといえよう。社員格付け制度は賃金序列を決める基本的な枠組みであるので,それが標準化されているということは,賃金の市場相場が職能資格をベースに形成される基本条件ができていることを示している。

　つまり標準化された社員格付け制度のもとで,賃金はつぎのような手順で決定されている。能力（あるいは職能資格）に基づいて賃金序列が決められるので,それからみた市場相場に基づいて賃金を決める必要があるが,賃金統計が整備されていないことから,企業は市場相場を知ることができない。そこで,まずは学歴・年齢等の属性に基づいた賃金相場を確認し,その属性に対応する職能資格の賃金を決めるという手順がとられる。だからこそ,多くの企業が学歴,年齢,勤続年数別の賃金統計,特にモデル賃金統計を活用してきたのである。さらに最近では,表1-3に示した職能資格別の賃金統計が出てきており,こ

表1-3 資格等級別の所定内給与 (単位：千円)

等級	名称	最高額	平均額	最低額
1等級	一般職V（高卒初任）	—	—	—
2等級	一般職IV（短大卒初任）	—	—	—
3等級	一般職III（大学初任）	238.0	204.4	188.9
4等級	一般職II	279.6	226.4	193.5
5等級	一般職I	324.3	252.9	206.2
6等級	係長・主任相当II	360.9	301.1	257.5
7等級	係長・主任相当I	401.0	342.2	291.0
8等級	課長相当	489.2	431.3	380.2
9等級	次長相当	538.5	493.2	454.9
10等級	部長相当	627.8	558.8	506.6

(注) 1. 企業に資格等級数を10等級と仮定してもらい，3～10等級の実在者の最低額，平均額，最高額を回答してもらっている。
2. 図表中の最高額，平均額，最低額は企業が回答した最高額，平均額，最低額の平均値を示している。
(出所) 社会経済生産性本部「活用職種別賃金統計――2006年度版」(2006年)。

れを使えば，各資格ランクの相場を直接把握することができる。

賞与・一時金について

つぎに短期給に当たる賞与・一時金は，賃金管理の面からみると基本給にないつぎの機能をもっている。第1に，成果配分・利益配分としての性格から経営業績に合わせて全社あるいは部門別の原資を決めることができ，第2に，個人に対する短期的な報酬という性格から，業績にそった個人別配分ができる。以上の2つは，経営の成果や個人の業績に合わせて賃金を弾力的に決定するという「賃金の変動費化」機能，つまり短期給としての機能が賞与・一時金に期待されていることを示している。第3に，総労働費用の節約効果もある。基本給を上げると，基本給を算定基礎とする所定外賃金，退職金等が上がって労働費用が膨らむが，賞与・一時金を上げる限り波及効果は小さくて済むからである。

それでは現実の賞与・一時金はどのように決定されているのか。その構造を示したのが図1-4である。まず全社レベルでみると，経営業績にリンクして原資を決める場合（図中の「経営業績連動型」）と固定的に決める場合（「固定型」）があり，後者の場合には一定の支給月数に固定する方法が多いので，それに基

第1章 労働費用と個別賃金管理

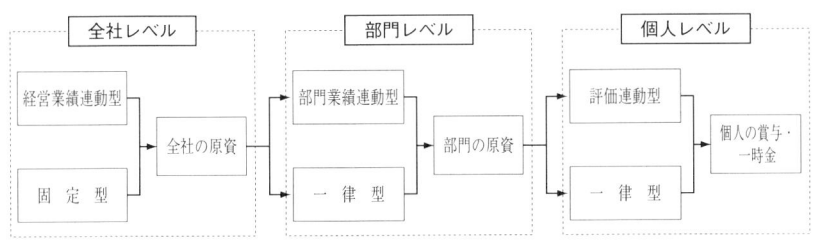

図1-4 賞与・一時金の決め方

(出所) 今野 (2007)。

づいて原資は自動的に計算できることになる。このようにして決まった全社の原資の部門への配分方法には、配分額を部門業績によって変える部門業績連動型と部門業績を考慮しない一律型がある。部門業績連動型をとれば、好業績の部門により多くの原資が、業績の悪い部門にはより少ない原資が配分されることになる。さらに個人レベルでも、人事評価の結果を反映させる評価連動型と、評価にかかわらず同じ月数を支給する一律型がある。

このように全社、部門、個人の各レベルでどのタイプをとるかによって賞与・一時金の決定方法には多様なタイプが考えられるが、一般的には、全社レベルの原資は経営業績を踏まえて「平均支給月数は○カ月」という形で決め、その月数を標準にして人事評価によって個人間で格差をつける方法（同図では、会社レベルの「経営業績連動型」と部門レベルの「一律型」と個人レベルの「評価連動型」の組合せ）、あるいは、全社レベルの原資を経営業績にかかわらず一定水準（たとえば「平均支給月数○カ月」）に決めておき、それを標準にして評価に基づいて個人間で格差をつける方法（同じく「固定型」と「一律型」と「評価連動型」の組合せ）が一般的である。ただし最近になって、部門レベルで部門業績連動型を組み込む企業が増えており、その場合には、全社レベルで平均支給月数を決めても、部門業績によって、部門の平均支給月数が異なるということになる。

5 賃金制度のこれからの課題

伝統的な賃金制度の特徴

これまで伝統的な賃金制度について説明してきたが、その特徴を理論的に整

第Ⅰ部　コア人材の活用と課題

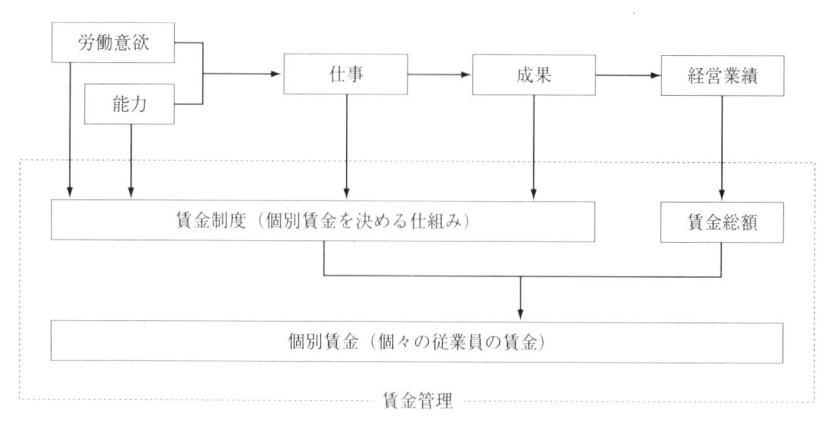

図1-5　仕事のプロセスと賃金の決定要素

（出所）　筆者作成。

理するとつぎのようになる。伝統的な人事管理は「社員の生活保障」を重視し，それを実現するための装置として雇用の安定を保障する制度（いわゆる終身雇用制度）と，ライフ・ステージに沿って所得を保障する制度（年功賃金制度）を採用してきた。しかし他方では，それらの制度を経営パフォーマンスの向上に結びつけるために，能力開発主義に基づく仕組みを人事管理の中に組み込んできた。

社員が勤続を積む間に，企業は能力開発主義の考え方に沿って，社員の能力開発に積極的に取り組む。その結果，能力が向上するので，社員は職能資格制度のもとで昇格し，結果的に年功的に賃金が上がる。他方で，向上した能力が仕事に投入されるので成果が上がり，最終的には年功的に決められた賃金と仕事を介して実現する成果が均衡するという仕組みである。このようにみてくると，伝統的な賃金制度は能力向上を促進し，能力にみあって賃金を決めるという意味で能力主義的賃金制度であるといえるだろう。

以上の点を，仕事のプロセスを整理した図1-5に基づいて改めて整理すると以下のようになる。労働意欲と能力を仕事に投入して成果を得る。これが一般的な仕事のプロセスであるが，賃金はそれを構成する労働意欲，能力，仕事，成果の4要素によって決定される。このように賃金決定要素を整理すると，職能資格制度をベースにするわが国の賃金制度は，同図の中で左側に位置する労

働意欲・能力を重視する点に特徴があり，そこでは，能力（さらには労働意欲）を高めれば，それに合った高度な仕事に配置され，より大きな成果がでる，つまり能力を高めさえすれば成果がついてくるという供給重視型のシナリオが描かれている。

賃金制度の変革の背景

それがいま変革の時代を迎えており，その背景には，わが国企業が不確実性の大きい市場環境の中で，高付加価値型の経営をとらざるをえないということがある。不確実性の大きい市場環境のもとでは，社員が勤続を積み能力開発に取り組んでも，「開発された能力を生かす仕事が必ずしも存在するとは限らない」「生かす仕事があったとしても，想定されたような成果があがるとは限らない」ということが起こるだろう。そうなると，伝統的な賃金制度が想定していた上記の供給重視型のシナリオが崩れ，賃金と成果の間に乖離が生じる。高い職能資格に格付けられている中高年社員が役職につけないという，企業が広く直面している問題はその典型的な例である。この問題を解決するには，賃金決定要素を成果に近い要素（つまり，図1-5のより右側にある要素）にシフトさせていくことが必要になり，賃金制度は仕事と成果を重視する方向に変わらざるをえないのである。

企業が経営の高付加価値化を進める中で，社員に「働き方の高付加価値化」を求めることからも同様の改革圧力がかかっている。「働き方の高付加価値化」とは，仕事の中に「創意工夫をする」「開発する」部分を増やしていくことであり，定型的な仕事に終始しているようでは国際競争に勝ち残れる働き方にはならない。これからの賃金管理はこの「働き方の高付加価値化」を支えるものでなければならず，それには以下のような重要な面がある。

仕事が定型的であれば，事前に決められた手順をしっかりこなすことが成果に結びつくので，仕事のプロセスをみて社員の働きぶりを評価することができよう。しかし，仕事が「創意工夫をする」「開発する」方向で変化すると，仕事の手順を事前に決めることができず，その多くを社員の裁量に任せざるをえなくなる。そのため，社員の働き振りを仕事のプロセスの面から評価することが難しくなり，仕事の結果（つまり図1-5の仕事と成果）で評価し，報酬を決め

ざるをえなくなる。このようにして「働き方の高付加価値化」が不可避な選択であれば，賃金制度は仕事と成果を重視する方向に変わらざるをえないのである。

　以上のような市場と経営を震源とする変化の圧力に加えて，「社員が求める働き方」の変化からも賃金制度は改革の圧力を受けている。伝統的な人事制度は，一律的なキャリア見通しと働き方をもつ男子・世帯主型の社員を想定したものであり，学歴，勤続等の年功的な要素を重視した賃金制度はこの社員群を主要な対象者として設計されてきた。しかし，いまでは女性やパート等の非正社員の戦力化が進み，「社員の求める働き方」は多様化している。人事管理はそれに対応できるものでなければならず，ワークライフバランスを配慮した人事管理の必要性が叫ばれているのはそのためである。

　そうなると，伝統的な賃金制度では適応できない。一律的なキャリア見通しと働き方を前提に年功的に賃金を決める制度では，働き方が多様で，学歴，勤続年数，年齢がバラバラの社員の賃金を公正に決めることができないからである。そうなると，働き方の違いを超えて適用できる，年功的な尺度にたよらない「働き方の多様化」に強い賃金制度を設計しなければならず，それは仕事と成果を重視する制度なのである。

　さらに，こうした制度改革は人材活用の面からみても，企業が追及すべき方向なのである。「経営の高付加価値化」戦略をもってグローバル化する厳しい市場競争に勝ちぬくためには，有能な人材を確保するとともに，人材を徹底して活用することが必要である。そのためには，正社員とパート等の非正社員，男性と女性の間等にある人事管理上の壁を排除して，社内における「人材活用のグローバル化」を進める必要がある。わが国の企業には，女性だからとか非正社員だからといって優秀な人材を活用しないといった余裕はないはずである。

賃金制度の変革の方向と課題

　このようにみてくると，賃金制度は仕事と成果を重視する方向に改革されることになるが，ここで問題になることは，新規学卒者を採用し社内で教育して一人前に育てていくという人事管理の基本戦略との折り合いをどのようにつけていくかである。それは，育成期にある社員に対して仕事と成果を強調した賃

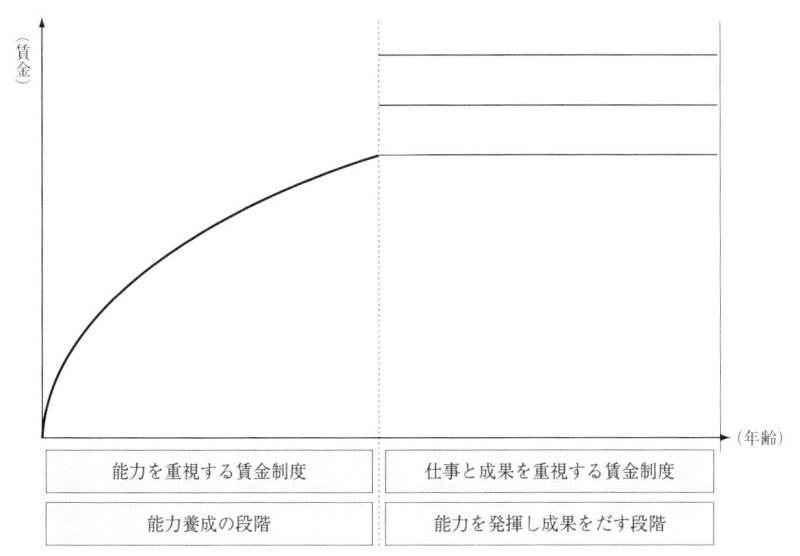

図1-6　新しい賃金制度のイメージ
(出所)　筆者作成。

金制度を適用すると育成を阻害することになるし，育成期であれば能力を重視した賃金制度が適当であるからである。

そこで企業が指向している賃金制度の基本骨格は，養成期にあたる入社後の「初期キャリアの段階」にある社員に対しては能力を重視する制度とし，「その後のキャリア段階」は仕事と成果を重視する制度とするという形態になる。いま仕事の責任範囲が明確で，成果をあげることを基本的な役割としている管理職に年俸制が広がりつつあるが，これは「その後のキャリア段階」の典型的な制度であり，そこでは年功的に昇給するという仕組みはなくなる。それに対して能力を重視する「初期キャリアの段階」では，勤続を積むに従い能力が向上することが期待できるので，結果的には年功的に昇給するという状況が維持されることになろう。以上の中に伝統的な賃金制度のある部分を維持しつつ，ある部分を変えるという「持続と変化」があるのである。

そうなると，新しい賃金制度のもとで想定される労働者の賃金プロファイルは図1-6のようになる。なお「仕事と成果を重視する賃金制度」の下では，複数の賃金カーブが階段状に示されているが，これは新しい賃金制度によって

決まる賃金につぎのような特徴があるからである。[2]

① 労働者の賃金は仕事の重要度によって決まるので，仕事の重要度の違いに対応して複数の賃金カーブが描かれている。
② さらに，賃金が年功的な要素の影響を受けないので，それぞれの賃金カーブは平行に描かれている。

以上は基本給に関わる賃金制度であるので，それに短期給としての賞与・一時金がのることになり，その変化の方向も明確である。前出の図1-4に基づいて，現状では全社レベル，部門レベル，個人レベルの決め方の組み合わせを「固定型」「一律型」「評価連動型」あるいは「経営業績連動型」「一律型」「評価連動型」とする企業の多いことを説明した。しかし，ここにきて，全社レベルで「経営業績連動型」，個人レベルで「評価連動型」の傾向が強まるとともに，部門レベルでも「部門業績連動型」をとる企業が増加してきており，賞与・一時金の決め方は「賃金の変動費化機能」を強化する方向で改革が進んでいるのである。[3]

これまで幾度も説明してきたように，基本給を決める賃金制度は社員格付け制度の基盤のうえに形成される制度であるので，こうした賃金制度の変化は社員格付け制度の変化のうえで起こっている変化であり，社員格付け制度は職能資格制度から仕事を重視する制度へと変化している。仕事を格付け基準とする制度の典型は仕事の範囲を狭く定義するアメリカ型の職務分類制度であるが，いまわが国企業で広まりつつある制度は，組織と人材配置の柔軟性を確保し，能力向上とモチベーションへのインセンティブを考えて，仕事の範囲を大括りにした役割等級制度である。[4]

このような方向で賃金制度が変化してくると，それを支える社会的なインフラを整備することが必要になる。その1つは，仕事の価値が社員の賃金を決める重要な要素になるので，社員の納得性が得られる「仕事の価値を決める標準的な仕組み」を整備することである。それには「仕事の括り方」と「仕事価値の評価」の2つの面があるが，ここでは特に前者の重要性を強調しておきたい。労働者の賃金を決めるには，まず，労働者をどのような労働者であるか（一般

的には「労働者の銘柄」と呼ばれる）を定義する必要があり，これまでの説明から分かるように，定義の仕方は社員格付け制度に規定される。

職能資格制度をベースにしてきた伝統的な賃金制度では，学歴，勤続年数，年齢の年功的な要素で銘柄が定義されてきたが，このことは，年功的な要素が「労働者の銘柄」を決めるための標準的な共通言語として機能してきたことを示している。しかし，仕事と成果を重視する賃金制度に移行すると，仕事の内容によって「労働者の銘柄」を定義することが必要になる。しかし，仕事の内容の定義の仕方は多様である。一般的な方法としては職種が考えられるが，わが国の現状をみると，職種であっても多くの企業が共有する標準的な分類方法があるわけではない。したがって，社員が広く納得する社員格付け制度と賃金制度を実現するには「仕事の括り方」の社会的な標準を作ることが求められている。

もう1つは，新しい賃金制度に対応した外部競争性の基盤を形成することである。仕事を機軸に賃金が決められるようになると，それに対応する賃金額は仕事からみた市場相場に準拠して決められる必要がある。しかし，いま企業が参考にできる賃金統計は基本的には学歴，勤続年数，年齢の年功的な要素をベースに策定されているため，仕事からみた市場相場を確認することは難しい。したがって，新しい賃金制度が企業のなかに広く定着していくことに合わせて，前述した「仕事の括り方」と「仕事の価値」に対応した賃金統計の整備が求められるのである。

注

(1) 本章の2節から4節までは主に（今野 2007）に基づいている。
(2) 最近の企業の事例や研究成果をみると，人事・賃金改革がここで示した方向で進められていることが確認できる。たとえば（中村・石田 2005）は，企業事例の調査を通して，この点に関連して，①成果主義は管理職に対するのが一般的であり，一般職に対しては従来型の職務遂行能力向上型制度が適用されている，②それに対応して中高年層の賃金カーブがフラット化している，ということを明らかにしている。
(3) 日本経団連が毎年賞与・一時金の決定方式について調査し，『夏季・冬季　賞与・一時金調査結果』として公表している。この調査結果を時系列でみると，決定

⑷　なぜ役割等級制度に移行しつつあるのかについては（石田 2007）が参考になる。そこでは，役割等級制度は能力と成果の両面を組み込める社員格付け制度である点に特徴があり，それゆえにわが国企業で広く導入が進むであろうことが強調されている。

参考文献

今野浩一郎（1998）『勝ちぬく賃金改革――日本型仕事給のすすめ』日本経済新聞社。
今野浩一郎（2007）『人事・人材開発3級』社会保険研究所。
石田光男（2007）「賃金制度改革の着地点」『日本労働研究雑誌』No. 554, 47-60頁。
都留康・安部正浩・久保克行（2005）『日本企業の人事改革』東洋経済新報社。
中村圭介・石田光男編（2005）『ホワイトカラーの仕事と成果――人事管理のフロンティア』東洋経済新報社。

第2章　人材育成の未来

守島基博

　企業業績の急速な悪化にもかかわらず，多くの企業が，人材を採用し，人材育成投資を復活させている。その背景には，人材の活用だけで，蓄積を怠ると，長期的にみて，企業の競争力が殺がれてしまうとの認識があるためだろう。人材育成は，どういう状況でも，人材能力の蓄積をはかり，企業の長期的な競争力を確保するには不可欠の作業だが，ここしばらく多くの日本企業がそうした余裕をもてなかった。今後は，多くの企業が人材育成への投資を増やしていくと考えられる。

　こうした企業の意図と選択は間違ってはいない。だが，同時に現在，人材育成を行う企業内の環境は，これまでとは大きく異なってしまっているのも確かである。そのため，人材育成を行ううえでは，以前とはかなり違った考え方に基づいて行う必要がでてきているようだ。本章では，いわゆる失われた15年における人材育成を概観し，評価を行い，今後の方向性を探ってみたい[1]。

1　人材育成のメリット

　まずは経営視点からみた人材育成のメリットを押さえておこう（守島 2001；平野 2005）。基本として，企業はなぜ人材育成を行うのだろうか。人材育成は人材獲得の基本的な手段であり，言うまでもないことのようだが，人材の獲得のためには，必ずしも企業内で育成を行うだけではなく，外部労働市場から獲得するという方法もある。概念的にいうと，人材の確保について，外部市場からの調達と，内部での育成である。では，外部からの調達（いわゆる Buy）ではなく，育成（いわゆる Make）を活用することのメリットは何なのだろうか。

第1部　コア人材の活用と課題

　一般的に経営的にみて，内部で人材を育成することのメリットは，大きくわけて3つあると考えられる。逆に言えば，この3つの条件が満たされなければ，外部からの人材調達がより合理的な選択であるという可能性もありえるのである。

　まず第1が，自社に特有の人材能力を開発することができる点である。しばしばこれは，企業特殊的能力やスキルの確保と言われる。この中には，もちろん，その企業に特有な専門性の蓄積やノウハウの伝承という面もあるが，そこでは，仕事や関する価値観や，顧客についての考え方，経営理念なども含まれる。

　一般に差別化の源泉となるような人材の確保は，後述するように，長期的な育成によってはじめて可能になると考えられている（小池 2001など）。なぜならば，企業特殊的な技能などの，企業にとって本当に役にたつ能力は，複雑で高度な能力であり，熟練とでも呼ぶべき，長期にわたる育成によってはじめて身につくからである。また，他の従業員や顧客との関係の中ではじめてその価値が発生するスキル（いわゆる関係特殊的スキル）なども同様の長期的な蓄積がその基盤にある。特に，人材が高い貢献を行うために，価値観や経営理念，企業文化などとの整合性が重要性される現在，こうした視点からの人材育成の役割は重要である。

　ただ，こうしたスキルの育成や，価値観の共有が行き過ぎて，企業が過度に同質的になったり，人材が労働市場で活用できるスキルを身につける程度が低くなったりする危険性もある。また，経営上必要な能力が比較的外部から廉価に調達できる場合は，かえってコスト高になってしまう場合もある。したがって，今後，企業内人材育成の仕組みは，こうしたコストとベネフィットのバランスさせていくことが必要だと考えられる。

　企業内人材育成の第2のメリットは，こうした内部での人材育成を行うことによって，働く人のモチベーションがあがり，企業の働く場としての魅力が高まることである。つまり，人材育成は，主に能力開発の面からだけ議論をされるが，モチベーションや働く意欲の視点からも重要な施策だと考えられる。

　なかでも，働く人が人材育成を通じて，将来の能力向上や成果をあげることに対して希望をもち，それを働く意欲につなげることは，人材育成の重要な役

割である。また，そうした企業や職場には，能力やモチベーションの高い人材が惹きつけられ，継続的に働き続けたいと思うという意味で，人材の確保にもつながる。つまり報酬やインセンティブ，モチベータとしての人材育成の側面も忘れてはならない。

だが，こうした魅力は働く人がキャリア上で能力開発のどの時期にいるか，またはそのスキルが企業内育成以外の手段によって獲得可能かどうかに依存する。端的に言って，働く人が育成を求めない場合，育成によるモチベーションの向上は必要以上のコストをもたらすだけになってしまうのである。

また，働く人が内部育成によって獲得した能力を，その企業で発揮しない場合，企業にとってメリットがなくなってしまう場合もある。働く人が企業の投資を受けて培った能力を他の企業への貢献のために使う場合，単に育成を提供するだけの場となり，企業にとって逆にコスト高になってしまうのである。競争環境の変化やIT化は仕事の標準化を進め，企業間で同様に価値のある能力やスキルの割合を増やしているとも言われる。また働く人の意識や労働市場の状況も変化している。こうした状況の中で，「報酬としての育成」という考え方もまた変わっていくであろう。

企業内人材育成の第3のメリットは，人材活用を長期的な視点から計画的に行うことを可能にする点である。もちろん，人材の活用には，今この仕事で能力やスキルを活用するというような短期的な活用もあるが，より長期的にキャリアを通じて人材を活用していくやり方が少なくともわが国の企業で中核となる人材については一般的である。言い換えれば，人材と企業が長期的な雇用関係の中で，一人ひとりの人材としての価値をキャリアを通じて高めることで，人材として長期間活用しようとする考え方である。一般的に内部で戦力となる人材を長期的に雇用するわが国の場合，こうしたキャリアを通じた人材としての成長を支援しないと合理性がない。

だが，こうした長期的視野に基づいた人材活用やその基礎となる人材育成は，競争環境が大きく変動するとき，多くのコストを生む可能性がある。なぜならば競争環境の急速な変化は，新しい能力やスキルを迅速に獲得することを要求するからである。その場合，長期的な人材としての成長支援という考え方は，かえって合理性を欠くのかもしれない。したがって，競争環境が大きく変化し，

人材能力の価値が変動する可能性があるとき，逆に外部からの調達による俊敏な人材確保が求められる。

2　1990年代から起こった人材育成の消極化

では，こうした観点から見て，1990年代は企業内の人材育成についていったい何が起こっていたのであろうか。一般に人材育成が消極化したといわれるが，それはどのような実態で，またどのような影響をもたらしたのであろうか。

概観的には，90年代以降，わが国企業においては，経営におけるコスト削減圧力により人材育成投資に充当する資金が不足していただけでなく，業績回復へ向け可能な限り早期に売上・利益を確保することを優先したため，現場レベルにおいては，次を担う人を育てる時間的及び資源的な余裕が極小となった。加えて，成果主義導入により職能資格制度が有していた長期間にわたる人材育成と成長への内在的インセンティブも低下し，人材育成に関わる考え方の混乱も生じた。その結果，「人材育成の消極化」とでも言うべき状況が起こった。詳しくは大きく次の4点で説明される。

育成資源の選択と集中

まず，バブル経済崩壊後，当然のことながら企業の業績悪化は人材育成にかける投資（資金，時間，労力等）の減少をもたらした。資金の面では，教育訓練費が1998年から減少傾向にあり，その後10年余りの間に1,000億円減少している（厚生労働省 2003）。

その結果，中長期的な企業競争力の全体底上げを図るようなたとえば，階層別研修に大きな予算が投じられることが少なくなった。経営環境が激変する中，良き戦略を立て，実行し，それを改善しつつ維持していくことが以前より困難になってきた状況の下，企業が重視するようになったのは，まさにこれまでに無いような戦略を自ら構築し，実行を牽引していくことのできる経営リーダーだったのである。人材育成の焦点はそのような次代を担う経営リーダーに絞られ，したがってその教育対象も，年功等にとらわれない，選抜型研修の形を多くの場合とるようになった。

第 2 章　人材育成の未来

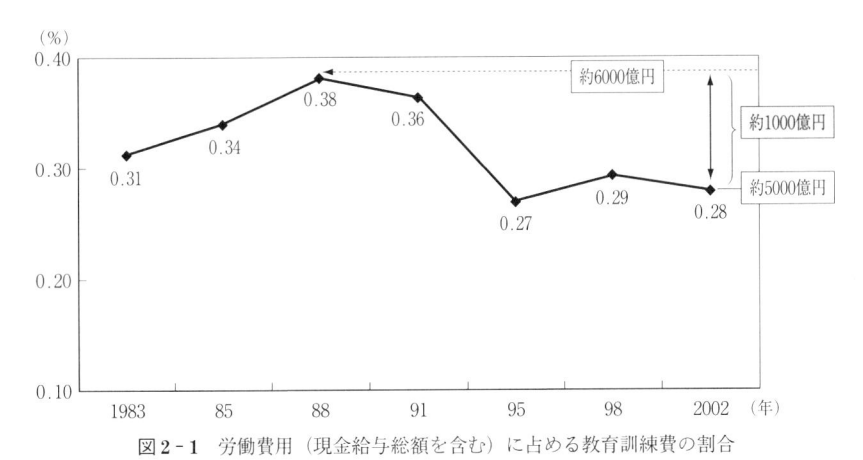

図 2-1　労働費用（現金給与総額を含む）に占める教育訓練費の割合

(注)　本社の常用労働者が30人以上の民営企業のうちから，産業，規模別に層化して抽出した約5,300企業の調査結果。
(出所)　厚生労働省（2003）（1983年は同省「労働者福祉施設制度等調査」，2002年は同省「就労条件総合調査」）。

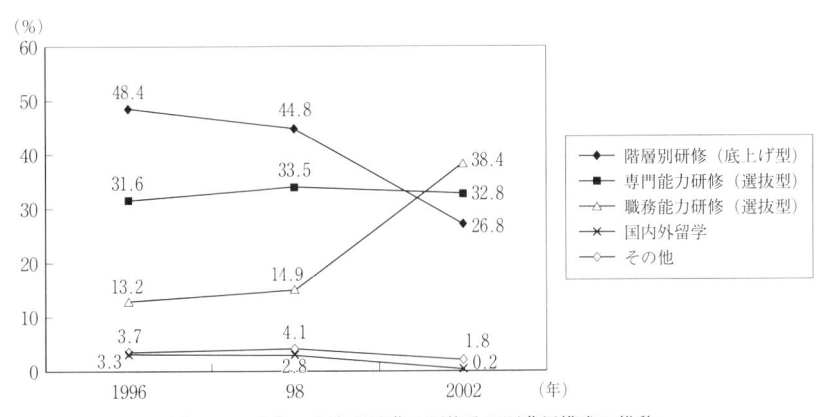

図 2-2　企業の教育訓練費の研修分野別費用構成の推移

(出所)　大木（2000，2003，2004）。

　実際，企業内における教育訓練費を研修分野別に見た場合，階層別研修と選抜型研修にかける額は90年代後半から逆転している。（大木 2000, 2003, 2004）。

働く場をめぐる変化

　次が，働く場の変化である。採用の抑制により，既存人材のフル活用化が進

展している。また，90年代後半の新卒採用抑制，また2000年初頭にかけての大規模な人員削減により，企業の人員構成はいびつな形となった。これによって，企業内に残された人々の1人当たりの仕事量は増加傾向にあり，現場では大変な繁忙感を長期間抱きながら，まさしくフル回転で仕事をこなしていることが容易に想定される。その結果，職場での人材育成が減少した。

　つまり，人員削減と変則的な採用は計画的なOJTにも影響を与えた可能性があり，図2-3にあるようにOJTの実施率は1993年の74％から2002年には41.6％へと減少傾向にある（厚生労働省 2004）。これは単純に，OJTに割けるだけの余裕がないということであろう。どの部署も適正人員の限界にある，或いはすでに不足している状況下で業務をこなしているのである。部下育成の職責を本来持つはずの現場マネジメントも，また自らの意思で成長しようとする部下も，OJTに取り組む・受けるだけの物理的な時間を持てないのが実情だった。業務効率化への期待を込めて膨大な投資で為されたITによるプロセス改革や，非正規社員の大量雇用という側面も，結局は企業競争の中で従来10日かけた仕事を1日でやり遂げる責任や，短期間で入れ替わる人材につぎつぎに導入教育を施さねばならない責任などを増大させた。さらに，所謂"成果主義"の導入が短期的な成果へのプレッシャーも大きくなっており，現場の人材からみて，目前の業務に追われ，育成どころではなくなっているのである。

職能資格制度の弱体化

　1980年代までのわが国企業の人材育成において，中心的な役割を果たしてきた人事評価・処遇制度は「職能資格制度」である。それは「職務遂行能力と定義される従業員の能力の形成と評価の制度」[2]であり，最大の制度的特性は「賃金」と「仕事」を分離したところにあった。より具体的には，個々の従業員は「職務遂行能力」の評価に基づいて，参事や主事，技師といった「資格」が与えられる。そして，この資格によって基本給が決められる。そしてここでのポイントは，「職務遂行能力」とは，当初の議論はともかく[3]，具体的な特定職務の遂行能力を意味しているのではなく，仕事一般をこなす潜在能力といった意味合いで捉えられるケースが一般化したということである。したがって，実際に就いている仕事とは無関係に，賃金が決まることになる。たとえば，同じ資

第2章 人材育成の未来

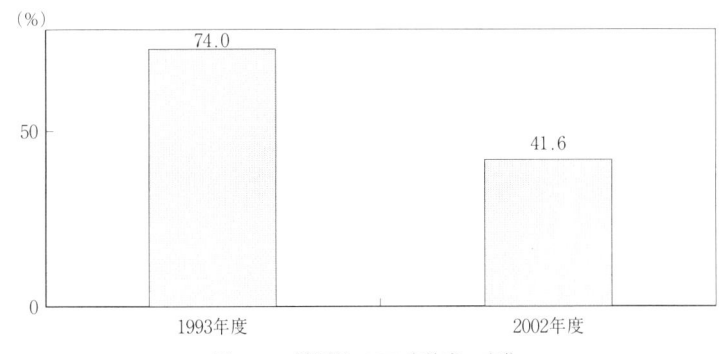

図2-3 計画的OJT実施率の変化

(出所) 厚生労働省 (2004)。

表2-1 職場の能力開発の障害要因

年齢	仕事が忙しくて勉強をする時間がない	%	育児・家事等が忙しくて勉強をする時間がない	%	勉強をするためのお金がない	%	自分が求める内容の勉強の機会がない	%	何を勉強すればいいのかわからない	%	会社で勉強の機会が十分提供されていない	%	勉強の機会に関する情報がない	%	仕事を教えてくれる上司や先輩がいない	%	合計
10代	1	12.5		0.0	1	12.5	1	12.5	4	50.0		0.0	1	12.5		0.0	8
20代	301	23.7	111	8.7	248	19.5	125	9.8	174	13.7	146	11.5	105	8.3	60	4.7	1270
30代	516	26.8	295	15.3	344	17.9	167	8.7	138	7.2	220	11.4	143	7.4	101	5.2	1924
40代	356	28.5	173	13.8	217	17.4	127	10.2	88	7.0	129	10.3	97	7.8	63	5.0	1250
50代	173	28.2	31	5.1	74	12.1	93	15.2	57	9.3	97	15.8	58	9.5	30	4.9	613
60代	18	25.0		0.0	9	12.5	14	19.4	3	4.2	15	20.8	9	12.5	4	5.6	72
合計	1365	26.6	610	11.9	893	17.4	527	10.3	464	9.0	607	11.8	413	8.0	258	5.0	5137

(注) 各世代の項目人数をそれぞれの世代の総計で割ったもの。
(出所) 厚生労働省 (2004)。

格であれば，部下が10人いる部長でも，部下が1人もいないスタッフでも賃金はあまり変わらない。

　職能資格制度のもとで，わが国では勤め先企業において業務をスムーズに遂行するのに必要な能力——「企業特殊的能力」が育成されやすい仕組みが整えられてきた。すなわち，職能資格制度のもとでは特定の仕事内容に固定されていないために仕事の幅が広くなり，創意工夫の余地も広がり，人材育成がされやすい。加えて，「部門間ローテーション」がやりやすいため，特定職務の能力（「職業特殊的能力」）よりも，特定企業内においてスムーズに仕事ができるよ

うな能力が形成されていくことになる。さらに，職能資格制度により年功的に昇格をさせ，同時に決定的な選抜の時期を遅らせる「遅い選抜」（小池 2001）という特徴は，同期間の出世競争を長く行わせることで，勤労意欲を掻き立て，人材育成にプラスに作用してきたという面も指摘しておく必要がある。

また，企業が用意した教育制度も，こうした「企業特殊的能力」が育成されやすいような仕組みが採用されてきた。具体的には「OJT（On the Job Training）」と「階層別研修」である。すなわち，OJT の典型的なパターンは，上司・先輩の指導のもとで実際の業務を行いながら，その企業の具体的な実務プロセスを体で覚えるというものであった。また，これと並行して，実務を離れた Off-JT（Off the Job Training）として，新入社員研修や管理者研修などの集団で行う「階層別研修」が行われ，これは一般的知識の習得のほか，キャリアの節目での OJT 経験の体系化（形式知化）の機能を果たしたと捉えられる。

職能資格制度は，昇進と昇格の分離，職務と賃金の分離といった性質を利用して，異動の柔軟性と組織としての一体化を担保・強化し，結果として企業特殊的なスキル・知識の継続的な形成と累積に寄与してきた。働く人にとってこの制度は人材に対し，長期にわたる雇用期間の中で，場と機会の提供を通じて成長実感を担保する，というメカニズムを備えていたのである。また，能力伸張に基づいて評価・処遇がなされることから，人材は周囲の同僚・先輩たちの状況を見ながら昇進・昇格のタイミングを暗黙的に把握することができた。さらに，それによって能力向上への意欲を高め，上位職昇進への心構えも作っていった。

ただ，その職能資格制度について，過去5年間の制度変更について見ると，まさに過渡期という様相を呈している。（独）労働政策研究・研修機構（以下，JILPT）が行った調査の再分析によると，職能資格制度について，導入したこの制度を変更しないと考えている企業が30.5%であるのに対して，制度変更企業と制度廃止企業を合計すると，44.4%である。[5]

さらに職能資格制度変更企業約4割はどのような制度変更を行ったのであろうか（図2-4）。圧倒的に多いのが，「資格要件の明確化（66%）」，そのつぎが「（資格）等級数の減少（36.2%）」，「滞留年数の廃止・縮小（31.4%）」と続く。職能資格制度の主な変更点は資格要件の明確化といえる。また，日本能率協会

第2章 人材育成の未来

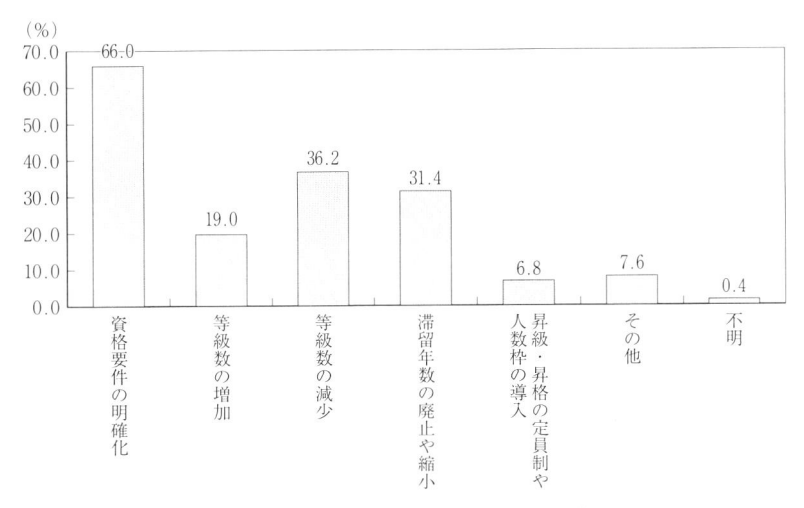

図2-4 職能資格制度変更における変更点

- 資格要件の明確化: 66.0
- 等級数の増加: 19.0
- 等級数の減少: 36.2
- 滞留年数の廃止や縮小: 31.4
- 昇級・昇格の定員制や人数枠の導入: 6.8
- その他: 7.6
- 不明: 0.4

(出所) 筆者による（独）労働政策研究・研修機構編（2005a）のデータの再分析。

の調査によれば，現状の給与形態は職務給（21.8%），役割給（17.7%），職能給（46.3），年齢給（10.2%）という導入状況であり，今後，職務給，役割給が増加傾向にあり，逆に職能給や年齢給は縮小傾向にあるとされている（日本能率協会 2005）。

過去15年間の人事制度の変更によって，職能資格制度が弱体化し，時間をかけて成長していく・成長させようとするベクトルが弱くなってしまったのである。なかでも成果主義を導入した企業の多くは，運用上年功序列になりがちな職能資格制度にも同時に見直しを行っている例が少なくないが，その部分における改革にともなう新たな人材育成のあり方を提示しているとは言えない。

成長のための機会の減少

バブル経済崩壊以前，特に高度成長期の多くのわが国企業には，場と機会の提供を通じた人材育成のメカニズムが意図せずして備わっていた。成長路線を続けた企業では，事業拡大により海外に進出するなど働く職場は新たな広がりを見せる。そうした企業では常に人材不足感があり，また業務は現在ほど分化されてはおらず，1人の人材が担当する仕事の領域は広範にわたっていた。

このことは結果として，人材にとっての能力を高めることにつながった。多少能力不足であろうと，目前の仕事をこなすために挑戦的な課題を取り込み，何とかやり遂げていくことになるからである。たとえば，海外に新たな拠点を設けたような場合，そこで働く人材は未知なる領域で試行錯誤しつつ，現地の人々とのコミュニケーション・ギャップにも直面しながら，自分なりの成果を出していった。つまり，結果的に個人がストレッチでき，成長せざるをえない場があったということである。

　また当時は，業績が右肩上がりであり，リスクをある程度無視して，人材に対して「ストレッチ職務や，いわゆる修羅場経験」として成長機会を付与することができた。だが，こうした機会は企業の成長鈍化，さらには後述する自律・分散型組織の進展によって，大きく減少することとなった。事業部やカンパニーが自己完結型の経営単位として位置づけられるようになると，人材にとっては配置転換やローテーション可能な職場範囲が狭まることになる。加えて日本では，90年代後半の人員削減によって人員不足が発生しており，現在の有能人材を外に異動させられなくなるなど，機動的な人事配置も困難になってきている。事業内容が拡大した高度成長期の人手不足と，不況期における1人当たり業務量の拡大に起因する人手不足では，人材が担う仕事の質に差が出てしまう。挑戦的でストレッチできる職場というよりは，同じようなレベルの仕事の繰り返しを要求される，成長機会が限定的な職場が増大しており，成長実感喪失の一因にもなっている。

　育成という長期的視点から見れば，成長部分の伸びしろを見越して，たとえ能力要件が不足していても将来性ある優秀な人材を配置することが必要だ。これは適材適所に関する1つの方針だともいえる。しかし，優秀な人材が抜ければ現場は少なからずダメージを受ける。上司にとってみれば，部下として抱えていたほうが部門の短期業績に貢献し，ひいては自らの評価につながるという思惑もある。要するに部下を囲い込む誘惑に駆られるのである。そのため，現実には育成的な視点に基づく部門・事業横断的な人事配置に対し，現場が消極的になることが多いという点は無視できない問題となっている。

3　90年代からの人材育成の評価

　では，90年代の日本の人材育成機能は全く機能していかなかったのであろうか。これまでに見た人材育成に関する傾向としての減少（消極化）はあったとしても，企業ごとに選択と集中を経て別の形での育成への取組みが行われてきたことも事実である。ここではそれらのこうした努力への評価を，経営的な観点から行ってみたい。

経営リーダー人材の育成
　90年代以降，企業経営においては差別化できる戦略の構築と展開が競争力の源泉となり，将来ビジョンとそれを実現に向かわせる戦略を構築できる人材，展開を牽引できる人材の確保が重要な課題となった。まずその前提には，バブル経済が崩壊し，企業業績の建て直しが急務になったことがある。さらに，これまで高度経済成長の時代にはマーケットを調査し，トレンドを読み，これまでの経験に基づく予測を加えることで戦略の構築はほぼ可能だったのに対し，企業成長が鈍化する中で他の企業からの差別化が重要な課題となり，戦略を立案するために必要な要素（パラメータ）が急速急激に増加・複雑化したのである。
　まさに，「戦略が重要になってきた」というよりは「戦略を立てるのが難しくなってきた」，または「戦略を立てるために必要な能力のレベルがより高度になってきた」と表現されるべきであるだろう。より質の高い戦略家が求められるようになってきたといってもよい。
　その結果，企業経営においては差別化できる戦略の構築と展開が競争力の源泉となり，将来ビジョンとそれを実現に向かわせる戦略を構築できる人材，展開を牽引できる人材の確保が重要な課題となった。
　ここから導かれる人材育成へのインプリケーション（影響，意味合い）は明確である。簡単に言えば，将来ビジョンとそれを実現に向かわせる戦略の構築と展開を担う人材と，その継続的な育成の重要性が増したということである。
　本来，企業経営が必要とする組織パフォーマンスは，強い経営リーダーと強

い現場リーダーとが密接に連動することによって，最大限に発揮されていくものである。そうであるにもかかわらず90年代以降，企業は戦略を構築できる経営リーダーに育成投資を集中し，逆の側面として，既に見たように戦略を実行する立場である現場リーダークラスの育成を絞り込んできたのである。

経営リーダーの選抜育成状況について，社会経済生産本部のデータによれば，91.7％の企業が選抜への関心を示しており，53.7％の企業が実際に選抜育成を実施している。

また，より総合的にみて，JILPTの調査（労働政策研究・研修機構 2005a）によれば，従業員全体ではなくても，「一部の従業員を対象とした選抜的な教育訓練の実施」が行われてきたか，というと，こうした選抜型の人材育成を重視してきた企業は，全体の3分の1（約33％）である。この数字を高くみるかどうかは議論があるが，約3分の1の企業が選抜型の人材育成を重視しているのである。

だが，同時に早期選抜型の育成にともなう問題点として，選抜方法に納得できる基準がないことが挙げられており，経営に必要な人材像や人材能力の明確化ができていないこともわかる。また，早期選抜の非対象者に対して何らかのフォローを行っていない企業は83％もあり，「納得できる選抜基準がない」ことと相まって，それが相当数の人材のモチベーション低下に帰結していることが類推される。

また，より大きな問題としては，こうしたことの結果，多くの企業で，従業員側には，育成機会の不平等が起こる可能性がある。先に述べた育成投資額の減少と育成投資対象の選抜層への集中は，教育機会を一部の特化した領域に限定するものであり，多くの人材にとっては能力開発機会の縮小となった可能性がある。たとえば，（独）労働政策研究・研修機構（以下，JILPT）が2005年に行った従業員調査によると，調査対象2,823人のうち，社員教育が「正社員は均等に対象となっている」と答えた割合は，約32％だった。多くの従業員にとって，育成機会は均等に配分されていないのである。この前年に行った企業調査（対象は企業の人事部，N＝1,214）によれば，「過去3年間従業員全体の能力向上を目的とした教育訓練」を重視してきたと答えた割合は，約53％であり，企業側は，より広い範囲までを対象とした育成を行っているという認識が強い

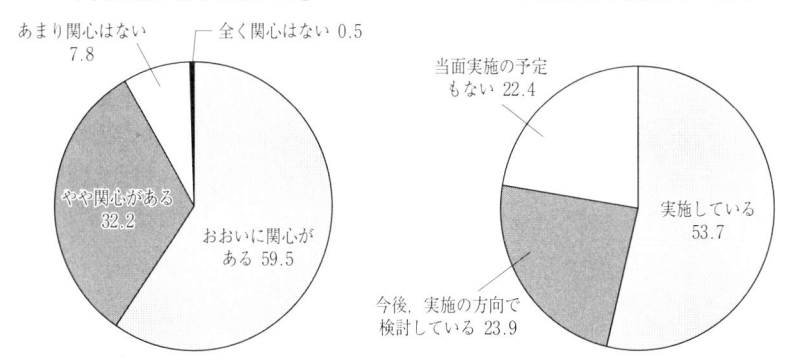

第2章　人材育成の未来

「早期選抜に関心はあるのか」

- あまり関心はない 7.8
- 全く関心はない 0.5
- やや関心がある 32.2
- おおいに関心がある 59.5

「早期選抜を実施しているか」

- 当面実施の予定もない 22.4
- 実施している 53.7
- 今後，実施の方向で検討している 23.9

図2-5　早期選抜育成の実施（％）

（出所）　社会経済生産性本部「将来の経営幹部軸政に向けた選抜人材教育に関する調査」。

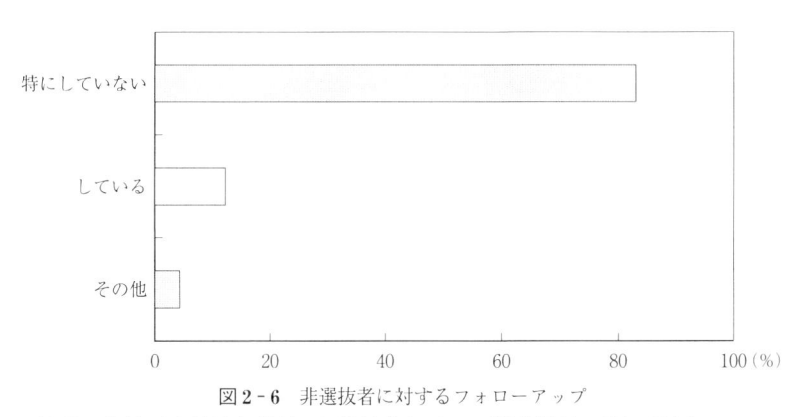

図2-6　非選抜者に対するフォローアップ

- 特にしていない：約83
- している：約12
- その他：約4

（出所）　社会経済生産性本部「将来の経営幹部軸政に向けた選抜人材教育に関する調査」。

ようだが，それでも約半数である。

キャリア開発の自己責任化

これと並行して人材のキャリア開発についての捉え方も変化している。既に述べたように職能資格制度は企業内部の労働市場における柔軟性を確保する制度でもあった。この制度のもとではローテーションが容易だったが，そのために従業員は長期的に自分のキャリアがどのような道をたどるのか明瞭に認識できない，つまり自らのキャリア開発を意識しにくいという側面もあった。

1) 2003年
N=1,405

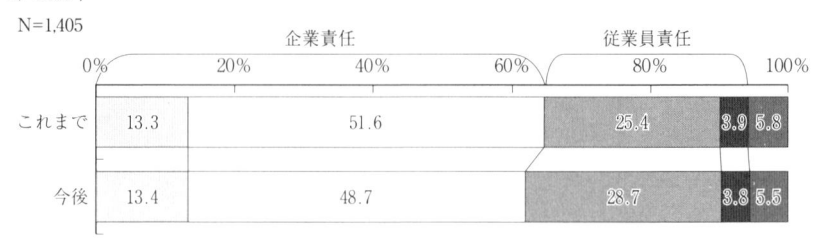

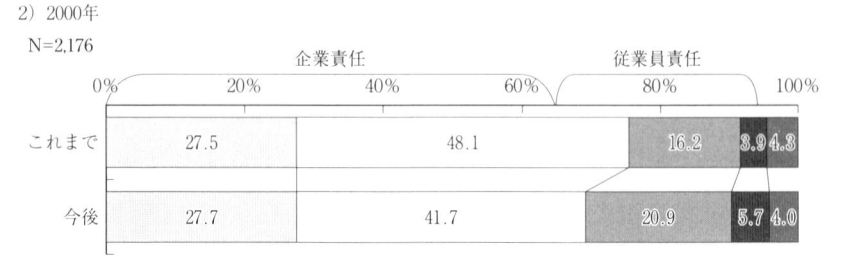

	企業責任			従業員責任	
これまで	13.3	51.6		25.4	3.9 / 5.8
今後	13.4	48.7		28.7	3.8 / 5.5

2) 2000年
N=2,176

	企業責任			従業員責任	
これまで	27.5	48.1		16.2	3.9 / 4.3
今後	27.7	41.7		20.9	5.7 / 4.0

□ 従業員の能力開発を行うのは，企業の責任である
□ 従業員の能力開発を行うのは，企業の責任であるに近い
▨ 能力開発に責任を持つのは，従業員個人であるに近い
■ 能力開発に責任を持つのは，従業員個人である
▨ 無回答

図 2-7　能力開発主体の変化①：従業員責任の増加

(出所)　厚生労働省「平成16年度能力開発基本調査結果概要」。

　しかし，近年の新しい動きとしてキャリア開発の責任主体を企業からより個人へとシフトする動きが見られることがあげられる（厚生労働省 2005）。一方で，注目すべき事実として，JILPT が行った前述の企業調査によれば，過去 3 年の能力開発主体と今後 3 年間の能力開発主体とを比較した場合，個人へシフトするというよりも，むしろ企業主体の能力開発を強化している傾向も見られ（表 2-2），本テーマは注意して捉えていく必要がある。つまり先に述べた言葉で言えば，多くの企業が企業主体の内部育成による人材確保モデルを修正し，内部育成は維持する中で同時に，働く人自らのキャリア形成への投資を前提とした人材確保モデルへと移行しはじめたと言えよう。

　この相矛盾する結果は，逡巡する企業像を浮き彫りにしているといえよう。つまり，企業としては引き続き企業を責任主体として人材育成を実施したいと

第 2 章　人材育成の未来

表 2-2　能力開発主体の変化②：企業責任の増加

			今後3年間			合計
			会社は積極的に従業員の能力開発に関わる	会社の関与は最小限とし，従業員個人の自然性に任せる	会社は行わず，従業員個人の自発性に任せる	
過去3年間	会社は積極的に従業員の能力開発に関わる	度数 過去3年間の％ 今後3年間の％	2928 90.4 75.3	311 9.6 17.7	0 0.0 0.0	3239 100.0 56.1
	会社の関与は最小限とし，従業員個人の自然性に任せる	度数 過去3年間の％ 今後3年間の％	873 39.3 22.4	1331 60.0 75.7	15 0.7 11.7	2219 100.0 38.4
	会社は行わず，従業員個人の自発性に任せる	度数 過去3年間の％ 今後3年間の％	88 27.7 2.3	117 36.8 6.7	113 35.5 88.3	318 100.0 5.5
合計		度数 過去3年間の％ 今後3年間の％	3889 67.3 100.0	1759 30.5 100.0	128 2.2 100.0	5776 100.0 100.0

（出所）　（独）労働政策研究・研修機構（JILPT）が2004年および2005年に行った「企業戦略と人材マネジメントに関する総合調査」（企業調査）と「新時代のキャリアデザインと人材マネジメントの評価に対する調査」（従業員調査）の再集計。

いう意図があるものの，従来の職能資格制度を基礎とした人材育成モデルの喪失によって，現在は新たな人材育成モデルを模索している段階なのである。そのため，企業も明確な人材育成機能を示すことができず，結果として能力開発の主体を個人に任せている。その結果従業員が不安感を感じて自ら行動を起こす可能性も考えられよう。

　成果主義の導入による人材育成への影響

　なんといっても，90年代の人材マネジメントの特徴は，評価・処遇制度の変化である。いわゆる成果主義の導入である。したがって，90年代の人材育成を評価する場合に，成果主義への移行との関連で議論をしないわけにはいかない。成果主義とは，端的にいえば，一人ひとりの短期的な成果や貢献度合いによって評価・処遇される仕組みである。さらに多くの企業では，この仕組みは，キャリアで育成時期を経た中堅層に適用されることが多かった。したがって，

育成については基本的に中立のはずである。だが，本当に影響はなかったのであろうか。

　まず，概観として，人事部，従業員そして部門のトップが，成果主義自体が従業員の能力向上に役にたったと考えているかを見てみたい。成果主義の直接の影響と見てよいであろう。日本能率協会が2004年に行ったアンケート調査によれば，「成果主義導入によって，社員個々の能力アップにつながっている」と回答した割合が従業員グループで約25％と低い（日本能率協会 2005）。逆に，人事部や部門のトップは評価・処遇制度の仕組みによって，働く人が自分の能力を向上させるモチベーションを高めると考えているようだ。つまり，企業側は成果主義によって育成を促進しようとしていたとも考えられる。

　このギャップは何によってうまれるだろうか。本来であれば，成果によって評価される仕組みが導入されれば，働く人は成果を挙げようとして，自らの能力向上へ向けて動機付けされるはずである。だが，この結果から言えるのは，成果主義の導入が働く人の成長実感に結びつかないという可能性であり，成果主義の導入により，人を育てることに関して何らかの問題が発生したためであることが示唆される。

　こうしたことが起こる背景については，少なくとも2つの仮説が立てられよう。ひとつは，成果主義というのは成果によって評価される仕組みなので，働く人から見ると，リスクをとって新しいことにチャレンジするよりは今まで自分が出してきたアウトプットをそのまま出すことでリスクを回避したい。そうしたリスク回避的なモチベーションが増加し，働く人は自らの能力を向上させる意欲を失うのではないかという仮説である。

　もうひとつは，職場への影響によって，職場における育成のシステム，特にOJT（on-the-job training，仕事を通じた訓練）に対してマイナスの影響があったのではないかという可能性である。多くの研究が指摘するように，実際の人材育成の多くは職場でのOJTを通じて行われている。したがって，成果主義的な評価・処遇制度が職場でのOJTに影響を与えると，職場での育成は停滞し，働く人の成長実感も低下する可能性がある。そこでこの2つの仮説をJILPTの調査を使って検討した。

　具体的に，成果主義導入の指標としては，JILPT調査の企業調査票より，

成果主義導入が，社員個々人の能力アップにつながっている

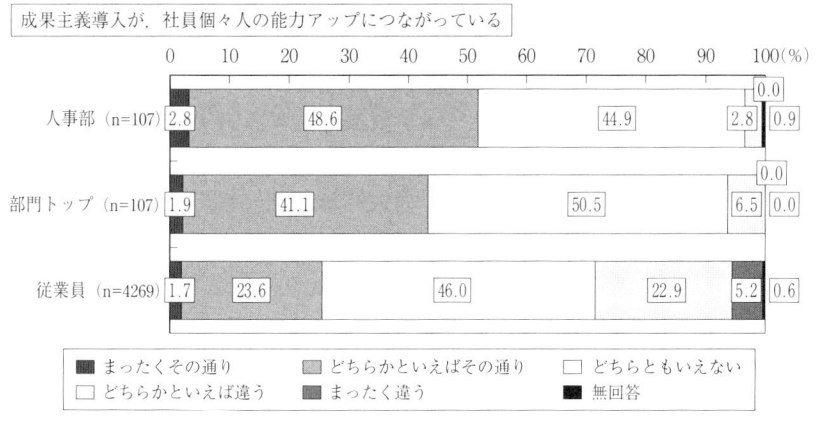

	まったくその通り	どちらかといえばその通り	どちらともいえない	どちらかといえば違う	まったく違う	無回答
人事部 (n=107)	2.8	48.6	44.9	2.8	0.0	0.9
部門トップ (n=107)	1.9	41.1	50.5	6.5	0.0	0.0
従業員 (n=4269)	1.7	23.6	46.0	22.9	5.2	0.6

図2-8　成果主義導入による能力向上について

(出所)　日本能率協会 (2005)。

以下の6つを用いた。

① 基本給における成果・業績給の導入
② 年齢給の縮小・廃止
③ 賞与などにおける個人業績と連動する部分の拡大
④ 課長レベルでの制度上の賃金格差 (100を平均とした指数)
⑤ 課長レベルでの実際の賃金格差 (100を平均とした指数)
⑥ 市場の賃金水準や相場との連動を強化

また，従属変数としては個人調査票より以下の3つを用いた。ⓐの項目は，成長意欲の有無に関する項目で，確認のために用いた。

ⓐ 仕事に必要な知識の習得に励むようになった。
ⓑ 新しい課題に取り組む意欲が高まった。
ⓒ 若年層の育成に手が回らなくなった。

結果は，表2-3に示されている。なお，コントロール変数として，産業，産業，社歴，上場企業ダミー，企業規模，業績上昇ダミー，業績下降ダミー，

表2-3　成果主義的評価・処遇制度の職場での育成・成長意欲への影響

全体サンプル（N=2,523）

変　　数	仕事に必要な知識の習得に励むようになった	新しい課題に取り組む意欲が高まった	若年層の育成に手が回らなくなった
基本給の成果連動	−.164*	−.292***	.270**
	(.109)	(.108)	(.107)
年齢給・勤続給の縮小・廃止	−.154*	−.212*	.058
	(.110)	(.109)	(.108)
賞与の個人業績の連動強化	.090	−.006	−.104
	(.109)	(.108)	(.107)
課長レベルの年収格差：制度	.004	−.004	−.002
	(.003)	(.003)	(.003)
課長レベルの年収格差：実態	−.003	.004	.003
	(.004)	(.004)	(.004)
賃金の市場水準相場との連動強化	−.143	−.026	−.310
	(.198)	(.197)	(.194)
−2対数尤度	4148.163	4354.060	4646.277
PseudoR^2 (Cox & Snell)	.029	.050	.051

*0.05＜p＜0.10，**0.01＜P＜0.05，***p＜0.01
（出所）　JILPT が2004年および2005年に行った「企業戦略と人材マネジメントに関する総合調査」（企業調査）と「新時代のキャリアデザインと人材マネジメントの評価に対する調査」（従業員調査）の再集計。ただし，従業員でも高年齢層（55歳以上）はサンプルから除去した。

競争環境不確実性を用いた。ここから見られる結果は，基本給の成果連動や年齢・勤続給の廃止縮小など，基本給に大きな影響を与える成果主義の導入は，働く人の新しい仕事へのチャレンジ度やまた職場での若年層の育成にマイナスの影響があるようである。こうしたことの結果として，成長意欲が低下したのかもしれない。確定的なことは言えないが，両仮説ともある程度支持され90年代から盛んに導入された評価・処遇制度の変更は，人材の成長に対して大きな問題がある可能性がある。

　様々な経営環境の変化に対応し，90年代人材育成としては，まず，戦略を構築できる経営リーダーの育成に選択と集中を行い，そのほかの人材については働く人に対して能力開発責任の分担を求めた。だが，前者については，リーダー選抜にもれた多くの人材に対してのモチベーション配慮をともなっておらず，また後者については，企業側の混乱もありそれが多くの人材に受け入れられたメッセージではなかった。そしてさらに，成果主義の導入により，新しい

仕事へのチャレンジ度が低下し，また職場の育成機能が弱体化することで，結果として見れば「普通の人々」の成長や能力開発が促進される可能性は低かったのが90年代だったと結論づけられるだろう。

4　キャリアを通じた育成の再構築

キャリア再構築のために

したがって，今後最も重要になるのは，総合的な人材マネジメントの仕組みの中核に人材育成を置き，「普通の人々」を対象とした，中長期的な人材育成のサイクルを回すことである。過去20年，人材能力の蓄積とそれによる企業の長期的なコア・コンピタンスの維持は，必ずしも人材マネジメントのトッププライオリティではなかった。しかしながら，本来人材育成は短期的な戦略達成だけでなく，長期的な競争力の維持に貢献する人材マネジメントの根幹なのである。

また，働く人からみれば，育成は単なる能力開発の手段ではなく，それがキャリアを通じて行われることによって，長期的なモチベーション，つまり他の組織ではなく現在の組織における将来への"夢"を喚起する機能を持つ。従来機能していた職能資格制度とOJTには，2～3年先の視点が従業員から比較的見えやすく，それが彼らに企業で働く安心感，そして成長実感を与えていた面がある。人材マネジメントとはそもそも採用・育成・評価・処遇・配置といった各要素を持つ総合的なものである。職能資格制度は完全ではないにせよ，それら各要素の整合性・統一性を有するべく意図されたものであった。その意味で，コスト削減や成果主義の導入などによって成長実感を持ちにくくなる中，総合的な人材マネジメントの中核に据えるべき人材育成には，働く人が"夢"を持って自らの能力を開発するための仕組みを再構築することが大きなテーマとなろう。

つまり，長期的には，コスト削減の努力や職能資格制度の弱体化，成果主義の導入などによって，成長実感が体験しにくくなる中，働く人が夢をもって自らの能力を開発するための仕組みの再構築が大きなテーマである。そのために最も重要なのは，90年代の企業の競争環境と人事制度の大きな変化を前提とし

て，キャリアを通じた人材育成の仕組みを再構築することである。企業の競争力の源泉となるような人材は，短期的な研修や育成プログラムでは獲得できず，企業主導で行われる，人材のキャリアを通じた能力開発（実務を通じた試行錯誤，成長への自助努力への支援）が必要になるということでもある。

　そしてさらに重要なのは，働く人にとってこうした能力開発と，それに投入される努力は「報いられる」という感覚が，キャリアを通じて長期に持続することである。それによって，働く人はキャリアを築く意欲を維持できるからである。キャリアについては，企業中心で考える場合から，働く人一人ひとりが自分自身でキャリアを築いていく場合まで，広範に考えられるようになってきた。だが，そこに共通するのは，キャリアの基礎には能力開発があるということである。働く人がその能力と意欲に応じ，キャリアを通じて能力開発を行うために，企業側による支援の仕組みが求められているのである。本章で明示的には触れないが，非正規労働力についてもこの事情は全く同じだ。

　企業が競争力の源泉となる人材を育成し，確保することを望むのであれば，個人のキャリア自律を前提としつつも，長期的なキャリアを通じた育成に積極的に関与していかなくてはならない。これまで企業内の能力開発は，職場でのOJTの努力を中核とし，人事部などによる研修，さらに職能資格制度を中心とする成長へのインセンティブ提示によって可能となっていた面が強い。だが現在これらを支えてきた環境要件が大きく変化している。今，求められているのは，配置や処遇なども含めた総合的なマネジメントにおいて，キャリアを通じた新たな育成の仕組みなのである。

　では，キャリアを通じてどう育成をどう設計していけばよいのだろうか。原則としては，2つが重要だ。

　まず第1が，良質の経験の提供である（守島・島貫・西村・坂爪 2006）。キャリアというのは，その人が経験した仕事の束であり，よい経験を積んできた人は，よいキャリアを歩んできたことになる。そして，ここで良い経験とか，良質の経験と言うのは，具体的には，チャレンジ性のある，成長機会となるような仕事のことである。こうした経験を与えてもらった人材と，そうでない人材では，獲得する能力に大きな開きがでてくる。

　そのため，働く人にチャレンジ性のある，学習機会としての仕事を与えるこ

とが企業の人材マネジメントの中では必要になる。そして，この責任は，ひとつには，人事部の配置転換や育成出向などの施策によって可能になる場合もあるが，それにも増して重要なのは，現場のリーダーや上司の日常的な仕事の割り振りである。なぜならば，配置転換や，育成出向の機会は，あまり多くあるわけではないからである。それに対して，日常的な仕事の割り振りは，現場で起こるので，機会としては，その数はずっと多いはずである。多くの企業で，組織の成長が見込めない今，こうした機会を利用して，人材を育成するしかない。

　ここから，重要な点が指摘できる。それは，人材育成のフロントラインにたっているのは，現場のリーダーだということだ。人材育成という視点から，部下を評価し，その視点から，仕事を割り振るリーダーは，長期的に強いチームを獲得することができる。それに対して，部下を短期的な成果や，現在の能力によって評価するだけのリーダーは，今は業績の良いチームを率いるかもしれないが，長期的な組織の強みには貢献しない。つまり，人材育成型のリーダーは，自分の部下を成長させ，そのことによって，チームの成果をあげようとするリーダーなのである。こうした現場リーダーを数多くもっている企業は強い企業である。人事部門が投資をしても育てるべきリーダーだろう。

　第2が，キャリア開発は，マクロな意味（配置転換など）や，ミクロな意味（日常の仕事の割り振り）のどちらにしても，単に仕事と人のマッチングだけではなく，もっと総合的な人材マネジメントとして行われなければならないということである。仕事と人のマッチングは，そのほかの人事施策によって，補完されてこそはじめて，有効なキャリア開発につながるからである。

　では，具体的に，人材のキャリア開発における補完的な人材マネジメント施策とは何なのだろうか。簡単に言えば，良いキャリアは，現場のリーダーや，人事部による考え抜かれた仕事と人のマッチングだけではなく，人事部の行う研修プログラム・自己啓発支援と，そして，育成の視点からの業績・能力評価がすべて連動して，その人の人材としての価値を高めていくときにはじめて成り立つのである（図2-9参照）。その意味で，90年代に導入された成果主義的な仕組みは，このサイクルの中にとりこまれることが必要である。

第Ⅰ部　コア人材の活用と課題

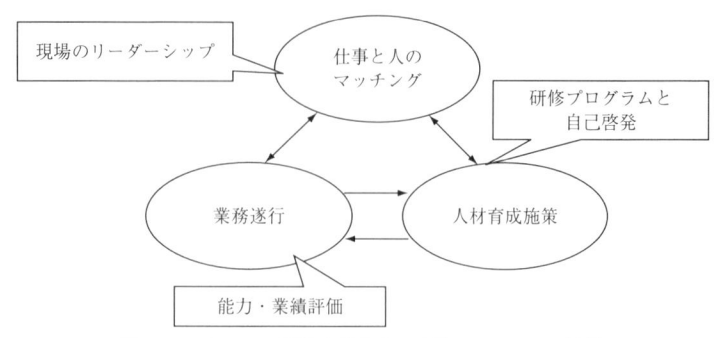

図2-9　キャリア開発を構成する人材マネジメント施策

（出所）　筆者作成。

具体的施策

より具体的には，以下のような取り組みがあるだろう。

① 個人の能力と適性を的確に把握するための仕組みの整備

　まず，長期的な経営ビジョンに基づき，自社に求められる人材像とその要件を明確化することが必要である。その際の基準としてはコンピテンシーが代表的なものとして挙げられるが，全社員に共通して求める要件項目と，各職種あるいは各ポジションに応じて重み付けが異なる要件項目とに分けて明確化している企業が，「金太郎飴」的な人材育成が敬遠される中，注目を集めている。こうした仕組みは，新能力開発体系（コンピテンシー制度）などと呼ばれることもある。

　たとえば，「他者との円滑なコミュニケーションを図る」という行動は，どの企業のどの職種・ポジションにおいても共通して必要であり，また営業部長には「自ら率先して他部門との交渉・調整に動き，メンバーがより一層お客様志向に集中できるよう活動を支援する」といった行動を特に求めるというように具体的な期待要件を設定するのである。要するに，各職種・ポジションに期待される人材要件には，その企業のビジョンに直結した検討と設定が求められるということであり，一般的で抽象的な基準のみでは社員に人材像を理解させ，行動に向かわせることは難しい。

　人材像とその要件が職階と職種で整理されたマトリクスを設計することは即

76

ち，企業にとっての新たな能力評価体系を構築することとほぼ同義になる。それをキャリア開発上の目安に止めるか，各層における文字通りの能力評価基準として，業績評価の一部として用いていくか，などは企業のポリシーに委ねられるところとなる。しかし，ここで重要なことは，社員にその体系を具体的に明示し，社員自身も含めて求められる人材を目指そう，という意識・行動を作ることである。つまり，設定した要件に見合う人材が配置・登用されているかどうか，あるいは求められる人材像に近づくための支援策が整備されているか，が社員にこの新たな体系に対する理解と信頼を増大させていく上で重要になるのである。

② 学習の結果と効果を長期的に評価するための仕組みづくり

　研修プログラムに対する効果測定というテーマはこの5年間，わが国においても教育スタッフの中で答えの見つけにくい関心事である。しかし，一方でそもそも求める人材像やそれを客観的に評価しうる要件定義基準としてのコンピテンシーなどが，人材育成の観点で整備されてきたとは言いづらい状況にある。

　ただしそれらが新能力開発体系として整備が進むと，ある意図をもって打った育成手段（教育・研修もその1つ）の導入後，どれぐらい求める人材像の数や力量に変化があったのか，を現場での意識・行動に着眼して評価（アセスメント）していくことが可能になる。要する新能力開発体系とその基準を，何かの施策を打つ「前と後」の人材力観測基準として活用するかどうか，が重要になってくるのである。

③ 個人の選択と企業の選抜を組み合わせたキャリア管理

　さらに，将来的なキャリアデザインに関し，先進事例としては「キャリアカウンセリング」の実施や「人材タイプ別キャリアパスの提示」などが挙げられる。後者の場合，例えば一定のキャリアを積んだのち，マネジメント職またはエキスパート職に進む，といった複線人事を運用する仕組みを指すが，重要なのは，企業が一方的に下すキャリア判断ではなく，本人自身のコミットメントを含めた意識のすり合わせを図ることである。本人の意欲が増せば自然に人材は成長を遂げていくものだからである。

具体的には，社内の異動を円滑に促進する仕組みとして，「社内公募制」「社内 FA 制度」などが挙げられる。ただすでに導入している企業の事例を見ると，特定の部署に人材が集中する，上司が異動を認めないなどの課題も見受けられるため，募集部門のミッションや人材要件の明示，上司の承認を不要とする人事部門への直接的な申請，あるいはまた人材育成に対するマネジメント層の責任意識高揚と業績評価基準へのおりこみ，といった取り組みが同時に求められる。

個人と企業との意識のすり合わせを通じ，個人の市場価値を考慮した上での自社からの退出，あるいは人材要件に満たない場合の退出等の支援を目的とした「退職マネジメント」を実践している企業も増加している。それは決してネガティブなイメージではなく，その企業における人材としての"卒業"を果たし，他のキャリア機会を通じ，より一層の成長や貢献を果たしていこうという前向きな発想である。

④ 働く個人のキャリア開発に対する仕事現場での支援体制の確立

最後に，どのような人材育成やキャリア開発の支援策を人事部門が導入したとしても，その活用ができない職場風土や，効果あるよき研修から職場に戻ったときにまったくその成果や変化を活用しようとしないマネジメントの存在が人材育成を台無しにしてしまうものである。少なくともそうではない人材を，現場や部門のリーダーには配置すべきであることと，継続的な育成が重要なリーダーの職責であることを定義・提示し，評価基準におりこむなどのすり込みを行うことが重要となる。別の言い方をすれば，現場リーダー役割の明示とその方向へ向けたリーダー育成（組織をマネジメントする人材の重要なミッションとして育成の位置づけ・責任を明確化）である。それらにより，社員一人ひとりが自分自身を高めようという動機づけを得られる組織文化が形成されていくのである。

まとめ

企業の将来を支える人材育成は，総合的な人材マネジメントの中核として位置づけられるべきものである。今後企業の人材育成機能には，適切な戦略を構

築できる経営リーダーを計画的に育成する側面と，働く人の自律的な成長意欲を支援する仕組みの構築が同時に求められる。

そこで重要なのは，キャリアを通じた育成の仕組みであり，それは経営リーダーや現場マネジメント人材に限らず「普通の人々」にとっても成長意欲を持つことのできるものである必要がある。また，モチベーション向上を担保するキャリア開発については，個人としての自己責任に基づく努力と共に，企業側も確固たるビジョンをもって積極的に求める人材像の設定と育成へと関与していく必要がある。

注

(1) 紙幅の制限により本章では扱わないが，育成の視点から見ると重要なテーマに非正規人材の育成とキャリア開発がある。本章は主に正規人材を対象とした議論である。
(2) 楠田（2002：67）による要約。
(3) 職能資格制度の基本的な考え方・体系を最初に示した日本経営者団体連盟（1969）では，能力とは「企業における構成員として，企業目的達成のために貢献する職務遂行能力であり，業績として顕在化されなければならない」「職務に対応して要求される個別的なもの」であるとされていた。
(4) 本調査について詳しくは，（独）労働政策研究・研修機構編（2005a，2005b）を参照。
(5) そもそも職能資格制度を導入していない企業も22.2％も存在している。
(6) 本調査について詳しくは，（独）労働政策研究・研修機構編（2005a，2005b）を参照。
(7) ここでは成果主義を，主に従業員の短期的な成果を賃金に結びつける仕組みとして理解する。

参考文献

大木栄一（2000）『日本企業の教育訓練投資戦略』。
大木栄一（2003）『教育訓練の戦略と投資行動』。
大木栄一（2004）『変わる教育訓練の戦略と投資行動』。
楠田丘編（2002）『日本型成果主義』生産性出版。
小池和男（2001）「もの造りの技能と競争力」『一橋ビジネスレビュー』49巻1号。
厚生労働省（2003）『賃金労働時間制度等総合調査』。

厚生労働省（2004）『能力開発基本調査』。
厚生労働省（2005）『平成16年度「就労条件総合調査」』。
(社)日本能率協会・株式会社日本能率協会コンサルティング・株式会社日本能率協会総合研究所編（2005）『「成果主義に関するアンケート」調査結果』。
(独)労働政策研究・研修機構編（2005a）「変貌する人材マネジメントとガバナンス・経営戦略」『労働政策研究報告書』No. 33。
(独)労働政策研究・研修機構編（2005b）「成果主義と働くことの満足度——2004年 JILPT『労働者の働く意欲と雇用管理のあり方に関する調査』の再集計による分析」『労働政策研究報告書』No. 40。
日本経営者団体連盟（1969）『能力主義管理』日本経営者団体連盟。
平野光俊（2005）『日本型人事管理——進化型の発生プロセスと機能性』中央経済社。
守島基博（2001）「内部労働市場論に基づく21世紀型人材マネジメントモデルの概要」『組織科学』Vol. 34, No. 4。
守島基博・島貫智行・西村孝史・坂爪洋美（2006）「事業経営者のキャリアと育成——『BU長のキャリア』データベースの分析」一橋大学日本企業研究センター編『日本企業研究のフロンティア　第2号』有斐閣。

第3章　新しい労働時間管理
──規制の強化と緩和──

佐　藤　　厚

1　多様化する労働時間

　正社員（＝コア人材）に焦点を当てながら，近年の長労働時間化とその背景にある働き方を探り，今後の労働時間管理のあり方を考えること，これがこの文章の最も基本的なねらいである。

　企業をとりまく競争的環境がますます深化し，働く者のライフスタイルやキャリアニーズも多様化する中にあっては，労働時間管理の現状を探り今後のあり方を考察することは，以下の点からみて重要な意味を持つと思われる。

　第1に，そもそも労働時間の管理は，一方で企業が需要する労働サービスの量とタイミング，また他方で従業員のライフスタイルのそれぞれに大きな影響を与える。加えて，企業の労働需要のタイミング（業務繁閑差や営業時間帯など）と働く従業員サイドからみた就労ニーズはともに多様化しており，一律的な時間管理での対応は困難になりつつある。企業には，業務ニーズと就労ニーズの多様化に対応しうる労働時間管理が求められている。

　第2に，特に労働供給面に着目すると，働き方の多様化が進んでいる。とりわけ中核をなす正社員の場合，会社が求める働き方の規範が，従来よりも「ワンランク」レベルアップしつつある。また正社員の側にも仕事への強いコミットメント志向が存在している（結果的に労働時間が長くなる）。だがその一方で，仕事と育児・介護との両立を図りながらキャリア形成を求める（男性を含むが現状女性を含む）社員も増加しつつある。企業には，こうした働く側の就労ニーズの多様化に対応した労働時間管理が求められている。

第3に，多様な就労ニーズに対応した労働時間管理のあり方を構想する際には，労働時間制度の設計に加えて，労働時間制度対象者の評価・処遇のしくみ，キャリア形成のしくみをも考慮に入れる必要性が高まっている。仕事へのコミットメントが強い社員と生活と仕事とのバランスを重視する社員とでは，企業からみた働き方への期待も自ずと異なってこよう。さらにいえば，企業が社員に働き方やキャリア形成の自律性を強調するなら，拘束時間も緩和する必要があるだろう。一方で会社の業務へのコミットメントを強く求めつつ，他方では自律性も求める。この企業と社員との関係のあり方（＝心理的契約）作りに際して，労働時間制度の果たす役割は決して小さくない。

　最後に指摘すべきは，労働時間制度の運用は職場管理のありように大きく依存している，という点である。長時間労働（残業）の要因として調査結果からあがってくる，「突発的な仕事が飛び込んでくる」，「既存の人員ではこなせない仕事量である」，「納期にゆとりがない」といった職場の声には，労働時間の適正化には，労働時間の管理だけでの対応では限界があることが強く示唆されている。

　本章では，こうした点を念頭に置いて，以下の順序で記述がなされる。第2節では，労働時間が長くなる現状とその背景を概観し，第3節では，働き方の多様化の実態について，「勤務形態」の違いを切り口にしたアプローチを試みる。最後に第4節では，分析結果をまとめつつ，「仕事のやりがい」と「ワーク・ライフ・バランスの満足度」を両立させる労働時間管理の条件として，職場マネジメントの重要性を指摘する。

2　長労働時間の現状と背景

　厚生労働省（2007）では，労働時間制度及び労働時間の実態について分析を加えているが，重要な点として以下が指摘できる。

　第1に，労働時間制度についてみると，みなし労働時間制度採用企業が全体として増加傾向にあり，特に，1,000人以上規模の企業では企画業務型及び専門業務型裁量労働制度が増加しつつある。また裁量労働制をすでに導入している事業場では，今後も「労働時間規制を受けない働き方」の導入や裁量労働制

を拡大させることを求めており，裁量労働制未導入の企業においても，約3割が「労働時間規制を受けない働き方の導入」を求めている。

　第2に，労働時間制度の適用者の満足度をみると，満足する者と不満な者がそれぞれ存在しているが，フレックスタイム制，管理職の緩やかな時間管理，裁量労働制の適用者で「実際の運用が適合している」ことが満足度を引き上げている一方で，逆に不満足の者の理由は「実際の運用が不適合である」ことが指摘されており，これらの時間制度の対象者の満足度は運用の仕方に依存している様子がうかがわれる。制度適用者の満足を高め希望を実現していくには，それぞれのニーズに対応しつつ，自律的な働き方や仕事と生活とのバランスのとれた働き方を支えるような運用面での工夫が求められている(2)。

　第3に，労働時間の傾向をみると，総実労働時間は，総じてゆるやかな減少傾向をたどってきた。だが所定外労働時間については，多少の増減をみせつつ2001年には134時間まで減少したが，2002年からの景気回復に伴い再び増加している。だたし，労働時間の短いものと長いものの二極化がみられ，男性20〜29歳及び50歳以上層では週35時間未満雇用者が増加する一方で，35歳〜49歳層で週60時間以上雇用者が増加している。また職種別にみると，専門・技術職で労働時間が高まっている。

　第4に，長労働時間が発生する理由として，週70時間以上労働者のほとんどが「所定内労働時間では片付かない仕事量」であることを挙げた。また，8割近くの者が「突発的な業務がしばしば発生する」ことを挙げている。一方，企業が長時間労働の発生要因をどうみているかをみると，「所定内労働時間では対応できない仕事量」が1番目あるいは2番目に多い(3)。

　第5に，長時間労働の増加で懸念されることが，労働者の心身に与える影響であり，労働時間が長くなるにつれ，「体力的に疲労を感じる」「精神的にストレスを感じる」割合が高くなる傾向にある。また1カ月の超過労働時間が長くなるほど，「1日の仕事で疲れ，退社後何もやる気になれない」など抑鬱が高まる傾向にある。

　第6に，仕事と生活のバランスについての考え方をみると，（男女間で差がみられるものの）総じて，現在の仕事と生活の優先度では，「仕事」＋「どちらかといえば仕事」が多数派を占める。だが，これからの仕事と生活の希望優先度

では,「仕事と生活が同じくらい」+「どちらかといえば生活」が多数派を占め,今後の働き方の希望は仕事の優先度が下がる。つまり生活が仕事と同等もしくは仕事より生活を優先したいとする者が多くなる傾向にある。

以上のことは労働時間制度を考える上で2つのことを示唆している。一つは,働く者のニーズの多様化に対応するには,みなし労働時間制度が有効であるが,制度の運用面で課題を残している——運用の適正化をはかる条件とはいかなるものか——この点が一つ。いま一つは,長労働時間(=残業時間)化傾向への対応である。心身両面での負荷の軽減及びワーク・ライフ・バランスの回復を希望する者が存在する一方で,自律的で時間規制をうけない働き方を望む者も少なくない。つまり多様なニーズを持つ労働者に対応した時間制度運用の適正化と労働時間の適正化が求められている。こうした現状にたいして,職場や仕事の特性さらには職場のマネジメント様式(=仕事管理)に着目しながら,労働時間管理のあり方を考察する,これが我々にとっての課題である。[4]

そこで,次節以降では,この点について,筆者が関わった調査研究をもとに検討を加えていくことにしたい。[5]

3 勤務形態,就労意識,労働時間,そして仕事・職場の性格

勤務形態と「仕事のやりがい」「仕事特性」「WLB 満足度」「労働時間」との関連の概要

まず,分析の軸である勤務形態と分析結果から浮かび上がってきた重要な変数である「仕事のやりがい」,「仕事の特性」,「WLB 満足度」(ワーク・ライフ・バランスへの満足度のこと。以下 WLB と略),「労働時間(特に退社時間)」といった変数との関連について,その概要を示しておくことにしたい(表3-1)。

この表3-1から以下の点が指摘できるだろう。第1に,従業員の WLB 満足度という点から各勤務形態をみると,短時間勤務が最も WLB 満足度が高く,通常勤務がこれに次ぐが,フレックスタイム制や裁量労働制に場合には,仕事量の裁量度があるかないかによって WLB 満足度に差異が生じている。つまり仕事量裁量度がある場合には WLB 満足度が高いが,裁量度が無い場合には,低下する傾向にある。

第2に,「仕事のやりがい」という点からみると,弾力的な時間管理が最も

第3章　新しい労働時間管理

表3-1　勤務形態と「仕事のやりがい」「仕事特性」「WLB満足度」「労働時間」の概要

勤務形態	仕事のやりがい	WLB満足度	仕事・職場特性（弾力的制度で高いもの）	労働時間関連指標[1)2)]：上段：退社時刻　下段：残業時間
通常勤務	中位	中位	—	退社時刻：6.6　残業時間：4.1
フレックスタイム勤務	やや大	仕事量裁量性有ると満足。「ない」と不満足	仕事量裁量性　責任・権限重い　突発的業務　ノルマや目標が高い	退社時刻：8.0　残業時間：5.0
短時間勤務	小さい	大きい	—	退社時刻：2.2　残業時間：1.7
専門型裁量労働	大きい	仕事量裁量性有ると満足。「ない」と不満足	フレックスタイムと同じ	退社時刻：9.3　残業時間：6.2
企画型裁量労働	大きい	仕事量裁量性有ると満足。「ない」と不満足	フレックスタイムと同じ	退社時刻：8.8　残業時間：6.0

（注）　1．退社時刻の単位は時刻や時間数ではなくカテゴリ番号を示す。
　1　16時－16時半前　　2　16時半－17時前　　3　17時－17時半前　　4　17時半－18時前
　5　18時－18時半前　　6　18時半－19時前　　7　19時－19時半前　　8　19時半－20時前
　9　20時－20時半　　10　21時すぎ
　　2．残業時間の数値は，労働時間数ではなく，以下のカテゴリ番号を示す。
　1　なし　　　　　　　2　10時間未満　　　3　10～20時間　　　4　20～30時間
　5　30～40時間　　　6　40～50時間　　　7　50～60時間　　　8　60～70時間
　9　70～80時間　　　10　80～90時間　　11　90～100時間　　12　100時間以上
　　3．調査票では，「あなたの普段1ヶ月の残業時間（時間外・休日労働時間）はどれくらいですか」と尋ねた。また裁量労働制適用者の場合は，所定労働時間を超える時間数を尋ねた。
（出所）　佐藤（2007b）。

やりがいが大きく，通常勤務がこれに次ぎ，短時間勤務が低くなる傾向にある。つまり，WLB満足度という点では，短時間勤務が最も高いが「仕事のやりがい」は低く，「仕事のやりがい」は大きい弾力的の時間管理の場合は，WLB満足度が低くなる。そして通常勤務はWLB満足度，「仕事のやりがい」とも両勤務形態の中間という位置づけとなる。

　第3に，勤務形態別に労働時間（特に退社時間）をみると，短時間勤務では

労働時間が短く（退社時間は早く），通常勤務がこれに次ぎ，弾力的時間制度の場合が長く（遅く）なる傾向になる[(6)]。こうした勤務形態別にみた労働時間の長短（退社時間の早い遅い）は先に見たWLB満足度と逆の相関を示しており，長い労働時間（遅い退社時刻）がWLB満足度を引き下げていると推察される。

これらのことからもわかるように，従業員のWLB満足度を考える上では，勤務形態は重要な意味をもっている。

以下では，以上に要約された諸傾向について立ち入ってゆくこととしたい。

勤務形態別にみたときの「仕事のやりがい感」「WLB満足度」に関する諸特徴
① 勤務形態と「仕事のやりがい感」及び「WLB満足度」

まず，「仕事のやりがい感」と「WLB満足度」を勤務形態別にみてみよう（表3-2）。表3-2にみられるように，「今の仕事へのやりがい感」を勤務形態別にみると，勤務形態によって違いがみられ，仕事にやりがいを「感じている」割合の大きいものは，企画業務型裁量労働制（70.4％）や専門業務型裁量労働制（69.6％），さらにフレックスタイム制（67.6％）といった弾力的時間制度の適用者において大きい。弾力的時間制度は，比較的裁量性のある仕事に適応されることから，仕事の裁量度が仕事のやりがいを高めていると考えられる。

次に，WLB満足度を勤務形態別にみてみよう。表3-2の左右の欄を見比べてみるとわかるように，WLB満足度の数値は「仕事のやりがい感」の数値とは異なっており，WLB満足度の数値は，短時間勤務の適用者が最も高く（62.7％），始業・終業時間一定勤務者（42.4％）とフレックスタイム制度適用者（40.4％）がこれに次ぎ，裁量労働制適用者のWLB満足度は低くなっている（企画業務型で37.8％，専門業務型では30.4％）。つまり仕事のやりがい感とは逆に，フレックスタイム制や裁量労働制など弾力的労働時間制度対象者のWLBの満足度は，通常勤務者や短時間勤務者と比べてそれほど高くない。こうした傾向は，勤務形態と勤務形態対象者が従事している仕事や職場の性格，さらには労働時間の長短や退社時刻の早い－遅いといった指標と関連していると思われる。

② 勤務形態と仕事・職場の性格──勤務形態別にみた特徴

勤務形態別にみると，短時間勤務者の場合，仕事のやりがいは小さいが，

表3-2 勤務形態と「仕事のやりがい感」
「仕事・生活バランス満足度」

(単位：％)

	仕事へのやりがい感[1]	仕事・生活バランス満足度[2]
始終業時間一定	60.7	42.4
フレックスタイム	67.6	40.4
短時間勤務	56.9	62.7
専門・裁量	69.6	30.4
企画・裁量	70.4	37.8

(注) 1. 数値は「非常に感じている」＋「ある程度感じている」の計。
2.「感じている」を「満足」に置き換えると同じ。
(出所) 佐藤（2007b）。

表3-3 勤務形態別にみた仕事・職場の性格

	a	b	c	d	e	f	g	h	i
始終業時間一定勤務制	86.3	43.9	68.0	42.0	80.0	56.2	67.7	62.0	77.4
フレックスタイム制	91.6	47.2	72.1	41.9	85.2	56.2	73.2	58.5	76.0
短時間勤務制	88.2	39.2	56.9	31.4	64.7	43.1	43.1	66.7	72.5
専門業務型裁量労働制	88.2	53.3	85.0	41.0	88.5	67.4	86.3	43.2	77.1
企画業務型裁量労働制	93.0	44.0	84.0	36.0	86.0	59.0	82.0	54.0	78.0

(注) 表中のa～iは以下の項目に「かなりあてはまる」＋「ややあてはまる」の合計値（％）。
a「仕事の手順を自分で決められる」，b「仕事の量を自分で決められる」，c「仕事の責任・権限が重い」，d「時間をかけた分だけ，成果が出る」，e「突発的な業務が生じることが頻繁にある」，f「自分の仕事はチーム作業である」，g「達成すべきノルマ・目標が高い」，h「今の職場に自分の仕事を代わりにできる人がいる」，i「職場全体で常に情報の共有化をはかるよう努めている」
(出所) 佐藤（2007b）。

WLB満足度は高い。それに対して裁量労働制適用者などは仕事のやりがいは大きいが，WLB満足度が低く，この２つの勤務形態は対照的である。そこでその点を探るために制度対象者の仕事や職場の性格という点から分析してみよう（表3-3）。

表3-3からもうかがわれるように，a～iのごとく設けた設問に対する回答は勤務形態によってかなりの違いがあることがわかる。特に短時間勤務者とフレックスタイム制や裁量労働制の適用者に注目してみると，a「仕事の手順を自分で決められる」，b「仕事の量を自分で決められる」，c「仕事の責任・権限が重い」，e「突発的な業務が生じることが頻繁にある」，f「自分の仕事はチーム作業である」，g「達成すべきノルマ・目標が高い」といった項目については短時間勤務者で数値が低く，フレックスタイム制や裁量労働制など弾力

的時間制適用者の数値が高い。

このうち,「仕事の責任と権限が重い」「突発的な業務が生じる」「達成すべきノルマ・目標が高い」といった弾力的時間制度適用者の特徴は,前述した「仕事のやりがい感は大きいが,WLB満足度は高くない」という結果と整合性のあることを示している。

弾力的労働時間制適用者の仕事の性格とWLB満足度──仕事量の裁量度による違い

これまでの分析から,弾力的時間制度適用者のWLB満足度が低い背景として,仕事や職場の特性があることが示唆された。この点を深めるために,それぞれの仕事・職場特性のあてはまりとWLB満足度との関係を分析した。その結果以下が指摘できる。第1に,「仕事の手順を自分で決められる」,「仕事の責任・権限が重い」,「突発的な業務が生じることが頻繁にある」,「自分の仕事はチーム作業である」,「達成すべきノルマ・目標が高い」,「職場全体で常に情報の共有化をはかるよう努めている」にあてはまると回答した者については,WLBに満足する者と,不満の者との差はあまりなかった。つまり満足している者が多いが不満の者も多かった。ところが,「仕事の量を自分で決められる」についてあてはまる者の場合は,WLB満足度が高い者と不満の者とで違いがみられた。

そこでこの点をより明確にするために,フレックスタイム制と裁量労働制の適用者それぞれにつき,仕事量の裁量度とWLB満足度との関係を分析してみた(表3-4)。

フレックスタイム制適用者(裁量労働制適用者,以下カッコ内は裁量労働制適用者の数値を示す)でWLBに満足している者の場合,60.3%(61.0%)は仕事量を自分で決められると回答し,「決められない」と回答する者39.7%(39.0%)を大きく上回っている。逆に,WLBに満足してない者では,65.4%(60.3%)は仕事量を自分で決められないと回答し,「決められる」と回答する者34.6%(39.7%)を大きく上回っている。このことは,WLBの満足度が高い者には仕事量の裁量度が与えられているケースが多いこと,またフレックスタイム制や裁量労働制の適用者であっても,仕事量の裁量度が無い場合には,WLBの満足度の向上に寄与しないことを示しているといえる。

表 3-4 仕事量の裁量度と WLB 満足度（フレックスタイム制と裁量労働制）

		フレックスタイム制適用者 (n=1614)			裁量労働制適用者 (n=324)		
		仕事量の裁量度			仕事の裁量度		
		あり	なし	合計	あり	なし	合計
仕事と生活への満足度	満足	60.3	39.7	100	61.0	39.0	100
	どちらともいえない	46.3	53.7	100	58.7	41.3	100
	満足せず	34.6	65.4	100	39.7	60.3	100

（出所）佐藤（2007b）。

4　結果を解釈する──事例分析

成果重視型人事制度の一環としての裁量労働制

第3節では，電機連合の調査結果を概観したが，重要な点は以下の3点にまとめることができるだろう。

① 第1に，弾力的時間制度適用者，とりわけ裁量労働制適用者の仕事と職場の特性として，「仕事の責任・権限が重い」「達成すべきノルマ・目標が高い」者が多い。
② 第2に，弾力的時間制度適用者の就業意識をみると，「仕事のやりがい感」が高いが WLB 満足度は低い者が多い。また弾力的時間制度適用者の労働時間も長く，退社時間も遅い者が多い。
③ 第3に，弾力的時間制度適用者の WLB 満足度に「仕事量の裁量度」という要因が強い影響を与えており，「仕事量の裁量度がある」者の WLB 満足度は高いが，そうでない者の満足度は低い。

ここで①の考察には，そもそも弾力的時間制度，とりわけ裁量労働制という時間制度が，どのような目的で，いかなる対象者を範囲としているか，その制度設計の考察が欠かせない。また②と③の考察には，導入された制度がどのように運用されているのかへの着眼が必要だ。つまり，①〜③の考察には「制度導入の目的→制度対象者の範囲→制度の運用→制度対象者の働き方と意識」と

第Ⅰ部　コア人材の活用と課題

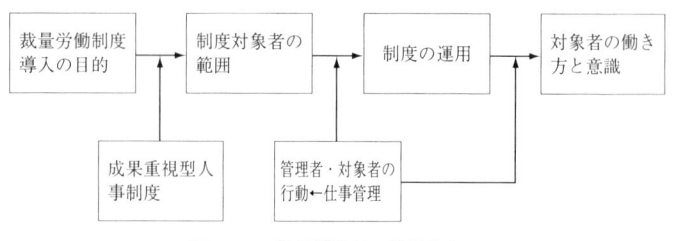

図3-1　裁量労働制の検討枠組み

(出所)　筆者作成。

いう枠組みを用意する必要がある。そこで以下，この図3-1にそって検討を加えてみたい。

法的にみると，裁量労働制とは，「業務の性質上，使用者が具体的指示をせず時間配分を含めて遂行方法を労働者の裁量に委ねることが多いため，一定の手続き（専門業務型では事業場協定→届出，企画業務型では労使委員会の設置と決議）により，通常の労働時間算定のルールを適用せず，労使協定または労使委員会決議で定められた時間を勤務したとみなすみなし労働時間制」である。企業レベルでの制度は，法的枠組を前提にしつつ，各々の目的や理念があって制度設計されている。以下，表3-5によりながら裁量労働制を導入した企業の事例にそってこの点をみていこう。[7]

① 制度対象者

まず制度の対象者についてであるが，労働基準法の要請に従い，①専門業務型では，研究開発部門など，また②企画業務型では，事業場での戦略に関わる企画・調査立案を行う部門などに配属されている者が制度の適用対象部門となる。だが，そうした部門に勤務する者全てが対象者になるわけではない。対象者の範囲は，職能資格制度の等級区分によっているという点が重要である。この等級区分は企業にもよるが，概ね管理職（具体的には課長層）の直下層（係長や主任クラス）に対応するケースが多い。つまり対象者の範囲は，組合員＝一般従業員の中では最上位の等級区分層に該当しており，したがって入社後一定期間（7～10年程度が多いが，入社3年後という短い期間のケースもある）の経験と職能保有者が，本人同意を条件に対象者となる。調査結果にみられたように，

表3-5 制度導入 I 社の事例

制度の名称	□○ワーク
制度の対象 ① 実施対象 ② 対象者の範囲	① 専門業務型：研究開発部門等 　企画業務型：担当事業の諸戦略に関して企画・立案を行う部門等 ② 職能資格制度の等級区分（大卒入社10年目以上・課長代理層）
労働時間 ① 1日のみなし時間 ② 労働時間管理の方法	① 8時間 ② 作業管理システムによる把握
賃金・賞与の取り扱い	基準賃金×○％
制度の運営・管理 ① 健康管理 ② 苦情処理 ③ 労使委員会，その他の取り組み	① 長時間者（1カ月の時間外労働が80時間以上など）につき健康診断 ② 労使委員会に申し立て ③ 時間概念を払拭した能力・成果主義の定着・浸透を目指した取り組み

(出所) 労務行政研究所（2006）をもとに作成。

裁量労働制適用者の仕事と職場の特性として，「仕事の責任・権限が重い」「達成すべきノルマ・目標が高い」といった特徴は，こうした制度から生じていると考えることができるだろう。

② 成果重視型人事制度の一環としての裁量労働制

つぎに指摘すべきは，裁量労働制という時間制度を導入する目的についてである。これも概ね「成果重視型人事制度の一環」として導入という点で共通している。「時間労働者意識の払拭とアウトプット重視の意識改革」（I社），「意識改革と生産性向上を目指す」（H社），「管理職登用の前の研究員に専門業務型を一律適用，マネジメント発揮を促し，働き方の意識改革を図る」（S社）といった導入目的からも伺われるように，働き方の評価を「時間の長さ」ではなく「仕事の成果」によって行い，管理職の働き方を管理職手前の層に期待することが強調されている。表3-5の下段にある「時間概念を払拭した能力・成果主義の定着・浸透を目指して」労使が一体となって取り組むことが重視されているのは，そうしたことの反映である。

制度対象者にこうした「成果重視」の働き方を期待すると、賃金・賞与についても、個人の働きぶりを反映したしくみが必要となる。通常勤務であれば時間の長さに応じた時間外手当を支給するところが、裁量労働制の場合には「みなし」時間となる。時間の長さ比例の手当支給はなじまない。したがって、残業手当に相当する部分をなんらかの形で支給する必要がある。もちろん時間の長さにかかわらず金額を固定して定額で支給する会社もあるが、多くは働きぶりの評価を反映した支給を行っている。たとえば、査定部分のある基準賃金に一定率を乗じて支給額を変動させる会社（I 社、H 社）、賞与考課に加えて、成果と連動する成果報奨金を支給する会社（S 社）などがそれにあたる。

③ 制度の運営・管理

以上の検討から、裁量労働制は、「成果重視」型人事制度の一環として導入され、管理職手前層に管理職層の働き方を期待する制度であることが透視されてくる。だが法が要請しているように、働き過ぎのチェックをはじめとする労働者保護の措置も当然に必要である。企業事例をみても、長時間労働者（1 ヵ月の時間外労働が80時間以上など）については、健康診断を実施する。労働時間管理を個人別作業管理システムによって始・終業時刻を打刻し、パソコンのログオン・オフ時刻を収集する。また、働きぶりの評価については公平さの確保の観点から、苦情処理のしくみを確保している。管理職手前層への人事制度を成果重視にする以上、こうした労働者保護のしくみも必要となるからである。

以上、①〜③を通じて述べてきたことは、裁量労働制の制度設計の理念もしくは制度のしくみについてであった。これは図 3-1 に書き込んだ左側の変数にあたる。だが、調査結果の諸点（特に「弾力的時間制度適用者の労働時間は長く、退社時間も遅い」、「仕事量の裁量度がある者の WLB 満足度は高いが、そうでない者の満足度は低い」）の説明にはなお、不十分さを残している。たとえば同じ裁量労働制適用者でも仕事量の裁量度になぜ差異が生じているか——その説明には、図 3-1 右側に記入した「対象者の働き方と意識」に影響を与えている「制度の運用」及び「仕事管理→管理者・社員の行動」に立ち入る必要がある。

時間制度と働き方・意識の間にあるもの——仕事管理という変数

 もともと弾力的労働時間制が適用されるのは，程度の差はあれ，適用者の職場や仕事に裁量性があるからであるが，重要なのは，仕事の裁量性という時，①仕事の手順の裁量性と②仕事量の裁量性という2つの側面があるという点である。①仕事の手順の裁量性とは，ある仕事をしている者がその実現にむけてどういう手順で達成するか，あるいは，その達成にむけてどのような時間配分にするか，という次元の裁量性である。調査結果（表3-3）では，調査対象者の9割近くの者が，仕事の手順の裁量性があると回答していることからもわかるように，この次元の仕事の裁量性は制度適用者のほとんどが「ある」と回答している。だがこの仕事手順の裁量性の有無とWLB満足度との関係は強くない。一方仕事の手順や時間配分ではなく，自分や自分の職場に割り当てられた仕事を量的に捉え，それを自分で調整できる（＝裁量の余地がある）という意味での裁量性の次元がある。これが②仕事量の裁量性である。調査結果にもみられたが，この仕事量の裁量度の有無とWLB満足度との関係は強い。

 見落としてはいけないのは，仕事量の裁量度は「ない」とする者ばかりではなく「ある」とする者も存在している点である。つまり同じ弾力的時間制度が適用されていても，仕事量の裁量度に差異が生じている。そこで以下が仮説として考えられる。

仮説1 仕事管理の適正さ 仕事管理とは「計画（plan）→実行（do）→評価（check）→次なる行動（action）」（以下PDCAサイクルと略）のことである。職場レベルでは管理者が与えられた目標を達成すべく社員に仕事を割り当て，評価し，進捗管理を行う，という形をとる。裁量労働制が適用され，社員に仕事の手順の裁量性を付与しても，この仕事管理が適正でない状況——つまり目標であるアウトプット水準（＝利益拡大や納期・品質管理など顧客満足度の向上要請）に比して，インプット（予算や要員数）の制約が大きい場合——では，仕事量の裁量度は少ないとみなされるに違いない。

仮説2 管理者や社員の行動 仕事管理は一定の管理者が部下である社員に働きかけて回されるが，その回し方も重要である。たとえば管理者の社員への仕事の指示や社員に求める報告頻度が多いと，やはり社員の仕事量の裁量度が低くなるだろう。仕事管理を適正に回すには，社員へ

の権限委譲が必要である一方，社員にも仕事能力が求められるに違いない。

仮説3　職場風土　仕事管理とその回し方が適正でも，職場風土という問題が残る。たとえば成果重視の評価でなく，職場に長くいることを重視する，あるいは社員の仕事の業務効率意識が乏しい風土も仕事量の裁量度がないと認知されるだろう。ホワイトカラーの仕事に顕著だが，「仕事は膨張する」傾向をもつのである。[9]

これらの要因が絡みあって「仕事量の裁量度がない」と認識されているのが現実だろう。これらが，図3-1の右側にある制度の運用と社員の働き方・意識に影響を与えていると考えられる。

5　弾力的労働時間制の運用の適正化の条件

以上の分析結果を踏まえると弾力的労働時間制の運用の適正化には，職場のマネジメントのあり方が重要と思われる。つまり，「①弾力的労働時間制度適用者の仕事のやりがいは高いが，WLB満足度は「仕事量の裁量度の有無」によって異なる」→「②仕事量の裁量度が「ある」者に比べ「無い」者はWLBに不満を持つ傾向がある」→「③WLB満足度を高めるには，制度レベルだけでなく，職場レベルでのマネジメントのあり方——管理者の部下への目標や仕事の与え方，評価の仕方，さらには仕事管理や要員管理など——が重要である」と考えられるからである。

表3-6は，1階部分の職場レベルの上に2階部分の制度レベルと3階部分の運用レベルが乗る構造を示したものである。端的にいえば，2階部分の制度レベルで弾力的時間制度を1階部分の上に乗せても，1階部分の職場のマネジメント様式が適正でないと，3階部分の運用の適正化ははかれない——これが表3-6の意味するところである。

この表3-6の含意として2点を指摘しておきたい。

第1は，一階部分の適正化は，弾力的時間制度の延長上に出てくるホワイトカラー・エグゼンプション制（WEと略）を考える際にも重要である。たしかに，時間の制約にとらわれず自律的な働き方を希望する者は前述した『労働経済白書』でも指摘されているところである。だがWEの是非を考える際にも，

表3-6 制度運用適正化の三層構造

3階部分（運用レベル）	本来的利用（やりがいがあり，WLBに満足すること）が可能な環境	本来的利用（やりがいがあり，WLBに満足すること）が難しい環境
2階部分（制度レベル）	弾力的時間制度の導入	弾力的時間制度の導入
1階部分（職場レベル）	仕事管理の適正さ：適正なPDCAのサイクル。そのための要員管理と目標管理の適正化 管理者と社員の行動：仕事管理の回し方の適正化。一定の権限委譲とそれを支える職務能力 職場風土：時間の長短評価でなく業務効率化を行う風土	

（出所）　佐藤（2008）を修正して作成。

1階部分の適正化は必要であり，その土台をなす仕事管理——つまり要員管理と目標管理——の適正化は重要である。

特に評価・処遇制度の整備や賃金不払残業をなくしていくことは適正化の条件となる。そうした前提をみたすことで，WEの制度の議論が可能となろう。

第2は，一階部分の適正化はWLB希望者にとっても重要である。WLBを希望する者といってもその内容は多様であろう。多くは家事，育児や介護などと両立しながら就業継続を希望する女性（男性含む）であるが，そのほかにも自己啓発や副業に時間を投入することを希望する者も少なくない。成果主義的な環境が進む中で，人的資源管理面からみた重要課題は人材育成と自律的なキャリア形成である。「在社時間13時間以上」の長時間労働の中で，自己啓発や自律的なキャリア形成を期待するのは難しい。労働時間制度はまさに人材育成や自律的なキャリア形成をはかる環境を整備していく上で，重要なポイントを握っているのであり，1階部分の適正化はその意味でも重要である。

このようにしてみると，時間にとらわれず自律的に働くことを希望する者と仕事と生活の両立を希望する者が共存する現状における労働時間制度の考え方として，将来のキャリア形成とセットをなした労働時間制度を構想する必然性が出てこよう。つまり「時間にとらわれないやりがい追求型」（＝エグセンプション）と残業なし社員（＝WLBを追求する社員）といった雇用区分を設定し，将来的に前者の働き方と後者の働き方の規範を明確に区別する考え方である。しかしこの点の考察は雇用区分のあり方に関わるものであり，労働時間管理の範囲を超えた問題である。今後の課題としたい。

注

(1) この点について，佐藤（2007a）は，競争的環境下にあっては，従来までの管理職の働き方規範が一般社員レベルにも求められるなどその働き方規範は，従来よりも「ワンランクレベルアップした働き方」になるものとして概念化した。

(2) より詳しくみると，専門業務型裁量労働制適用者と一般労働者については，「年次有給休暇の容易な取得」「休日の確実な取得」「賃金不払い残業をなくす」ことを希望する者が多いが，企画業務型裁量労働制適用者と管理監督者は「年次有給休暇の容易な取得」とともに，「労働時間管理を受けない働き方の実現」を高い割合で希望している。つまり希望も一様ではない。

(3) ちなみに，筆者も関わった「賃金不払い残業」調査でも同様の結果が得られている。残業の発生理由を社員に尋ねた結果，最も多かったのが「予定外の仕事が突発的に飛び込んでくるから」（1.25点；スコアは「当てはまる」＝ 2点，「やや当てはまる」＝ 1点，「あまり当てはまらない」＝ － 1点，「当てはまらない」＝ － 2点で算出した。以下同様）であり，これに「仕事量が多いから」（0.89点），「仕事の締め切りや納期にゆとりがないから」（0.71点）が続いた。詳しくは日本能率協会総合研究所（2005）を参照のこと。なお，業務量＝要員×労働時間という方程式にてらすと，要員の不足は，業務量を一定と仮定すると，労働時間によって補われる必要がある。この点への認識を欠いては，長労働時間背景の理解は難しい。この点の解釈の一つは，利益重視型の業績管理＝成果主義的人事管理＋間接雇用という筋だろう。詳細は佐藤（2007a；2008）を参照のこと。

(4) 議論の見通しをよくするために，結論をやや先取りしていえば，次のようになる。みなし労働時間制の運用の適正化にせよ，労働時間の長さの適正化にせよ，しっかりとした仕事管理を行う（＝キチンと PDCA を回す）ことが条件となる。自律型労働時間制度（＝ホワイトカラーエグゼンプション）の是非の検討ならばなおのこと仕事管理の必要性は高まろう。労働時間管理によって果たされていた機能（例えば進捗管理）を労働時間管理以外の方法で果たす必要は依然として残るのだから。翻って「仕事管理がキチンとなされたなら，仕事も off」というメリハリがつく，という含意を持つ点も指摘したい。

(5) 詳細は電機連合（2007a）（筆者執筆担当分は佐藤（2007b：40-83）を参照のこと。

(6) ちなみに，労働時間関連指標のカテゴリ番号の平均値から推察すると，専門業務型と企画業務型裁量労働制適用者の退社時刻は，20時前後から20時以降。また所定労働時間を超える時間（残業時間）は月平均40～50時間という姿が浮かび上がる。実際，今回の調査では，勤務形態に限らず在社時間が13時間以上の者の割合は，男

性の24.7%，技術職の29.7%に及ぶ。
⑺　表3-5の事例，及び制度の概要については，労務行政研究所（2006）を参照した。
⑻　仕事管理（業績管理といってもよい）とその事例分析についての詳述は避けるが，成果重視型人事制度が導入される中で，一方で利益を重視する仕事管理の要請があり，他方でインプットの裁量がない（要員を増やせない）下では，ライン管理者のとる人事行動は部下への目標の高め設定が誘導されよう。この点の詳細は佐藤（2007a）を参照のこと。
⑼　WLBを阻むもの――「職場からのご意見，今年度の活動評価アンケート・意識調査の結果を分析し，プロジェクトの議論を経てわかったことは，『意に反してWORKが膨張すること』が問題ではないかということだった。意に反して膨張するケースには，①Workの中にやりたいことがありながら雑用感などで見失いつつあるケース②意図せざるWorkの膨張により「やりたいこと」「やるべきこと」（例：育児，介護，自己研鑽，趣味，休息など）が圧迫されるケースが挙げられる」（電機メーカー労組副書記長；電機連合（2007a：207）。
⑽　実際「在社時間13時間以上」者割合は，男性24.7%，技術職では29.7%に及ぶ。組合員調査で「残業をしている理由」の結果（2MA）：「所定内では片づかない仕事量だから」56.0%，「自分の仕事をきちんと仕上げたい」34.1%，「要員が足りない」27.9%，「所定外でないとできない仕事がある」13.4%，「業務をこなせる人材が少ない」12.0%などとなっている。一方企業調査で「恒常的な長時間労働を減らすために特に重要だと思うこと」（3MA）の結果：「業務効率化の取組を行う」81.2%，「管理職層を中心に職場風土を改善する」62.4%，「個々人の意識改革を行う」64.4%，「職場の業務分担を見直す」44.6%などとなっている（電機連合2007b）。つまり労働時間の長さの問題は労働時間制度レベルというより，それ以前の仕事管理，要員管理レベルの問題（つまり「どれだけの仕事を何人でやるか」，「どれだけ働いていくらになるか」＝仕事管理）に根を張っている。
⑾　「WE＝残業代切り捨て制度」との認識では労組や社員に受け入れられまい。まさに所定外時間の長さに比例した手当の支給ではなく（時間の長さと支給の多寡を一端切断し），成果に応じた手当支給をするのが筋であろう。ただ，この点は年収要件の設定と関わっており十分な分析が必要だ。ちなみにWEに関する試論（高学歴で年収700万円以上層の労働時間は有意に長いので，残業手当が減ると事実上の収入減となる確率が高まる）も参照（小倉2007）。なお，電機連合（2007a）では，WE制（ある一定の収入の確保を条件に，休日出勤や残業の規制の適用除外になる働き方）について「ぜひ利用したい」＋「将来利用したい」は，たとえば「年

収400～500万」層で23.7％,「年収800～900万」層で24.9％となっており,年収による大きな違いは認められなかった。

(12) 管理職1,141人,一般社員1,884人対象のアンケート調査を実施。残業は月平均25.5時間(サービス残業は8.4時間と推定)サービス残業の発生は以下①～③を潜って発生すると推察される。①残業の実施段階(36協定で定めた時間の周知度の低さ;「知らない」が約4割)②残業の確定段階(残業の範囲,手続き,過小申請と回答した者が社員の36.7％,管理職の32.9％)③残業手当の確定段階(a全額支給しない(全額支給との回答は社員の56.4％,一部支給が28.3％,全く支給されないが15.3％);b目安の設定が時間である,予算金額である場合が,5～6割に及ぶ)日本能率協会総合研究所(2005)。

(13) 日本経団連(2005)では,①ホワイトカラー労働の特性(頭脳労働であること,労働時間と非労働時間の境界が曖昧なことなど)を踏まえると,「指揮命令下に置かれる時間」「賃金算定基礎時間」「健康確保措置対象時間」が区別できない(3頁)。②ホワイトカラー労働の特性として仕事の成果と時間の長さが合致しないことから,賃金制度も「成果主義」的なものへ移行する会社が多く(4頁),また雇用流動化時代では,貢献への対価が長期の昇進等では制約があること。以上①②のことから,労働時間弾力化が必要で,現行の裁量労働の「みなし」制や管理監督者(労基法41条第2号)の適用除外にもそれぞれ問題点があるので,新たなWE制を提案する。だが,提言「おわりに」に書き込んでいる「WE制度を実現することが,労働者の仕事や労働時間に対する裁量性を高め,多様な働き方や結果的に労働時間短縮に資する」(17頁)との主張をするのならなおのこと職場マネジメントをしっかり行う必要があるといえる。

(14) 副業を持つ雇用者は1968年では約133万人だったが,1992年をピークに減少している。また,正社員の仕事量の増加,作業効率低下などを懸念して副業規則を厳格化する企業も増加している。だが,就業時間以外の自由時間に自己啓発や副業を行うことは「他流試合の経験」という意味では,自律的キャリア形成にとってプラスにもなるだろう。副業については小倉・藤本(2006)参照。

参考文献

小倉一哉・藤本隆史(2006)「サラリーマンの副業」『日本労働研究雑誌』No. 522。
小倉一哉(2007)「長時間労働とワークスタイル」『JILPT Discussion Paper 07-01 2007.3』。
厚生労働省(2007)『労働経済白書——ワーク・ライフ・バランスと雇用システム』。
佐藤厚編著(2007a)『業績管理の変容と人事管理』ミネルヴァ書房。

佐藤厚（2007b）「ワーク・ライフ・バランスと労働時間管理の弾力化」電機連合『21世紀生活ビジョン研究会報告』。
佐藤厚（2008）「仕事管理と労働時間——長労働時間の発生メカニズム」『日本労働研究雑誌』No. 575。
電機連合（2007a）『21世紀生活ビジョン研究会報告』。
電機連合（2007b）『調査時報』No. 366。
日本経団連（2005）『ホワイトカラー・エグゼンプションに関する提言』。
日本能率協会総合研究所（2005）『厚生労働省平成16年度委託調査　賃金不払残業と労働時間管理の適正化に関する調査・研究報告書』。
労務行政研究所（2006）『労政時報』第3688号。

第Ⅱ部

環境の変化と人材活用の課題

第4章　ミスマッチを軽減する採用のあり方
　　──RJPを手がかりにして──

堀　田　聰　子

1　ミスマッチの軽減と採用のあり方

　本章の課題は，企業における人材確保の方策が多様化する中で，特に採用時点における企業と求職者のミスマッチから生じる離職を減少させることに貢献しうる採用方法に関して，米国で発展してきた「RJP（Realistic Job Preview）」の理論を手がかりに検討を加えることである。

　新規学卒労働市場における入社3年以内の離職率をみると，2000年以降ほぼ横ばいで推移しており，2007年卒業者ではやや改善の兆しが見られるものの，1年目の離職率は高校卒が21.5％，大学卒が12.9％である。2007年卒業者についても，6月時点での人材紹介各社への転職希望登録者数が2～4倍になったことが報じられるなど，採用時点におけるマッチングの精度を高めることが課題となっている。

　入社前の期待の多くが裏切られたとわかったときの失望は，離職の1つの引き金となる（Porter, Lawler and Steers 1973 など）。そこで離職率低減の対応策として注目を集めているのが，「RJP」である。RJPとは，組織や仕事の実態について，良い面だけでなく悪い面も含めてリアリズムに徹した情報を提供することで，これによる採用は，Realistic Recruitment（リアリズムに基づく採用）とも称される。米国では，Weitz（1956）による研究に端を発し，1970年代以降産業心理学者のWanousを中心として，理論的な発展と実証，成果と技法の研究が数多く積み重ねられており，組織と新人の適合性を高め，定着率を高める効果が確認されている。日本では，金井（1994）がいち早くこれに着目し，

日本企業における RJP 指向性とその効果を分析した。その後リクルートワークス研究所 (2001) が理論の紹介と日本での適用可能性についての特集を組み，根本 (2002)，永野 (2004) が企業の採用活動の自己評価との関係を中心に検討を加えているが，これら以外には日本での先行研究はきわめて少ない。折しも雇用対策法の改正により，2007年10月から事業主が定着促進のために講ずべき措置として，「青少年が，採用後の職場の実態と入社前の情報に格差を感じることがないよう，業務内容，勤務条件，職場で求められる能力・資質，キャリア形成等についての情報を明示すること」が努力義務となった。そこで，第2節ではまず，改めて定着を促進する採用の考え方と情報提供のあり方を問う目的をもって，RJP 研究のレビューを行う。

矛盾するようだが，雇用保持のために入社前の現実的な情報提供が有効といっても，企業の実態を求職者に伝えることは，なかなか難しい。求職者（内部者になっていない人）が，入社前に，企業の情報についてどれだけ本気で耳を傾けることができるのかとの疑問も呈されている (Louis 1990)。ならば，採用の前に企業に入って実際に仕事をする機会を設ければ，求職者は現実的な情報を十分に理解することができるのではないだろうか。第3節では，多様化する採用・人材確保の方法の分類を行い，効果的な RJP の観点から比較的新しい仕組みである「体験的就業を通じたマッチング」に注目し，紹介予定派遣，トライアル雇用，日本型デュアルシステム，インターンシップをとりあげ，その現状を紹介する。さらに，独自の調査結果をもとに，従来の新卒・中途採用とは異なるこうしたマッチングによる採用が，企業における人材確保策全体のなかでどのくらいのウェイトを占めているのかを把握することを試みる。

ところで体験的就業を通じたマッチングが入社後の定着に及ぼす影響については，いまのところ実証的には検討されていない。そうしたなか，小杉 (2007) は，大学卒業後2カ月を経過した者に対するアンケート調査から，インターンシップは経験者は少ないが役立ったとする者が多いこと，経験者のうち典型雇用者について，「3年後も現在の会社で定着していることを予測している者」と「離転職を予測している者」を比較すると，前者のほうがインターンシップに対する評価が高いことを明らかにし，インターンシップの経験が定着志向に及ぼす影響を示唆している。また，高橋 (2007) は過去3年にわたり

採用に結びつけたインターンシップを実施した企業の立場から，インターンシップを通して内定を出した学生はミスマッチが少ないことを紹介し，中小企業においてインターンシップを採用戦略に組み込むことの意義を説いている。[8] 他方，インターンシップにはRJPの優れた方法としての関心も寄せられている（リクルートワークス研究所2001など）。そこで，第4節では，特にインターンシップをとりあげ，インターンシップと採用の関係に関わる実態を把握したうえで，個票データの分析から，RJPとして望ましいインターンシップのあり方を考察する。

2　新人の定着を促すRJP理論とは

組織と新人の適合性を高め，定着を促進する採用の考え方として，RJP理論をとりあげ，伝統的な採用の考え方と比較しながら，定着を促すメカニズム，導入のガイドライン，わが国における状況について，先行研究のレビューを行う。

RJP理論に基づく採用と伝統的な採用

Porter, Lawler, and Hackman (1975) は，組織に個人がエントリーする際，組織は採用者の選考のために，個人は組織の選択のために正確な情報を必要としているにもかかわらず，組織は個人に，個人は組織に対し自らを売り込もうという意図がはたらき，時にバイアスがかかった良い情報だけを提供する傾向があるという矛盾の存在を指摘し，それがミスマッチを引き起こすことを明らかにしている。RJPは，この矛盾を解消するとともに，従来どちらかというと組織が個人を選択するという観点が中心であったものを逆転させ，むしろ組織に参入していく個人にリアルな情報を提供することにより，個人の能動的な組織選択を促そうとするものである（Wanous 1973, 1975a）。

RJP理論に基づく採用を伝統的な採用と比較すると（図4-1），伝統的な採用が，外部に対して組織や仕事の良い面をより良く伝えて「売り込み」，魅力を高めて応募者の総量を確保し，企業が求める能力に見合う能力を持つ人を「選ぶ」ことを目指していたのに対し，RJP理論に基づく採用は，悪い面も含

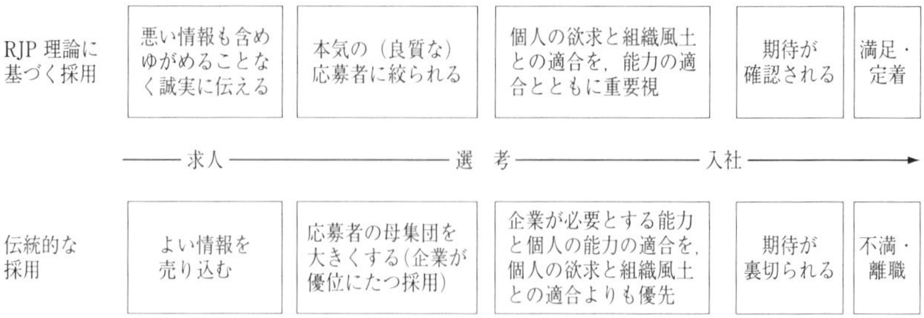

第Ⅱ部　環境の変化と人材活用の課題

RJP理論に基づく採用	悪い情報も含めゆがめることなく誠実に伝える	本気の（良質な）応募者に絞られる	個人の欲求と組織風土との適合を，能力の適合とともに重要視	期待が確認される	満足・定着

────── 求人 ────── 選 考 ────── 入社 ──────▶

伝統的な採用	よい情報を売り込む	応募者の母集団を大きくする（企業が優位にたつ採用）	企業が必要とする能力と個人の能力の適合を，個人の欲求と組織風土の適合よりも優先	期待が裏切られる	不満・離職

図 4-1　RJP 理論に基づく採用と伝統的な採用との比較
（出所）　Wanous (1975a, 1992) などに基づき，筆者作成。

めた全ての適切な情報を誠実に伝え，それを理解する良質な応募者の中で[9]，企業と応募者が互いに適合性を見極めて「選びあう」こと，応募者にも積極的に自己選択してもらうことを重視している。これにより，伝統的な採用が入社後に現実とのギャップから不満・離職を引き起こすのに対し，RJP は仕事に対する満足感を高め，定着を促すとされる[10][11]。

RJP が定着を促進するメカニズム

　RJP の導入による効果については，1970年代以降を中心にいわゆるアクション・リサーチ（実際にある企業の組織やマネジメントのあり方を変え，変化のインパクトを分析する方法）を含む多数の実証研究が蓄積されている。Phillips (1998) は，40に及ぶ RJP の実証研究のメタ分析から，RJP が入社後初期の期待を現実的なものとし，新人の生産性を高め，定着を促す効果を持つことを明らかにしている。RJP はどのようにして定着率向上をもたらすのだろうか。

　Wanous (1992) は，電話会社 SNET におけるアクション・リサーチ (Wanous 1975b) などをもとに，RJP の心理的効果のモデルを示している（図 4-2）。集約すれば，①企業や仕事に対する過剰な期待を事前に緩和し，入社後の失望・幻滅感を和らげる「ワクチン効果（vaccination）(McGuire 1964)」，②自ら十分な情報をもって組織との適合性を判断したうえで入社を決断するという自己選択による「スクリーニング効果」(Wanous 1973 ; Ilgen and Seely 1974 ; Salancik and Pfeffer 1978 など)，③組織の誠実さを感じさせ，組織に対する愛着や帰属意識を高める「コミットメント効果」，④入社後の役割期待を明

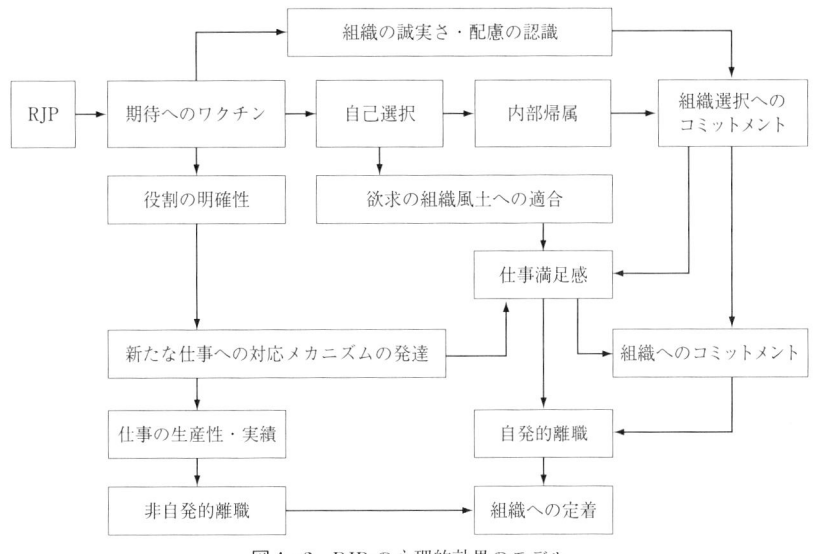

第4章　ミスマッチを軽減する採用のあり方

図4-2　RJPの心理的効果のモデル
(出所)　Wanous (1992 : 50).

確化し（「役割明確化効果」），新たな組織・仕事への対応をより効率化する効果が，仕事に対する満足度を高め，定着を促進するということになろう。

ここで注意が必要なのは，離職につながる不満やコミットメントの低さの背景には，賃金や労働環境，上司など様々な要因があり，RJPはそうした組織課題そのものの解決を目的としたものではないことである。

RJP導入のガイドライン

こうした心理的効果のモデルを前提とすれば，RJPはどのように導入されるべきか。5つのガイドラインが示されている（Wanous 1992 ; Phillips 1998）。第1にRJPの目的を求職者に説明したうえで，誠実な情報提供を行い，与えられた情報を十分に検討して自己決定を促すこと，第2に提供する情報にあったメディアを用い，使用するメディアにかかわらず信用できる情報を提供すること，第3に客観的な情報のみならず，現役社員が自分の言葉で仕事や組織について考えを語る感情的側面を含めること，第4に組織の実態にあわせて良い情報と悪い情報のバランスを考慮すること，第5に採用プロセスの早い段

階で行うことである。

　なお，RJP 導入の条件として，新人の定着率が高すぎる・低すぎる場合は効果が小さい，[14] 不況で雇用機会が少ない状況では機能しない，[15] 組織内での配置や異動よりも外部から新卒・中途採用を行う時に効果を発揮するといった点が指摘されている。

日本における RJP

　前述のとおり，日本では，RJP の研究はまだ初期的段階にある。RJP の効果はどうか。アクション・リサーチは行われていない。金井（1994）は，1993年に行った428社の質問票調査により，採用活動の基本姿勢を記述した7つの質問に対する5ポイント尺度の回答をもとに日本企業における RJP 指向性を算定した。複数の評価基準との相関分析によれば，RJP 指向は非現実的な期待を抑制し，入社後の速やかな役割の自覚を促し，入社前後の期待のずれによるショックを緩和する。ただし，定着率や初期の不適応へのプラスの効果は特に観察されない。図4-2に示されたワクチン効果，役割の明確化効果などが得られているにもかかわらず，定着率への影響が見られない理由はなにか。その背景にある事実やロジックは，この1つのサーベイ調査からだけではわからない。残念ながら効果についての目立った実証分析はこれ以外に見あたらない。[16] 他方，リクルートワークス研究所（2001）は，企業や仕事の短所をさらけ出した本音セミナーにより入社意志の強い学生にターゲットを絞り，新人の離職率を年間30～40％から10数％に激減させた事例や，[17] 1次面接通過者に客先体験同行を課し，応募者の自己決定と同行社員による適性判断を行い，ミスマッチによる離職率を改善した事例といったケーススタディから，[18] 日本でも RJP 理論にもとづく新卒採用により，定着促進の効果が得られることを示唆する。

　このほか，RJP の手法の実態にも若干の検討が加えられている。情報を提供するメディアの選択に関して，RJP 指向性が高い企業は，学生向けの情報源として会社案内その他の活字媒体よりも，採用担当者やその企業のベテラン社員，取引先の声といった属人的要因を重視している（金井 1994）。[19] 提供する情報の内容については，イメージよりも実態を強調する企業が重視する情報と，若手社員が企業選択にあたって重視すべきと考える情報を総括すると，「仕事

の内容」の重要性が高い（根本 2002）。

RJP 適用の領域はどうか。新卒採用については，応募者に対する情報提供の際に，イメージではなく実態を強調（「どちらかといえば実態を強調」＋「実態を強調」）する企業が約 7 割にのぼるとの調査結果がある。この設問は，RJP の適用状況を十分に把握できるものではないが，新卒採用に関して RJP 指向があることは事実といえる（根本 2002）。人事部担当者の対談においても，採用前に仕事が決まっていないと難しい，舞台裏を見せることに対する懸念があるなどとしながらも，新卒採用における RJP の実現を模索しているとの発言がある（リクルートワークス研究所 2001）。また，人事部担当者へのインタビュー調査から，新卒採用に RJP を適用することには躊躇している企業であっても，中途採用（すでに社内で仕事の実績がある人たちに対する），社内公募や管理職の抜擢，派遣社員の活用といった領域において RJP の活用が有望であることも示唆されており，これらの点は米国の研究でも指摘されていない論点である（金井 1994）。

3　RJP と体験的就業を通じたマッチング

RJP が定着を促進する効果は，米国では広く確認されている。また，わが国でも定着率への直接的な効果こそ実証されていないものの，入社後の幻滅感の緩和効果は確認されており，その有効性はケーススタディからも示唆されている。採用時のミスマッチによる離職を減少させる採用方法の手がかりを，RJP 理論に基づく採用に求めることができそうである。

効果的に RJP を実現するにはどうすればよいか。「リアリズムに徹したビデオ，パンフレット，あるいはリクルータのトークにきちんと配慮しても，当該組織に入る前のひとに組織文化を伝えるのは，依然としてチャレンジである（金井 1994）」という。それならば，採用の前に組織の「内部」に入って，実際に仕事をする機会があればどうか。RJP 指向性が高い企業は学生向けの情報源として属人的要因を重視していたが，実際に仕事をするとなれば，採用担当者のみならず若手からベテランの社員，時には取引先にも触れることになり，組織や仕事の性質・仕事の内容について良い情報も悪い情報も，客観的側面も

感情的側面も，様々な立場から提供されることになろう。

ここでは，こうした考えに基づき，まず採用方法の類型化を行ったうえで，効果的に RJP を実現する採用方法として「体験的就業を通じたマッチング」に注目し，その現状を簡単に紹介する。さらに，従来の新卒・中途採用とは異なるこうしたマッチングによる採用が，企業における人材確保策全体の中でどのくらいのウェイトを占めているのかを把握することを試みる。

多様化する採用方法の類型化

採用は，従来いくつかの視点から分類されてきた。第1に即戦力か訓練可能性に基づく採用か。欠員補充型は前者が中心であり，後者は中・長期の採用計画に基づく場合が多く，その典型が新卒採用である。第2に採用時期が定期採用か随時・不定期採用か入社時期を固定しないいわゆる通年採用か。第3に採用主体が本社（全社一括）か事業所・部門別か（今野・佐藤 2004）。さらに新卒採用では，配属先が特定された職種別採用か文系・理系や事務・営業・技術といった大括りの区分による採用か。

近年，主に若年者の採用について，紹介予定派遣やトライアル雇用，日本版デュアルシステムの活用，インターンシップを採用に結びつけるといった新しい動きがみられる。これらに共通するのは，マッチングが書類や筆記，面接試験ではなく，仕事ぶりによって図られるという点である。個人の側からみれば，まさにある組織で実際に仕事をしてみることをつうじて提供された情報を総合的に判断して入社の意思を固めるということになる。広く正社員を中心とした人材確保の方策に目を向けると，働きぶりをみたうえでのマッチングは，目新しいものではない。転籍への移行を予定した出向，定年後の再雇用や勤務延長，育児や介護，配偶者の転勤，進学や勉強など様々な理由で退職した者の再雇用，最近では非正社員からの正社員の登用などがこれにあたる。

そこで，新たに「マッチングの方法」と「人材を調達する場」の2つの視点によって正社員を中心とした採用・人材確保の方法を分類すると，表4－1のようになる。マッチングの方法は，書類や筆記，面接によるものを「Off the Job Matching」，実際の仕事ぶりによるものを「On the Job Matching」と称する。人材を調達する場は，内部労働市場，企業グループ内の準内部労働市場，

第4章 ミスマッチを軽減する採用のあり方

表4-1 正社員を中心とした採用・人材確保方法の分類

	外部労働市場	準内部労働市場	内部労働市場
On the Job Matching	・紹介予定派遣 ・派遣・請負社員の正社員採用（紹介予定派遣を除く） ・トライアル雇用 ・日本版デュアルシステム ・採用に結びつけたインターンシップ	・転籍を予定した出向	・非正社員から正社員への登用 ・退職者の再雇用 ・定年後の継続雇用
Off the Job Matching	(従来の)新卒採用・中途採用		

(注) 分類の考え方及び「Off the Job Matching」・「On the Job Matching」という呼称は，今野浩一郎氏のアイデアに基づいている。
(出所) 筆者作成。

外部労働市場の3つである。

さて，本節ではRJPの観点から，組織に入って仕事をする機会を作る採用方法に注目するとしていた。他方，米国でも日本でもRJPが奏功する領域としてあげられたのは，外部労働市場からの採用であった。このことから，以下では表4-1の分類のうち，外部労働市場からのOn the Job Matching（体験的就業を通じたマッチング）をとりあげ，効果的にRJPを実現する比較的新しい採用方法として①紹介予定派遣，②トライアル雇用，③日本版デュアルシステム，④インターンシップの現状を紹介する。

体験的就業を通じたマッチング——効果的にRJPを実現する採用方法として
① 紹介予定派遣

紹介予定派遣は，職業紹介を前提とした派遣で，法律上2000年12月から可能となった。その仕組みは，履歴書や面接により特定した派遣スタッフに，一定期間（最大6カ月）派遣スタッフとして働いてもらった後，派遣スタッフが就職を希望し，かつ派遣先企業が採用意思をもつ場合，派遣先企業に正社員もしくは契約社員などとして直接雇用されるよう派遣元が職業紹介を行うというものである。経験者のみならず，新卒採用にも活用できる。

利用状況をみると，2007年度に紹介予定派遣により労働者派遣された労働者数は5万3,413人（対前年度19.0％増），職業紹介を経て直接雇用に結びついた労

働者数は3万2,497人（対前年度18.8％増）と急増している。紹介予定派遣により派遣した労働者に占める直接雇用に結びついた労働者の割合は60.8％である。

利用事業所が感じるメリットとして「労働者の適性・能力を見極めてから雇用することができる」との指摘が7割を超え，紹介予定派遣を希望する派遣スタッフの約半数が，希望する理由として「仕事が自分に合うかどうか見極めることができるため」を挙げるなど，比較的長期の検討期間を設定してマッチングを図れる仕組みとして，関心が高まっている。

② トライアル雇用

トライアル雇用の中でも，実績が大きい若年者を対象とする事業をとりあげる。若年者トライアル雇用は，公共職業安定所が紹介する35歳未満の若年者を短期間（原則3カ月）試行的に雇用する企業に対して奨励金を支給し，仕事上必要な指導や能力開発を行ったうえで常用雇用への移行を図る制度であり，2001年12月から開始された。

事業実施状況をみると（表4-2），2006年度のトライアル雇用開始者数は4万8,282人，常用雇用移行者数は3万4,326人である。トライアル雇用終了者数に占める常用雇用への移行者数の割合は，2002年度以降約8割で推移している。

期間終了後の採用義務はないにもかかわらず，高い常用雇用移行率が維持されていることは，トライアル雇用がミスマッチ防止策として有意義であることを示唆しているとの見方もある（土田 2004）。

③ 日本版デュアルシステム

日本版デュアルシステムは，「訓練計画に基づき，企業実習又はOJTとこれに密接に関連した教育訓練機関における教育訓練（Off-JT）を並行的に実施し，修了時に能力評価を行う訓練制度」と定義されている。訓練期間は，形態によるが5カ月程度～2年である。若年者の雇用問題の深刻化を背景に2004年に4省庁によって取りまとめられた「若者自立・挑戦プラン」推進の一環として，2004年度から厚生労働省と文部科学省が連携して全国で導入したもので，その対象は，おおむね35歳未満の学卒未就職者，無業者，フリーターなどとなっている。

第4章　ミスマッチを軽減する採用のあり方

表4-2　若年者トライアル雇用の事業実施状況　(単位：人，％)

	2001年度 (12月開始)	2002年度	2003年度	2004年度	2005年度	2006年度
開始者数	4,650	31,464	37,721	43,680	50,722	48,282
常用雇用移行者数	72	18,141	25,534	29,813	35,302	34,326
常用雇用移行率	29.4	79.4	79.7	80.0	80.0	79.6

(注)　常用雇用移行率（％）＝常用雇用移行者数÷トライアル雇用終了者数×100
(出所)　厚生労働省『平成18年度実績評価書』『平成19年度実績評価書』。

表4-3　日本版デュアルシステムの事業実施状況　(単位：人，％)

	2004年度		2005年度		2006年度	
	受講者数(人)	就職率(%)	受講者数(人)	就職率(%)	受講者数(人)	就職率(%)
公共職業訓練活用型（短期訓練/標準5ヵ月）						
都道府県取扱			1,836	65.4	2,131	74.0
雇用・能力開発機構取扱	22,905	68.8	24,681	72.3	25,538	75.3
公共職業訓練活用型（長期訓練）						
普通課程（1年）						
都道府県取扱	297	—	345	92.4	476	92.3
雇用・能力開発機構取扱	174	—	185	94.7	183	92.9
専門課程（2年）	70	—	96	—	62	92.1
その他（民間教育訓練機関における取組）	8,145	—	13,156	—	—	—
合　　計	31,591		40,299		(28,390)	

(注)　「—」は公共職業訓練活用型については訓練期間中のため算出不能，その他については不詳。2006年度については民間教育訓練機関における受講者数が不詳であるため，合計受講者数を（　）で示している。
(出所)　厚生労働省職業能力開発局調べ（2008年7月）。

　事業実施状況をみると（表4-3），合計受講者数は2004年度3万1,591人，2005年度4万299人である。訓練修了後の就職率は，公共職業訓練活用型の短期訓練で約7割，長期訓練の普通課程で9割を超えている。

　受講者数は少ないものの，後者における試行状況はきわめて良好であることが報告されており，採用の意思ある企業と就労の意識が高い訓練生が，一定の時間をかけて能力や意欲のミスマッチ縮小を図り，実習先企業での就職を実現していることがうかがえる（厚生労働省『日本版デュアルシステムの今後の在り方についての研究会報告書』2005年；田中 2006）。

④　インターンシップ

　大学などにおけるインターンシップは，学生に対して専攻分野や将来のキャ

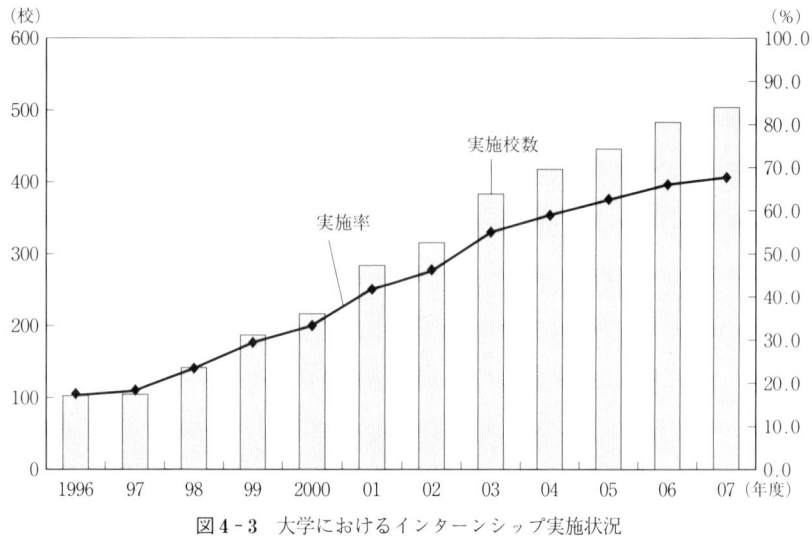

第Ⅱ部　環境の変化と人材活用の課題

図4-3　大学におけるインターンシップ実施状況
(注)　単位認定を行う授業科目として実施されているものに限定されている。
(出所)　文部科学省「大学等における平成19年度インターンシップ実施状況調査について」。

リアに関連した就業体験を行う機会を提供する仕組みである。1997年5月に閣議決定された「経済構造の変革と創造のための行動計画」を契機に総合的な推進が図られることとなり，急速に普及した。[29]

　大学などにおけるインターンシップの普及状況を包括的に把握できるデータはないが，まず大学などにおいて「単位認定を行う授業科目として実施されているもの」については，実施大学数・実施大学比率とも増加を続け，2007年度の実施大学比率は67.7％にのぼる（図4-3）。2007年度の実施状況をみると，実施時期は主に学部3年の夏期休業中で，実施期間は1週間から2週間が50.7％と多く，1カ月以上は7.6％にとどまる（以上，体験学生数構成比）。体験学生数は4万9,726人である。企業の受入状況については，全国全企業規模で時系列に把握できる調査は存在せず，対象企業が限定されるが，受入企業は年々広がりを見せ，2006年度に受入企業の割合が半数を超え，2007年度は56.0％となった（表4-4）。インターンシップと採用との関係は次節でやや詳しく述べるが，ここでは参考までにインターンシップ参加者の中から新卒採用者の選考を行う，いわゆる採用直結型インターンシップの導入状況を確認して

第4章 ミスマッチを軽減する採用のあり方

表4-4 インターンシップを受け入れている企業の割合 (単位:%)

	2000年度	2001年度	2002年度	2003年度	2004年度	2005年度	2006年度	2007年度
受入企業割合	25.2	31.0	34.6	38.5	40.3	44.4	53.6	56.0

(注) 1. 調査対象は、2000年度から2002年度は東京経営者協会、2003年度から2005年度は日本経済団体連合会と東京経営者協会、2006年度及び2007年度は日本経済団体連合会の会員である。回答企業はほぼ毎年、従業員数100人以上が9割以上を占める。
　　 2. 大学が単位認定するもの、大学経由のものだけでなく、企業が独自に受け入れているものも含む。
(出所) 東京経営者協会『平成12年度、平成13年度、平成14年度の新卒者採用に関するアンケート調査集計結果』及び日本経済団体連合会『2003、2004、2005、2006、2007年度・新卒者採用に関するアンケート調査集計結果』。

おくと、新卒採用実績がある企業の3.6%となっている[30]。

インターンシップ実施にあたっての企業から大学生に対する教育効果への期待は「企業実態、産業技術の理解」が最も多く（吉本 2002：75-76）、学生は職場や仕事全般に関する期待として「実際の職場がどんなところなのか知りたい」、「様々な立場や経験を持つ人の意見や話を聞いてみたい」をあげる割合が高い（インターンシップ推進支援センター・東京経営者協会 2006）[31]。採用と結びつけるかどうかは別として、インターンシップは、企業や職場の実態について、現役社員を通じて知らせる機会になっているといえよう。

正社員などの採用・確保における体験的就業を通じたマッチングの占める割合

外部労働市場からの体験的就業を通じたマッチングに着目し、紹介予定派遣、トライアル雇用、日本版デュアルシステム、インターンシップの普及状況を概観した。

さて、企業単位に目をうつしたとき、体験的就業を通じたマッチングによる採用はどれくらい普及しているのだろうか。ここでは、2007年8月～9月に東京大学社会科学研究所人材ビジネス研究寄付研究部門が実施した「正社員の採用方法多様化に関する調査」[32]（以下、「採用多様化調査」と呼ぶ）結果をもとに、企業における正社員などの採用・確保の中で、体験的就業を通じたマッチングによる採用が占めるウェイトの平均像を把握することを試みる。

採用多様化調査では、最近（2005年4月以降調査時点まで）の新卒採用・中途採用の状況、正社員等の採用・確保の方法や形態、その実績と今後の展望を尋ねている。これによると、分析対象となる1,161社における2005年4月以降調[33]

第Ⅱ部　環境の変化と人材活用の課題

```
         0%        20%        40%        60%        80%       100%
             5.59  15.11
         外部│ 内部 │
         ┌──┬──┬─────────────────────────────────┐
         │  │  │                                 │
         └──┴──┴─────────────────────────────────┘
         On the Job        Off the Job Matching
         Matching
```

■ 紹介予定派遣　　　☒ トライアル雇用　　　■ 日本版デュアルシステム　　　▨ インターンシップ参加者から
□ 派遣・請負から　　□ 非正社員から　　　　■ 退職者再雇用　　　　　　　　□ 従来の新卒・中途採用

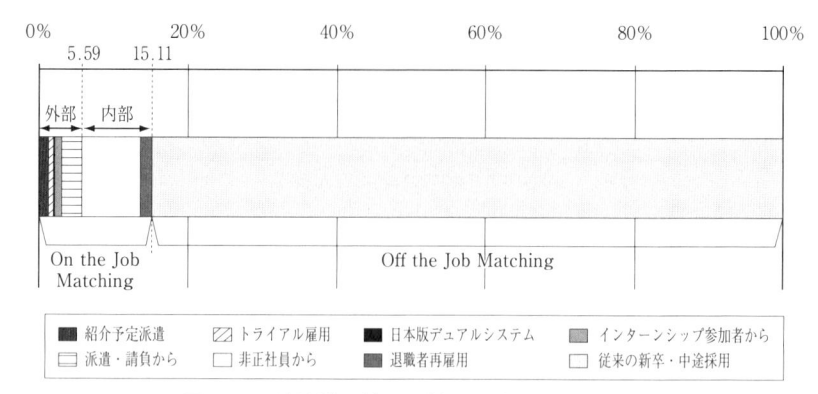

図4-4　正社員等の採用・確保の方法や形態別の割合

(出所)「採用多様化調査」に基づき筆者作成。

査時点までの正社員等の採用・確保の平均的な姿は次のようになる（値はすべて平均値）。まず，採用数の合計は119.7人，うち新卒採用によるものが67.3人，中途採用（新卒採用以外全て含む）によるものが52.5人となる。次に，分析対象となる企業ごとに，全採用数を100％として，採用・確保の方法別に，当該手法や制度を用いた採用数が占める比率をみると（図4-4），外部労働市場からの体験的就業を通じたマッチングについては，紹介予定派遣1.06％，トライアル雇用0.98％，日本版デュアルシステム0.03％，インターンシップ参加者からの採用0.99％，前項では取り上げなかったが紹介予定派遣を除く派遣・請負社員からの正社員採用が2.53％となる。この他，内部労働市場からの体験的就業を通じたマッチングのうち非正社員から正社員への登用が7.98％，育児・介護その他の理由で退職した人を退職時に登録し，一定期間後に雇い入れる退職者の再雇用制度による採用が1.54％などとなる。

すなわち，正社員等の採用を採用方法別にみると，書類や筆記，面接によるOff the Job Matchingを通じた従来型の採用が中心ではあるものの，体験的就業を通じた実際の仕事ぶりによる採用（On the Job Matching）も15.11％にのぼる。このうち外部労働市場からの採用は5.59％，内部労働市場からの採用が9.52％となる。

4　RJPとしてのインターンシップ

　効果的にRJPを実現する採用方法の観点から体験的就業を通じたマッチングを紹介したが，いずれの仕組みについても，入社後の定着など企業と個人の適合性に及ぼす影響は分析されていない。そうした中，インターンシップについては，①インターンシップを経験した大学卒業生のアンケート調査によると，定着志向がある者のインターンシップに対する評価が高い（小杉2007），②採用直結型インターンシップを3年間実施した企業の事例によると，インターンシップを通して内定を出した学生はミスマッチが少ない（高橋2007）といった知見が得られており，インターンシップの経験と定着志向の関連が示唆されている。他方，アンケート調査の分析（木谷2004；根本2002）や，人事担当者の対談（リクルートワークス研究所2001）では，RJPの優れた方法としてインターンシップに関心が寄せられている。[34]

　そこで，体験的就業を通じたマッチングの中でも，特にインターンシップをとりあげ，2004年に実施されたアンケート調査をもとに，まずインターンシップと採用・就職活動の関連を把握する。さらに，RJPの側面からみて望ましいインターンシップのあり方を，個票データから明らかにする。[35]

　なお，インターンシップの本旨は採用活動や就職活動ではなく，ここでの分析は「効果的なインターンシップ」の検討を行う趣旨ではないことを断っておく。[36]

① 使用データ

　本節で使用するデータでは，特に断りのない限り，2004年度に厚生労働省職業安定局を事務局として設置された「インターンシップ推進のための調査研究委員会」において行われた調査によるものである。[37]主に4年制大学の文系学部学生を対象としたインターンシップについて，多様な実態と課題を明らかにし，学生と企業の双方にとってメリットあるインターンシップのあり方を検討することを目的として実施された。学生を送り出す大学，参加した大学生，受入企業，職場における指導担当者を対象として4つの調査を実施しており，調査内

容も包括的なものである。ここでは主にインターンシップに参加した大学生を対象とした調査（以下，「学生調査」と呼ぶ），受入企業を対象とした調査（以下，「企業調査」と呼ぶ）の結果ならびに個票データを用いる。

学生調査は，調査対象大学（インターンシップを実施している全国の国公私立大学50校）にインターンシップ参加学生30人への配布を依頼した郵送調査と，インターンシップ情報サイトに登録したインターンシップ参加経験者に協力を依頼したWeb調査の2つの方法で実施しており，回収数902人（郵送調査594，Web調査308），分析対象数872人である。企業調査は，各種リストから無作為抽出したインターンシップ実施企業2,500社のインターンシップ窓口部署を対象として郵送調査により行った。回収数1,210社，分析対象数972社である[38]。ともに調査時期は2004年10～11月である。

② インターンシップと採用・就職活動との関連

企業調査で，インターンシップと自社の新卒採用との関連をみると，「インターンシップ参加の有無や評価は採用とは一切関係がない」が6割を超え，採用とは切り離して位置づけている企業が多い。「採用選考に当たって，インターンシップ参加の有無や評価を参考にすることがある」が33.6％であり，「インターンシップ参加時の評価が採用に直結する」いわゆる採用直結型は3.4％にとどまる。採用直結型の割合が最も高い情報通信業でも，1割に満たない。また，自社の新卒採用選考の際に，応募者の他社を含めたインターンシップ参加経験の有無を確認している企業は，8.1％にすぎなかった。実績はどうか。過去3年間に毎年新卒採用を行い，かつ大学生をインターンシップとして受け入れた企業をとりだして採用実績をみると，自社のインターンシップに参加した学生のうち採用試験に応募した学生の割合は16.1％と少なく，入社した学生の割合は4.0％でしかない。

学生調査によれば，就職活動をした4年生をとりだすと，インターンシップ先企業に対して就職活動をした割合は26.0％だが，インターンシップ先企業で内定を得た者は4.9％にすぎない。他方，それ以外の企業から内定を得た者は76.6％にのぼる。インターンシップの経験が就職活動に及ぼす影響として「内定直結だったので内定を獲得できた」とする者は2.3％にとどまった。

以上から，大学生のインターンシップへの参加は，企業の採用活動や学生の就職活動に活用されているものの，インターンシップが参加企業への採用に直結する事例はまだ少ないといえる（佐藤・堀・堀田 2006）。

③ RJPとして望ましいインターンシップ

さて，RJPの観点からインターンシップを捉えると，企業がインターンシップを通じて会社や仕事の生の情報を十分に提供することにより，企業は学生と自社との適合性を見極め，学生は提供された情報を理解，検討して自分の欲求と企業の適合性を見極めることができることが「望ましいインターンシップ」ということになるだろう。

企業調査では，大学生をインターンシップとして受け入れた効果を尋ねており（多重回答），「卒業後に採用したい人材の見極め」の効果が得られた企業が10.9％となっている。これは，前小節で紹介したインターンシップと自社の新卒採用の関連についての設問とは独立させた設問であり，実際に採用に結びつけるかどうかは別として，適合性を見極めることができたという意味だと理解できる。この効果の有無をみる。

学生調査では，インターンシップ先企業と自らの欲求との適合性の見極めについて直接的に尋ねる質問を設けていない。そこで，ここではインターンシップの満足度に着目したい。その理由は，第1に前節で紹介したように，学生は「実際の職場がどんなところなのか知りたい」「様々な立場や経験を持つ人の意見や話を聞いてみたい」という期待をもってインターンシップに参加しており，インターンシップの満足度は，その期待が満たされたかどうか，すなわちインターンシップ企業について知るために十分な情報を得られたかどうかを反映していると考えられること，第2にインターンシップに対する評価は，就職後の定着志向（小杉 2007）や仕事に対する満足度（インターンシップ推進支援センター・東京経営者協会 2006）[39]とも関連があると考えられることによる。

以下では企業の「卒業後に採用したい人材の見極め」効果の有無，学生のインターンシップ満足度の規定要因を多変量解析から明らかにし，両者を総合的にみてRJPの方法として望ましいインターンシップのあり方を検討する。

（1）仮　説

RJPとして望ましいインターンシップとはどのようなものだろうか。第2節をふりかえれば，①企業の誠実な姿勢と配慮，②仕事内容についての十分な情報の提供，③現役社員との率直な関わりが重要であるという仮説をたてることができる。

①「誠実さと配慮（honesty and caring）」はRJPのキーワードのひとつである。悪い情報も含めて伝えるという意味にとどまらず，組織の誠実さと配慮を感じさせることはコミットメント効果につながる。インターンシップ実施にあたっての「誠実さと配慮」として実習計画作成の有無（企業調査）／実習内容の説明の有無（学生調査），報酬や手当の支給状況についての変数を用いる。実習内容が説明されることは，受入前に企業が準備を行っていたという「誠実さ」を伝えることになろう。また，インターンシップ期間中，交通費や食費などの出費ばかりでなんの収入もなくなることは学生にとって負担であり，これに対する「配慮」が示されないこと（一切手当が支給されないこと）は，学生の満足感を削ぐだろう。

②企業と個人の双方の観点から「仕事の内容」情報の重要性が指摘されていた。仕事内容についての十分な情報は，ワクチン効果につながる。実習内容のうち，特に社員の基幹的な業務に従事することや社員の業務に同席・同行することは，仕事内容の理解を深めるだろう。

③現役社員が肉声で語る感情的側面（属人的な情報）はRJPに欠かせない。社員と一定期間にわたって率直な話ができる関係を持つことの意義に着目し，指導担当者の有無とインターンシップの期間についての変数を用いる。学生と指導担当者が一定期間をともにすれば，ある程度腹を割って話す機会も生まれよう。

（2）結果と解釈

企業調査のデータを用い，卒業後に採用したい人材の見極め効果の有無を被説明変数とする二項ロジスティック分析を行った結果を表4-5に示す。説明変数としては，（1）で示したもののほか，統制変数として企業属性，独自選考の有無についての変数を用いた。学生調査のデータを用い，満足度を被説明

表4-5 卒業後に採用したい人材の見極め効果の有無の規定要因
(二項ロジスティック分析)

被説明変数：卒業後に採用したい人材の見極め効果の有無（あり＝1，なし＝0）	係　数	標準誤差
実習計画の作成（あり＝1）	−0.216	0.251
報酬や手当の支給（なし＝1）	−0.026	0.247
社員の基幹的業務の一部	0.432	0.243*
社員の補助的業務の一部	−0.183	0.245
アルバイト・パートの業務の一部	0.528	0.317*
通常業務と別に与えられた一定の課題	0.296	0.252
仕事をしている社員の業務に同席・同行	−0.021	0.251
職場や工場の業務を見学	−0.219	0.248
指導担当者の有無（あり＝1）	0.054	0.315
インターンシップ日数（11日以上＝1）	0.650	0.247***
独自選考の有無（あり＝1）	0.544	0.246**
正社員数（1,001人以上＝1）	−0.115	0.303
製造業	0.493	0.347
情報通信業	1.034	0.423**
小売・サービス業	−0.112	0.368
公務・NPOなど（リファレンスグループ：その他）	−1.635	0.769**
定数	−2.514	0.532***
N	777	
−2対数尤度	535.704	
カイ2乗	60.889***	
Nagelkerke R2乗	0.141	

(注) ***：$p<0.01$　**：$p<0.05$　*：$p<0.1$
(出所) 「インターンシップの実態に関するアンケート」企業調査。

変数とする重回帰分析を行った結果を表4-6に示す。説明変数としては，(1)で示したもののほか，統制変数として性別，希望した企業でのインターンシップだったか，単位取得目的か否かについての変数を用いた。

　企業調査と学生調査の2つの分析結果を組み合わせ，仮説にそって検討を加える。第1に，学生からみると実習内容の説明を受けることは満足度を高め，報酬や手当が一切支給されないことは満足度を低くする。「企業の誠実な姿勢と配慮」が学生に伝わることは，学生の満足度を高める。学生の満足度が高まることは，実習への意欲的な参加と実力発揮につながり，そのことが企業から

表4-6 学生のインターンシップ満足度の規定要因（重回帰分析）

被説明変数：学生のインターンシップ満足度	標準化係数	t値
実習内容の説明（あり＝1）	0.117	3.687***
報酬や手当の支給（なし＝1）	−0.129	−3.912***
社員の基幹的業務の一部	0.198	6.069***
社員の補助的業務の一部	−0.000	−0.014
アルバイト・パートの業務の一部	−0.153	−4.694***
通常業務と別に与えられた一定の課題	0.099	2.991***
仕事をしている社員の業務に同席・同行	0.111	3.154***
職場や工場の業務を見学	0.019	0.552
指導担当者（あり＝1）	0.124	3.850***
インターンシップ日数（11日以上＝1）	−0.001	−0.031
インターンシップ先企業（希望企業＝1）	0.142	4.421***
参加目的（単位取得＝1）	−0.137	−4.273***
性別（男性＝1）	−0.023	−0.710
定数項	—	21.078***
N	822	
F値	16.239***	
調整済みR2乗	0.194	

(注) 1. 学生のインターンシップ満足度：とても満足＝4，まあ満足＝3，あまり満足していない＝2，不満＝1。
2. ***：$p<0.01$
(出所) 「インターンシップの実態に関するアンケート」学生調査。

みた人材見極め効果にプラスの影響を及ぼすことも考えられるが，ここでは設定した変数がいずれも企業からみてコストがかかるものであったためか，そうした影響はみられなかった。

　第2に，実習内容を社員の基幹的業務の一部とすることは，学生の満足度を高め，企業の人材見極め効果にもプラスの影響を及ぼしている。口頭や書面での説明ではなく実際に社員と同様の業務に就かせることは，仕事の魅力や難しさ，組織風土を含めた「十分な情報の提供」につながり，学生にとっては職場がどんなところか知りたいという期待を満たしてくれる。他方企業からみると働きぶりをみたうえでの人材選択を可能にする。さらに，仕事をしている社員の業務に同席・同行することは，学生の満足度を高めていた。社員とのやりとりあるいは取引先との接触をつうじて仕事や職場の実態への理解が助けられるのであろう。ただし，統計的に有意な結果ではないが，企業からみた人材見極

め効果にはマイナスの傾向がみられる。社員の業務に同席させるだけでは，学生はいわば見学者であり，その能力の見極めにはつながりにくい。RJPの観点からみると，実習内容としては社員の基幹的業務への従事と，同席・同行を組み合わせることが効果的ではないかと考えられる。

　第3に，仮説に関連づけて設定した変数ではないが，実習内容について企業と学生の双方にとって有意な影響をもったのが，アルバイト・パート業務の一部を経験させることである。アルバイト・パート業務を経験させることが，企業の人材見極め効果を高めている。社会人としての基礎的な能力の有無はアルバイト・パート業務でも共通ということなのか，背景はこの結果からだけではわからない。他方学生からみると，満足度を有意に引き下げる。学生の満足度低下による弊害を考慮すれば，インターンシップにおいてアルバイト・パート業務を経験させることは避けるべきであろう。

　第4に，指導担当者をおくことは学生の満足度を高める。企業の人材見極め効果にもプラスの影響を与える傾向がみられるが，統計的に有意な結果ではない。実習期間が比較的長いことは企業の人材見極めをうながすが，学生の満足度に対しては有意ではないものの低くする傾向がみられる。学生と「現役社員との率直なかかわり」をもたせることは，学生にとっては提供される情報を充実させ，その信用性を高める。企業からみても学生の適切な評価を行いやすくすると考えられるが，特定の社員に負担がかからない体制の整備が必要といえよう。率直な関わりをもたせるには，期間を長くすることよりも，まず担当者をおくことである。

　なお，この他企業の人材見極め効果との関連では，インターンシップ参加学生を企業が独自に選考すること，情報通信業であることがプラスの，公務・NPOなどであることがマイナスの影響を持つ。学生の満足度との関連では，通常業務と別に与えられた一定の課題に取組むことは満足感を高める。RJPの観点よりも，達成感が得やすいことが理由であろう。希望企業でインターンシップに参加することが満足度を引き上げ，単位取得目的での参加は満足度を引き下げていた。

第Ⅱ部　環境の変化と人材活用の課題

5　組織と個人が選びあう関係

　採用・人材確保の方法が多様化する中で，特に採用時点における企業と求職者のミスマッチから生じる離職を減少させることに貢献しうる採用方法に関して，米国で発展してきた RJP 理論を手がかりに検討を加えた。最後に，本章の内容と結果を要約し，インプリケーションについて考察する。

　RJP とは，組織や仕事について，悪い情報も含めて誠実に応募者に伝えることであり，「ワクチン効果」「スクリーニング効果」「コミットメント効果」「役割明確化効果」を生み，組織への定着を促す。米国ではそのメカニズムと効果が広く確認されている。わが国での研究は初期段階にあるが，入社後の幻滅感の緩和効果が明らかになっており，ケーススタディからは定着促進の効果が示唆されている。

　そこで効果的に RJP を実現する採用方法として，外部労働市場からの体験的就業を通じたマッチング（紹介予定派遣，若年者トライアル雇用，日本版デュアルシステム，インターンシップ）に着目した。RJP では感情的な側面も含む誠実な情報提供をうけ，個人が自己決定することが重視されているが，組織の「外」にいて，その情報を十分に理解することは難しいことによる。なお，書類や筆記，面接による従来型の採用とは異なる，こうした実際の仕事ぶりによる採用（On the Job Matching）数が企業における正社員等採用数全体に占める割合は15％を超えるとの調査結果も得られている。

　つぎに，体験的就業を通じたマッチングのうち，RJP の優れた方法として関心が寄せられ，定着志向との関連が指摘されはじめたインターンシップをとりあげ，「RJP として」望ましいインターンシップのあり方を，企業からみて卒業後に採用したい人材の見極め効果の有無，参加学生の満足度の規定要因から探った。実習計画の作成，手当の支給は，学生の満足度を高める。実習内容を社員の基幹的業務の一部とすることは，学生の組織風土や仕事内容を知りたいという欲求を満たし，他方企業からみると働きぶりをみたうえでの人材選択を可能にする。社員の業務への同席・同行を組み合わせれば，社員のみならず取引先からも情報を得ることにつながる。アルバイト・パート業務の一部を経

験させることは，学生の満足度を引き下げる。指導担当者を置くことは学生が得ることのできる情報を充実させ，その信用を高め，企業からみても学生との適合性の見極めを助ける。まとめれば，①企業の誠実な姿勢と配慮を示すこと，②仕事内容についての十分な情報の提供，③現役社員との率直なかかわりが重要であり，これらを企業からみたコストを高めすぎない形で実現することが求められる。

　得られた示唆はなにか。日本では，採用のあり方が採用後の離職にどう関わっているかは十分に検討されてこなかった。本章の土台を崩すようでもあるが，日本ではRJPに関する研究も進んでおらず，多様化する採用方法の導入状況は個別に把握できるものの，採用のあり方が及ぼす採用後の定着への影響はほとんど研究されてきていない。採用のあり方を，技法としてだけでなく，組織と個人の関係の哲学とも言える基本的な考え方として見直す必要があるのではないだろうか。はじめに述べたように，法律上も定着促進のために業務内容，勤務条件などの情報明示が，企業の努力義務となった。RJPは組織が個人を選ぶのではなく，選びあう関係を重視しており，組織と個人がお互いに誠実であることを求めているといえる。組織と個人がそれぞれ「何を」伝えるかよりも，お互いが「どのように」向き合うかが問われており，その姿勢が採用後の定着に影響を及ぼすように思えてならない。

　RJPが重視する，組織と個人が「選びあう関係」はまた，特に仕事の経験を持たない学生にとって厳しいハードルであるともいえる。だからこそ体験的就業を通じたマッチングのような新たな仕組みが意義を持つわけだが，それにしても，提供された情報を十分に理解し，仕事生活の文脈のなかで咀嚼し，自己選択することが学生に可能なのか，疑問となる。児美川（2007）は，キャリア教育の目的を「子どもたちが，自らの「ライフ・キャリア」の主人公になれるような力を育てること，「生き方」全体のなかに「働き方」をきちんと位置づけられるようにすること」だという。卒業後の最初の勤務先における早期離職は，学校教育との関係でもまたさらなる検討が期待されるし，自己選択ができる個人を育てる学校段階におけるキャリア教育のあり方も問われるべきであろう。

第Ⅱ部　環境の変化と人材活用の課題

＊　本章は堀田（2007）を加筆・修正したものである。

注
⑴　なお，金井（1994）は，初期の RJP の実証研究が転職低減の効果を主としてめざしていたのは確かだが，効果について複眼的な評価指標をもっており，転職の低減のみを念頭においているという理解は誤りであるとしたうえで，RJP はたんなる手法ではなく，組織への人の入り方についての基本哲学であることを見失ってはならないと述べている。
⑵　厚生労働省『新規学校卒業就職者の就職離職状況調査結果』。
⑶　ただし社会経済生産性本部『新入社員半年間の意識変化調査』（対象：同本部の新入社員教育プログラム等への参加者）によれば，「今の会社に一生勤めようと思っている」とする回答者の割合が2005年以降高まっており，今後，離職率改善の期待ももたれる。
⑷　日本経済新聞2007年8月3日付「『転職したい』新入社員急増——人材各社への登録2〜4倍に」。
⑸　たとえばディスコ『日経ナビ・就活モニター調査』（対象：2008年卒業予定の大学生で就活モニターとして登録した者2,000人，インターネット調査による）によれば，企業ホームページの好ましい内容（2007年5月調査，回答：1,149人）や，よい入社案内の条件（2007年6月調査，回答：1,129人）として「よいところばかりでなく，課題や弱点にも触れている」ことをあげる者が最も多いにもかかわらず（ホームページ81.0％，入社案内68.0％），就職決定企業について十分理解できた情報（2007年6月調査）として「企業の弱点」を選択した者は17.1％にすぎない。
⑹　筒井（2005）は認識社会学の視座からヒアリング調査を行い，高卒就職について，企業が具体的な仕事とそこで必要な能力を学校教育と関連づけて言語化し，伝達することの難しさについて考察を加えている。
⑺　ただし，この調査では，インターンシップ先企業に入社したかどうかは問われていない。本章での検討課題に照らせば，厳密にはある企業に「その企業のインターンシップを経験して入社した者」と「それ以外の者」の定着志向の比較が求められるが，そうした調査は行われていない。
⑻　なお，角方・八田（2006）は，大学新卒採用におけるミスマッチの要因が，①若年層の就業意識の希薄化や②労働市場における需給のバランスに加え，③採用が特定の時期に集中するだけでなく，学生の就職希望企業が特定に企業に集中する現行の就職システムにあることを分析することで，中小企業におけるマッチング手段としてのインターンシップの有効性を主張している。

(9) RJP によって母集団が小さくなっても，その仕事にふさわしい応募者が減るわけでないことが明らかにされている (Premack and Wanous 1985 ; Reilly *et al.* 1981 など)。また，Meglino, Ravlin and DeNisi (2000) は，メタ分析により，未経験者採用においては RJP を通じた母集団の量の確保が可能であると結論づけている。

(10) 注(1)で述べたとおり，RJP の評価指標は定着率のみではない。Wanous (1992) は，RJP の評価指標をエントリー段階別につぎの 6 つに整理している。①新人をリクルートする組織の能力（エントリー前），②新人の初期期待，③個人による組織の選択すなわち個人の欲求と組織風土の適合性（エントリー時），④初期の職務態度（仕事満足度，組織へのコミットメントなど），⑤生産性・業績，⑥定着・自発的転職率（エントリー後）。

(11) Wanous (1992 : 79-80) では，Weitz (1956) 以降1980年代までに行われた主要な RJP の実証研究における RJP を通じた定着率向上の効果が一覧できる。

(12) これらに加え，RJP が教育訓練の意欲的な受講につながり，役割の明確化とあいまって生産性と満足度の低下を引き起こす仕事上のストレスを軽減するとの研究もある (Barksdale *et al.* 2003)。

(13) RJP のメディアには，パンフレット，ビデオ，インターネット，説明会，職場見学，面接など，様々な形態がある。

(14) 米国では，1 年間の定着率が50〜80％程度であると最も効果的とされる。ただし，日本の労働市場において，これがそのままあてはまるとは言えないであろう。

(15) 選択肢が豊富にあれば，RJP はよりよい自己選択につながり定着を促すが，他に選択肢がなければ，RJP を行おうと行うまいと結果がかわらないため。

(16) 永野 (2004) は，2001年に行った企業調査の個票データをもとに採用活動の自己評価点を従属変数とする重回帰分析を行っており，RJP の指標として「情報提供時にイメージを重視したか実態を強調したか」を独立変数に加えているが，この指標は有意でない。しかし RJP の効果は主として採用後に発生するものであるため，採用活動そのものの評価で RJP の指標が有意にならなかったことは，RJP の効果を否定するものではないと結論づけている。

(17) 株式会社アサンテ。

(18) 日本ヒルティ株式会社。

(19) 今ではインターネットが採用にあたり大きな役割を果たすようになっているが，調査時点が1993年であるので，ここではインターネットは情報源として含まれていない（金井 2002）。

(20) とはいえ，職種（部門）別採用は約 4 割の企業においてすでに導入されており，

従来職種別採用であった技術職以外でも職種別採用が出現している（日本経済団体連合会『2006年度・新卒者採用に関するアンケート調査結果』）。なお，職種別採用を導入している企業のほうが仕事内容のRJPを重視していることが明らかにされている（根本 2002）。

(21) 自己選択によるコミットメント増大効果の観点から。WanousがRJPが外部からの採用に重要だとするのはワクチン効果の観点からである。

(22) 派遣先が，紹介予定派遣で受け入れた派遣社員を採用しない場合は，その理由を派遣元に通知しなければならない。派遣元は，派遣スタッフの求めに応じ，派遣先から通知された理由を書面で明示しなければならないとされている。

(23) 厚生労働省職業安定局『平成19年度労働者派遣事業報告』。

(24) 直接雇用に結びついた労働者の割合の評価は難しい。紹介予定派遣の場合，派遣先による事前面接が可能となるため，派遣スタッフとして働き始める段階の選考が派遣先での直接雇用への移行率に影響を与えることによる。こうした点は，②トライアル雇用における常用雇用移行率にもあてはまる。トライアル雇用では，公共職業安定所による事前のセレクションの程度が常用雇用移行率に影響を及ぼす。紹介予定派遣における直接雇用への移行率やトライアル雇用における常用雇用への移行率があまりに高いことは，働きぶりを見て採用を決めるという制度の趣旨にあわない運用とも言えよう。

(25) 厚生労働省『労働者需給制度についてのアンケート調査』2005年。

(26) トライアル雇用の対象は，若年者等のほか，中高年齢者，母子家庭の母等，障害者，日雇労働者，ホームレスである。

(27) 厚生労働省『日本版デュアルシステム協議会報告』2004年。本章では紙幅の都合からデュアルシステムの詳細な説明は省略するが，その概要は本報告を参照されたい。

(28) 内容とそれに対する批判的検討は，児美川（2007）を参照されたい。

(29) 普及の背景については，古閑編（2001）に詳しい。

(30) 毎日コミュニケーションズ『2008年卒者採用予定および採用活動に関する企業アンケート』（対象：新卒採用実績がある国内企業8,000社，回答：1,181社）。いわゆる採用直結型インターンシップについては，定義が定まっていないこともあり，調査対象や設問の用語によって導入しているとする企業の割合にばらつきがある。

(31) 現役生事前アンケート結果（対象：インターンシップのポータルサイト「ハイパーキャンパス」に登録したインターンシップ体験前の全国の大学・大学院・短期大学学生及び高等専門学校生165人，インターネット調査による）。

(32) 東京大学社会科学研究所人材ビジネス研究寄付研究部門2007年度研究プロジェク

ト「人材確保策の多様化研究プロジェクト」による。調査の企画・実施は佐藤博樹氏，佐野嘉秀氏と筆者による。調査対象は従業員規模100人以上の企業（株式会社・有限会社）の採用担当者であり，有効配布数9,944社，有効回収数1,563社である。調査票，調査実施概要の詳細ならびに単純集計結果は，同部門のホームページ（http://web.iss.u-tokyo.ac.jp/jinzai/）のなかで公開している次の資料を参照されたい（http://web.iss.u-tokyo.ac.jp/jinzai/071024_hotta1.pdf）。なお，本調査の詳細な分析は，同部門研究シリーズとして刊行予定である。

(33) a) 新卒採用数ならびに中途採用数，b) 採用・確保の方法別採用数を完答し，かつa)の合計がb)の合計以上となったサンプルを分析対象としている。

(34) 木谷（2004）は，企業及び若手社員に対するアンケート調査から，インターンシップがRJPの観点からも優れた方法であることを示唆する。根本（2002）は，OB・OG訪問による直接対話，時間とエネルギーをかけた会社説明会，職場見学会に加え，インターンシップがRJPの重要な方法となるとしている。リクルートワークス研究所（2001）における人事担当者の対談では，事業体験，インターンシップのようなものがRJPとして効果的であるとの発言がある。

(35) 第4節の分析は，「大学文系インターンシップの活性化に関する研究」（東京大学社会科学研究所人材ビジネス研究寄付研究部門2006年度研究プロジェクト）における研究成果（佐藤・堀・堀田 2006）を参考にしている。同プロジェクトのメンバーは，佐藤博樹氏，堀有喜衣氏と筆者である。

(36) 学生，企業の双方にとって望ましいインターンシップのあり方については，佐藤・堀・堀田（2006）を参照されたい。

(37) 「インターンシップの実態に関するアンケート」の個票データは，東京大学社会科学研究所附属日本社会研究情報センターSSJデータアーカイブに寄託されている。調査票，調査実施概要の詳細ならびに単純集計結果は，SSJデータアーカイブのホームページ（http://ssjda.iss.u-tokyo.ac.jp/）を参照されたい。参考資料に調査実施概要の要点のみ示す。

(38) これまでに大学生（学部生）をインターンシップとして受け入れたことがあると回答したサンプル。

(39) 卒業生アンケート結果（対象：インターンシップ推進支援センターから各経営者協会を通じて全国の高等教育機関に対して紹介を依頼した，在学中にインターンシップを体験した卒業生257人，回収：138人）。

参考文献

今野浩一郎・佐藤博樹（2004）『人事管理入門』日本経済新聞社。

インターンシップ推進支援センター・東京経営者協会（2006）『インターンシップに関する学生の意識調査報告書』。

角方正幸・八田誠（2006）「若年の基礎力と就職プロセスに関する研究――若年の類型化と対応するミスマッチ解消策」『Works Review』第1号，86-97頁。

金井壽宏（1994）「エントリー・マネジメントと日本企業のRJP指向性」『神戸大学経営学部研究年報』第40巻，1-66頁。

金井壽宏（2002）『働くひとのためのキャリア・デザイン』PHP新書。

木谷光宏（2004）「就職と採用をめぐる環境変化とその影響」永野仁編『大学生の就職と採用』中央経済社，171-181頁。

古閑博美編著（2001）『インターンシップ――職業教育の理論と実践』学文社。

小杉礼子（2007）「卒業者の初期キャリア形成からみた高等教育の課題」労働政策研究報告書No. 78『大学生と就職――職業への移行支援と人材育成の視点からの検討』労働政策研究・研修機構，107-142頁。

児美川孝一郎（2007）『権利としてのキャリア教育』明石書店。

佐藤博樹・堀有喜衣・堀田聰子（2006）『人材育成としてのインターンシップ――キャリア教育と社員教育のために』労働新聞社。

高橋保雄（2007）「インターンシップと企業――実務者からみたインターンシップの効果とその課題」高良和武監修，石田宏之・太田和男・古閑博美・田中宣秀編『インターンシップとキャリア』学文社，第3部第3章。

田中萬年（2006）「日本版デュアルシステムの試行状況」『産業教育学研究』第36巻第1号，89-93頁。

土田道夫（2004）「非典型雇用とキャリア形成」『日本労働研究雑誌』No. 534，43-51頁。

筒井美紀（2005）「高卒就職の認識社会学――「質の内実」が「伝わる」ことの難しさ」『日本労働研究雑誌』No. 542，18-28頁。

永野仁（2004）「新規大卒者採用とその成功の条件」永野仁編『大学生の就職と採用』中央経済社，23-48頁。

根本孝（2002）「新学卒者の就職とRJP（現実的仕事情報）の実態――大卒若年層および企業アンケート調査による考察」『経営論集』50巻第1号，明治大学，37-59頁。

堀田聰子（2007）「採用時点におけるミスマッチを軽減する採用のあり方」『日本労働研究雑誌』No. 567，60-75頁。

吉本圭一（2002）「高校における『職業への移行』支援とパートナーシップに関する研究――インターンシップの位置づけをめぐって」『九州大学大学院教育学研究

紀要』第48号, 67-83頁。

リクルートワークス研究所 (2001)「日本に RJP という採用理論が浸透する日」『Works』通巻48号, 26-37頁。

Barksdale Jr., H. C., Bellenger, D. N., Boles, J. S., and Brashear, T. G. (2003), "The Impact of Realistic Job Previews and Perceptions of Training on Sales Force Performance and Continuance Commitment: A Longitudinal Test," *Journal of Personal Selling and Sales Management*, 23, 125-138.

Ilgen, D. R. and Seely, W. (1974), "Realistic Expectations as an Aid in Reducing Voluntary Resignations," *Journal of Applied Psychology*, 59, 452-455.

Louis, M. R. (1990), "Acculturation in the Workplace: Newcomers as Lay Ethnographers," in B. Schneider (eds.), *Organizational Climate and Culture*, San Francisco, CA: Jossey-Bass, 85-129.

McGuire, W. J. (1964), "Inducing Resistance to Persuasion: Some Contemporary Approaches," in L. Berkowitz (eds.), *Advances in Experimental Social Psychology*, Vol. 1, New York: Academic Press, 191-229.

Meglino, B. M, Ravlin, E. C., and DeNisi, A. S. (2000), "A Meta-analytic Examination of Realistic Job Preview Effectiveness: A Test of Three Counterintuitive Propositions," *Human Resource Management Review*, Vol. 10, No. 4, 407-434.

Phillips, J. M. (1998), "Effects of Realistic Job Previews on Multiple Organizational Outcomes: A Meta-analysys," *Academy of Management Journal*, 41, 673-690.

Porter, L. W., Lawler, E. E., III and Hackman, J. R. (1975), *Behavior in Organizations*, New York: McGraw-Hill.

Porter, L. W., Lawler, E. E., III and Steers, R. M. (1973), "Organizational, Work, and Personal Factors in Employee Turnover and Absenteeism," *Psychological Bulletin*, 80, 151-176.

Premack, S. L. and Wanous, J. P. (1985), "A Meta-analysis of Realistic Job Preview Experiments," *Journal of Applied Psychology*, 70, 706-719.

Reilly, R. R., Brown, B., Blood, M. R., and Malatesta, C. Z. (1981), "The Effects of Realistic Previews: A Study and Discussion of the Literature," *Personnel Psychology*, 34, 823-834.

Salancik, G. R. and Pfeffer, J. (1978), "A Social Information Processing Approach to Job Attitudes and Task Design," *Administrative Science Quarterly*, 23, 224-253.

Wanous, J. P. (1973), "Effects of a Realistic Job Preview on Job Acceptance, Job Attitudes, and Job Survival," *Journal of Applied Psychology*, 58, 327-332.

Wanous, J. P. (1975a), "A Job Preview Makes Recruiting More Effective," *Harvard Business Review*, 53 (5), 16, 166, 168.

Wanous, J. P. (1975b), "Tell It Like It Is at Realistic Job Previews," *Personnel* 52 (4), 50-60.

Wanous, J. P. (1992), *Organizational Entry : Recruitment, Selection, Orientation, and Socialization of Newcomers*, Reading, MA : Addison-Wesley.

Weitz, J. (1956), "Job Expectancy and Survival," *Journal of Applied Psychology*, 40, 245-247.

第5章　ワーク・ライフ・バランスと企業組織への課題

藤 本 哲 史

1　従業者のワーク・ライフ・バランス

ワーク・ライフ・バランスとは

　今日，わが国において「ワーク・ライフ・バランス」という言葉は，時代の重要なキーワードのひとつといえる。もともとワーク・ライフ・バランスは1990年代後半以降イギリスで急速に広まった概念だが，字句どおり，それは仕事と生活の間に釣り合いがとれた状態を意味する。より厳密には「年齢，人種，性別に関わらず，誰もが仕事とそれ以外の責任，欲求とをうまく調和させられるような生活リズムを見つけられるように，就業形態を調整すること」を意味する（英国貿易省による定義，脇坂 2007）。脇坂（2007）によると，イギリスでは，ワーク・ライフ・バランスは従業者，事業主，社会全体に対して利益をもたらすとする「win-win」の考え方が，政労使の間で共有されているという。

　ワーク・ライフ・バランスという概念は，雇用労働，家庭内労働（家事，育児，介護等），余暇（趣味や交友），また地域活動は，互いに分断された活動ではなく，むしろそれぞれ相互に関連し合っており，安定的に調和させることは可能という考え方に基づいている。「仕事と生活の調和（ワーク・ライフ・バランス）に関する専門調査会」によると，ワーク・ライフ・バランス社会とは「男女一人ひとりが，職場，家庭（子育て，介護を含む），地域社会などでの責任を果たしながら，多様な活動に従事でき，自らの能力を十分に発揮し豊かさを実感でき」，「企業・組織が働き手一人ひとりの価値観・必要性・希望を尊重した形で，多様な人材の能力を発揮させ，生産性を高めて活動する活力に満ちた社

会」であるという。⁽¹⁾

　なぜ今ワーク・ライフ・バランスが求められるのか。多くの人々にとって，もはや仕事と私生活はどちらか一方の選択肢の問題ではなく，「仕事も私生活も」が当然になりつつある。その背景には，共働き世帯数の増加（無業の妻に家庭責任を任せることができる男性雇用者の減少），「男は仕事，女は家庭」という固定的な性役割分業意識の後退，また夫の家事・育児参加を当然と考える人々の増加などがある。しかし多くの場合仕事と私生活の両立には困難が伴いやすく，仕事と私生活のアンバランスな状態を解消することができず葛藤を経験する人は少なくない。仕事と私生活の両立は個人が取り組むべき課題で，国や企業の介入は避けるべきとする考え方も存在する。つまり，「仕事も私生活も」というライフスタイルを必要とする人々が増加しているにもかかわらず，個人がその実現を図ろうとすると大きな困難に直面するという状況が依然として存在する。

　本章では，ワーク・ライフ・バランスと企業組織に対する課題について検討する。まずワーク・ライフ・バランスの現状および今後の推進にあたり注意を要するいくつかのことがらを確認する。第2節では，仕事と私生活が「アンバランス」な状態にあることの意味を検討するために，ワーク・ファミリー・コンフリクトを具体例として取り上げ，その男女差および個人のアイデンティティとの関連性を探り，支援制度の設計に対するインプリケーションを検討する。最終節の第3節では，今後企業経営においてより重要な課題になると考えられる，ワーク・ライフ・バランスと組織文化の融合について論じる。

わが国におけるワーク・ライフ・バランスの現状

　まず最初に，いくつかの調査データをもとに，わが国におけるワーク・ライフ・バランスの現状を，個人の意識と企業による施策展開の2つの側面から見てみよう。図5-1は仕事をもつ未婚の男女にワーク・ライフ・バランスの希望と現実についてたずねた結果を整理したものである。図からわかるように，「プライベートな時間優先」を希望する者が男女ともに最も多くなっている。また，女性の33.3％，男性の26％が「仕事・家事・プライベートの両立」を希望している。これに対し現実は「仕事優先」になっている者が男女ともに最も

第5章　ワーク・ライフ・バランスと企業組織への課題

独身有業女性（希望）	1.6	40.5	14.2	7.8	33.3		
（現実）	1.9 0.7	37.3	3 8.1	14.8	26.2	7.7	2.9
独身有業男性（希望）	1.4 2.7	45.8	13.8	6.6	26.9		
（現実）	2.8	52.1	0.6 6.1	11.8	22.3	5.9	1.2

凡例：□仕事優先　■家事優先　☒仕事と家事優先　□プライベートな時間優先
　　　■仕事とプライベート優先　■家事とプライベート優先　■仕事・家事・プライベートを両立

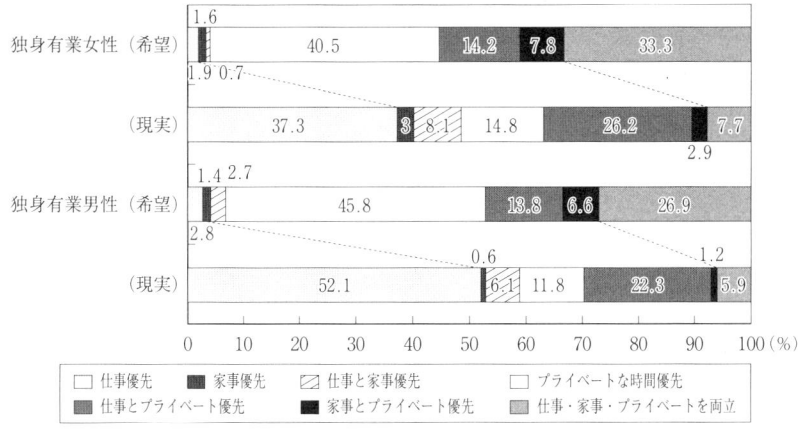

図5-1　ワーク・ライフ・バランスの希望と現実

（資料）　少子化と男女共同参画に関する専門調査会「少子化と男女共同参画に関する意識調査（平成18年）」（男女共同参画会議　仕事と生活の調和〔ワーク・ライフ・バランス〕に関する専門調査会『「ワーク・ライフ・バランス」推進の基本的方向報告』〔平成19年7月〕より作成）。

多く，仕事をもつ未婚男性の2人に1人以上が，そして女性の3人に1人以上が，日常においては仕事を優先しながら生活を送っている。このように，未婚の男女の間ではワーク・ライフ・バランスの希望と現実の間に乖離が生じており，ワーク・ライフ・バランスを求めながらも，ワーク・ライフ・アンバランスな生活を余儀なくされている。

　図5-2は仕事をもつ既婚の男女について，ワーク・ライフ・バランスの実現の度合いと仕事に対する意欲の関係をまとめたものである。この図を見ると，性別にかかわらず，仕事と生活のバランスがとれていると思う者の方が仕事に対して目的意識をもって積極的に取り組んでいることがわかる。ワーク・ライフ・バランスがとれていると思う（「そう思う」）女性の67.9％と男性の80.7％が仕事に対して意欲的に取り組んでいる（「そう思う」と「ややそう思う」の合計）のに対し，仕事と生活のバランスがとれていると全く思わない者については，女性の38.4％，男性の53.2％しか自らの働き方を意欲的なものとして評価していない。厳密には，バランス意識と，仕事に対する意欲の間の因果関係は明瞭ではないが，少なくとも，ワーク・ライフ・バランスと仕事に対するモチベーションの間には正の関係があると推測できる。

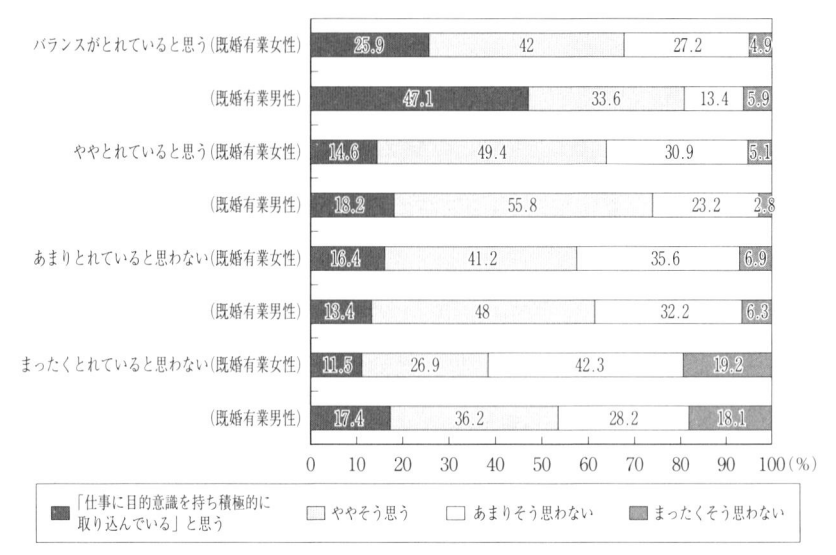

第Ⅱ部　環境の変化と人材活用の課題

	「仕事に目的意識を持ち積極的に取り込んでいる」と思う	ややそう思う	あまりそう思わない	まったくそう思わない
バランスがとれていると思う(既婚有業女性)	25.9	42	27.2	4.9
(既婚有業男性)	47.1	33.6	13.4	5.9
ややとれていると思う(既婚有業女性)	14.6	49.4	30.9	5.1
(既婚有業男性)	18.2	55.8	23.2	2.8
あまりとれていると思わない(既婚有業女性)	16.4	41.2	35.6	6.9
(既婚有業男性)	13.4	48	32.2	6.3
まったくとれていると思わない(既婚有業女性)	11.5	26.9	42.3	19.2
(既婚有業男性)	17.4	36.2	28.2	18.1

図5-2　ワーク・ライフ・バランスと仕事に対するモチベーションの関係

(資料)　少子化と男女共同参画に関する専門調査会「少子化と男女共同参画に関する意識調査（平成18年）」(男女共同参画会議　仕事と生活の調和〔ワーク・ライフ・バランス〕に関する専門調査会『「ワーク・ライフ・バランス」推進の基本的方向報告』〔平成19年7月〕より作成)。

次に，企業によるワーク・ライフ・バランス支援策の展開状況を見てみよう。図5-3は企業によるワーク・ライフ・バランス支援制度の導入状況を示したものである。ここでは主として仕事と子育ての両立支援策が取り上げられている。図が示すように，全体の中で，休業関連の制度の導入率が最も高い。「育児休業について就業規則に明記」や「病児看護休暇」など，法律により義務付けられている制度については導入割合が高いものの，「法定を超える育児休業制度」については4社に1社程度と割合は低い。労働時間に関わる制度については，2社に1社程度の割合で「短時間勤務」「始業・終業時刻の繰上げ，繰下げ」「所定外労働の免除」が導入されている。休業制度や労働時間関連の制度に比べると，経済的支援（育児サービス費用の補助など），施設関連（事業所内託児施設の設置など），および人事上の配慮による支援制度（育児休業復帰後のキャリア継続支援など）の導入割合は相対的に低い。図に示された支援制度の導入状況を全体的に見ると，職場における働き方をドラスティックに変革するような支援体制は，依然として構築されていないようである。むしろ，現在の職

第5章　ワーク・ライフ・バランスと企業組織への課題

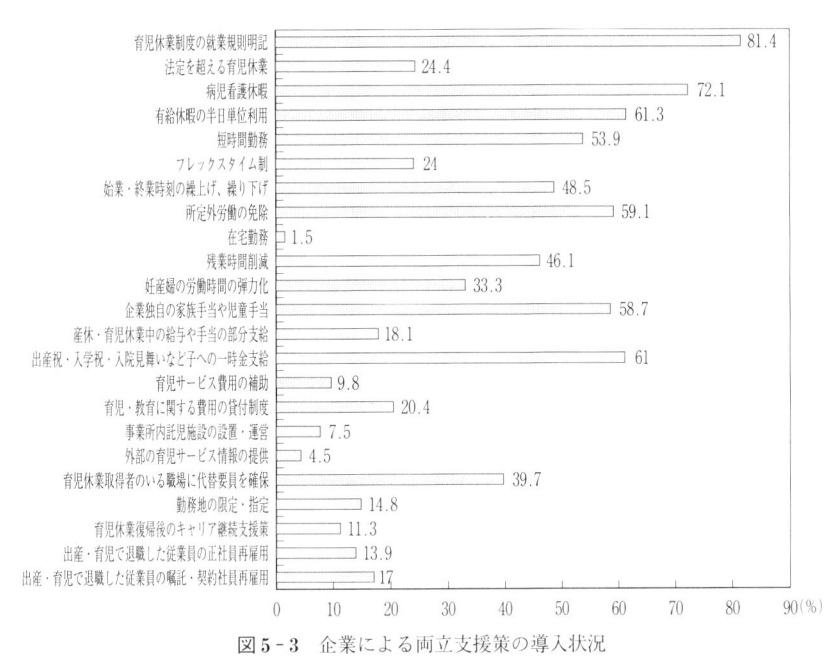

図5-3　企業による両立支援策の導入状況

項目	%
育児休業制度の就業規則明記	81.4
法定を超える育児休業	24.4
病児看護休暇	72.1
有給休暇の半日単位利用	61.3
短時間勤務	53.9
フレックスタイム制	24
始業・終業時刻の繰上げ、繰り下げ	48.5
所定外労働の免除	59.1
在宅勤務	1.5
残業時間削減	46.1
妊産婦の労働時間の弾力化	33.3
企業独自の家族手当や児童手当	58.7
産休・育児休業中の給与や手当の部分支給	18.1
出産祝・入学祝・入院見舞いなど子への一時金支給	61
育児サービス費用の補助	9.8
育児・教育に関する費用の貸付制度	20.4
事業所内託児施設の設置・運営	7.5
外部の育児サービス情報の提供	4.5
育児休業取得者のいる職場に代替要員を確保	39.7
勤務地の限定・指定	14.8
育児休業復帰後のキャリア継続支援策	11.3
出産・育児で退職した従業員の正社員再雇用	13.9
出産・育児で退職した従業員の嘱託・契約社員再雇用	17

(資料)　内閣府「企業における子育て支援とその導入効果に関する調査研究」(2006年3月)。
(出所)　内閣府 (2006)。

場や職務の構造の上に，付加的に導入された制度が多いといえる。

　企業は両立支援策の効果をどのように捉えているのだろうか。図5-4は企業側が捉える両立支援策導入の長期的効果を示したものである。これを見ると，支援制度を導入することにより，女性従業員の定着率に向上が見られたと認識している企業が多いことがわかる（「大きな効果あり」と「ある程度の効果あり」の合計41.2％）。これに次いで「意欲や能力ある女性の人材活用が進んだ (27.2％)」と「従業員同士助け合う雰囲気や一体感が醸成された (24％)」がやや高い。しかし，定着率の向上を除いては全般的に効果に関する認識は低く，「どちらともいえない」が大きな割合を占めている。ただし注意を必要とする点は，「効果がなかった」と否定的な見方をしている企業の割合が相対的に低いことである。おそらく，支援制度を導入していても効果測定を計画的に実施していない，あるいは効果測定という発想そのものが不在であるために効果の有無について客観的に把握できておらず，「どちらともいえない」という見方

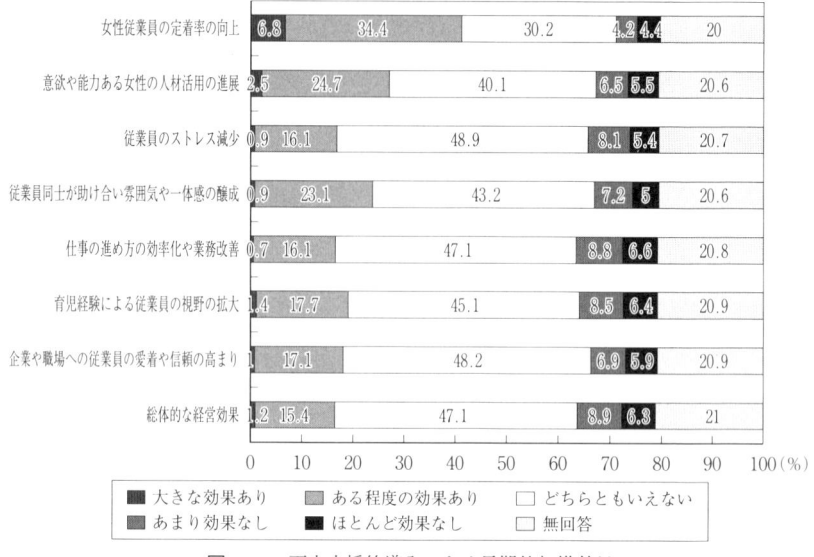

第Ⅱ部　環境の変化と人材活用の課題

項目	大きな効果あり	ある程度の効果あり	どちらともいえない	あまり効果なし	ほとんど効果なし	無回答
女性従業員の定着率の向上	6.8	34.4	30.2	4.2	4.4	20
意欲や能力ある女性の人材活用の進展	2.5	24.7	40.1	6.5	5.5	20.6
従業員のストレス減少	0.9	16.1	48.9	8.1	5.4	20.7
従業員同士が助け合い雰囲気や一体感の醸成	0.9	23.1	43.2	7.2	5	20.6
仕事の進め方の効率化や業務改善	0.7	16.1	47.1	8.8	6.6	20.8
育児経験による従業員の視野の拡大	1.4	17.7	45.1	8.5	6.4	20.9
企業や職場への従業員の愛着や信頼の高まり	1	17.1	48.2	6.9	5.9	20.9
総体的な経営効果	1.2	15.4	47.1	8.9	6.3	21

図5-4　両立支援策導入による長期的組織効果

（資料）　内閣府「企業による子育て支援とその導入効果に関する調査研究」(2006年3月)。
（出所）　内閣府 (2006)。

が多くなったことが関連しているのではないか。

　調査データから読み取ることができることがらをまとめると，ワーク・ライフ・バランスの推進により従業者の仕事に対するモチベーションは向上する可能性が高いが，現状では多くの男女が実際の生活の中で理想のバランスを実現するには至っていない。そして，企業も多くの場合，現在の働き方を前提に付加的に支援策を導入している可能性が高く，導入による効果も積極的に評価されているとはいえない。おそらく企業は，ワーク・ライフ・バランスに向かう社会的潮流そのものは認識し始めているのだろう。しかし，ファミリー・フレンドリー表彰企業など一部の先進企業を除く大多数の企業は，他企業と比較してあまり遅れをとらない程度の支援体制整備にとどまっており，従業者の本当のニーズが何であるかを把握したうえでの積極的な支援策展開には至っていないのではないだろうか。

ワーク・ライフ・バランスの基本原則

　前項で見たようなワーク・ライフ・バランスを取り巻くわが国の現状を，今後，個人，企業，社会全体のレベルで解消していくためには，以下に述べる3つの基本原則の確認が必要である（Gambles, Lewis, and Rapoport 2006）。第1の原則は公平性（fairness）である。言うまでもなく，公正なワーク・ライフ・バランスの推進は重要である。しかし，人々を「平等に」取り扱うことと，「公平に」取り扱うことは異なる。平等な取り扱いとは，仮に個人のニーズが異なっていても，全ての人を同様に取り扱うことを意味する。したがって，「平等な」ワーク・ライフ・バランスをめざす場合，全ての人が同じメリットを享受できる支援体制づくりが必要になる。逆に，人々を公平に取り扱う場合，人によりニーズや責任が異なること，そしてライフステージごとにニーズや責任が変化していくことが重要な認識のポイントになる。したがって，「公平な」ワーク・ライフ・バランスをめざす場合，基本的に「全ての従業者に日常的な仕事以外の私生活があること」が前提となり，様々なニーズや責任に配慮した支援体制，すなわち「必要とされる支援を必要な人に」提供できる体制の構築が必要になる。価値観やライフスタイルの多様性を尊重するワーク・ライフ・バランス社会をめざすためには，異なるニーズを持つ人々が，それぞれが望むバランスを選択することができる「公平性」の維持が重要である。

　第2の原則はウェルビーイングである。ワーク・ライフ・バランスの本質的意義は，人々のウェルビーイングを高めることにあるが，ここでいうウェルビーイングとは，単にストレスがないことや身体的に健康であることだけではなく，生活の中の「喜び」や「楽しみ」を含む，包括的な生活の質の高さを意味する。ウェルビーイングは身体的，心理的，経済的，物質的側面など，複数の側面から構成されるが，ワーク・ライフ・バランスを推進することの根源的な意味は，人々の総合的な幸福感としてのウェルビーイングを高めることにある。

　雇用労働のあり方は個人のウェルビーイングにとって重要な条件である。労働は所得獲得の手段であるだけではなく，個人のアイデンティティ形成や，人としての成長においても重要な役割を果たす。中には，長時間労働や仕事への没入にアイデンティティを感じ，ワーカホリズムも1つのワーク・ライフ・バ

ランスのあり方と捉える人がいるかもしれない。しかし、そのような過重労働が、職場の要請に基づくものであっても、あるいは自ら望んで選択したものであっても、少なくとも短期的にはそのような人々のエネルギーや時間は奪われ、ウェルビーイングが低下することは間違いないだろう。さらに、過重労働は従業者本人のウェルビーイングを脅かすだけではなく、家族や地域社会のウェルビーイングも低下させる可能性がある。職場においても大切な対人スキルは、私的生活における役割遂行（たとえば、子育てや介護への関与）や対人関係（たとえば、夫婦関係や友人関係）の影響を受けながら形成されると見ることも可能であり、その意味において、私生活の質の低下は究極的には職場にも負のインパクトを与えるはずである。このように、活力ある地域社会や企業をめざすうえで、人々のウェルビーイングは必須条件である。

　第3の原則は持続可能性（sustainability）である。私的生活を犠牲にし、仕事に没入する従業者やその家族はどこまで持続可能なのだろうか。また、従業者の価値観やライフスタイルの多様性を尊重せず、硬直的な旧来の「理想の従業者観」に基づいて経営活動を継続する企業は本当に持続可能だろうか。ワーク・ライフ・バランスと出生率の向上の関連性についてはこれまでも指摘されているが（内閣府 2006）、少子化および人口減少社会はどこまで持続できるのだろうか。さらに、住民が積極的に参加し支えることができない地域社会は本当に持続可能といえるだろうか。ワーク・ライフ・バランスをめざすということは、持続可能な社会をめざすことでもある。ワーク・ライフ・バランスの議論には、短期的課題への対応策の検討に加えて、より長期的な、個人、企業、社会全体の持続可能性に関する視点が必要である。

「バランス」メタファーのニュアンス

　ワーク・ライフ・バランスを推進するうえで、「バランス」というメタファーが持つニュアンスについても確認しておく必要があるだろう。ワーク・ライフ・バランスは、「ワーク」「ライフ」「バランス」という、我々にとって日常的な3つの言葉によって構成されているため社会に浸透しやすいのかもしれない。その意味において、「バランス」メタファーには、この問題に関する社会的関心を高める働きがあるといえるが、同時に、メタファーであるがゆえ

に，ワーク・ライフの問題の本質を見えにくくしてしまう可能性もある。

　Fletcher & Bailyn (2005) によると，一般的に，ワーク・ライフ・バランス施策は，私生活の問題が原因で仕事とのバランスが崩れた従業者に対する，バランス回復のための，働き方の調整による支援と捉えられやすいという。この場合，支援の対象となる人の働き方は一時的に変化するが，支援を受けないその他の人々の働き方が変化することはない。すなわち，バランスというメタファーの背後で，我々は暗黙のうちに，支援を必要としない，あるいは受けない人々の「仕事」や「生活」のあり方を標準として位置づけ，支援を必要とする人々の状態を特別なものとして捉える傾向にあるという。このような状況においては，全体的な働き方の見直しは進みにくいといえる。

　バランスという視点で捉える「ワーク」と「ライフ」の関係性についての批判もある。従業者にとって仕事は必要かつ重要な生活全体の一部といえる。しかし Gambles, Lewis, and Rapoport (2006) によると，バランスというメタファーを用いると，仕事と生活は分断された2つの生活領域という印象を与え，それらの相互関連性が見えにくくなるという。また，「ワーク」と「ライフ」を分けると，雇用労働と家庭内労働のラインが曖昧になり，雇用労働は「ワーク」だが，家庭内労働は「ライフ」（あるいはノンワーク）の領域に入る，低価値化された労働として捉えられる可能性があるという。さらに，「バランス」メタファーは「天秤」をイメージさせやすいが，このイメージによると，2つの生活領域はトレードオフの関係にある，相互に排他的なものとして受け止められる可能性が高い。これは，以下に述べる，仕事と生活を包括的にとらえるシステム思考の阻害要因にもなりうる。

ワーク・ライフ・バランスの阻害要因

　ワーク・ライフ・バランスを推進するためには，その阻害要因が何かを認識することが重要である。特に，職場慣行や管理職の考え方は，従業者のワーク・ライフ・バランスを妨げることがある。ここでは主として職場に内在する3つの要因について論じる。

　第1の要因は，従業者の意欲やコミットメントに関する判断基準である。管理職が何を基準に，部下の意欲やコミットメントを判断するかは，ワーク・ラ

イフ・バランスに影響を与える重要な要因である。無論, 仕事に対する意欲やコミットメントだけで従業員評価が決定するわけではない。しかし, それらが評価のプッシュ・ファクターになるであろうことは想像に難くない。たとえば, 仕事のためなら私生活を犠牲にすることもいとわない態度が, 意欲やコミットメントの現れとして評価される場合, 仕事を最優先しないこと, できないことは, その理由が何であれ, ネガティブな評価の材料となりうる。また「フェイス・タイム」(face time, 従業員が実際に職場にいて, そこで仕事をしている時間) が仕事に対するコミットメントの証しとして捉えられることがあるが (Christensen 1997), そのような場合, 仕事の生産性とは無関係に, 職場にいる時間が長い部下ほど仕事に意欲的と判断されやすい。無論, フェイス・タイムが長いだけで高い職務評価が得られるとは考えにくい。しかし, フェイス・タイムが長いことに加えて, たとえば, 昼夜関わらず連絡がつき不測の事態に対しても迅速に対応することができる, あるいは資料や情報を必要な時までに確実に準備し上司に提供できるなど, フェイス・タイムの長さ故に可能な「ジャストインタイム」の職務パフォーマンスがともなう場合, 管理職は無意識のうちにそのような部下を「意欲的」とプラス評価している可能性が高い。

　重要な点は, このような意欲やコミットメントの判断基準が直接ワーク・ライフ・バランスを阻害するのではなく, むしろ管理職の捉え方が職場の規範や風土, また従業員相互の期待感に影響を与え, その結果ワーク・ライフ・バランスを望む従業員の行動を制約することである。上司による評価に全く関心が無ければ, どのような職場風土のもとで働くかは無関係かもしれない。しかし, 高い評価に強い関心はないにしても「人並みの」評価を期待する場合, その職場における働き方の規範に従わないわけにはいかないはずである。

　第2の要因は, 男性性を反映する従業員能力観である。企業組織にはある一定の従業員能力観が存在する。すなわち企業組織には, 重要な職務を遂行するために必要な「能力」に関する, 共有された仮定および価値意識が存在する。何を評価に相応しい能力とするかは職種によって異なるだろう。しかし一般的に, そのような能力観は, 公的領域における男性性の特徴としてステレオタイプ化された行動や思考パターンを反映することが多い (たとえば, 線形思考, 理性, 自己主張, 競争など)。逆に, 企業において重視される能力が, 私的領域に

おける女性性のステレオタイプ要素（たとえば，感情移入，共感，感受性など）を反映することはきわめて少ない。Fletcher & Bailyn (2005) によれば，これは公的領域と私的領域が相互に排他的なものとして社会的に構築されていて，公的領域における男性性の方が私的領域における女性性よりも高価値化されていることに起因するという。

　企業で能力観が形成される過程において，女性性は低価値化されやすい。しかし，「女性的」とされる行動や思考パターンが，企業組織において全く意味を持たないとは限らない。たとえば，対人スキルは職場における円滑な人間関係形成の重要な要素だが，対人スキルの形成には他者に対する共感や感受性などは重要な役割を果たすといえる。実際には，ハイパフォーマー従業者が，対人スキルなど「女性的な資質」を欠いていたとしても，そのことが原因で決定的なマイナス評価を受けることは稀なはずである。しかし，結果的には，仕事はできても「女性的な資質」が欠落しているために，職場の人間関係などに悪影響を与えることもあるのではないか。

　男性性を反映する能力観の問題は，「女性的」と取られやすい，私的生活領域の中で獲得されるスキルが企業組織の中で十分に活用されないこと，およびそのような能力を有する個人が企業組織の中で積極的に評価されないことにある。職場において女性性があからさまに否定されるようなことはないにしても，そのようなスキルがパフォーマンスとの関連の中で積極的に評価されるケースはきわめて少ない。そのため，職業領域と私的生活領域における役割遂行のシナジーという視点は生まれにくいといえる。

　第3の要因は，支援制度の設計および運用におけるシステム思考の不在である。ワーク・ライフ・バランス推進のためには，個人，家族，地域社会，企業，社会全体の相互関連性を考慮に入れた「システム思考」が必要である。人は生活領域を分断して生きているわけではない。1つの領域における変化はおのずと他の領域にも波及的に影響を与えるため，生活領域全体をシステムとして捉えることが重要になる。たとえば，行政レベルで父親の子育て参加支援を検討する場合，民間企業の人的資源管理のあり方や働き方の価値観をどのように変革するかの検討が「同時に」求められる。また，学校関係者や福祉センターのスタッフによる子育て支援のあり方や，市民活動のあり方など，地域社会の変

革に関する検討も「同時に」必要になる (cf. Gambles, Lewis, and Rapoport 2006)。つまり，領域ごとの別々の変革ではなく，全領域を巻き込む統合的な変革が重要になる。

　企業がさまざまな両立支援策を導入しても，従業者の仕事と私生活の役割葛藤があまり緩和されず，また期待されたような組織パフォーマンスの向上も見られないとしたら，それは支援制度の設計がシステム思考に基づいて行われていないことが原因とも考えられる。Gambles, Lewis, and Rapoport (2006) によると，「システム変容 (systemic change)」とは，ある特定のものごとの行い方や考え方を支える慣行，構造，文化（価値観や規範）を，包括的に変革することを意味する。システム変容の目標は，職場，家族，地域がもつ「望ましい生き方に関する仮定」（どのような働き方，生き方を望ましいものとして当然視しているか）を変革することで，ワーク・ライフ・バランスを推進することにある。しかし，システム変容の達成は容易ではない。人々の従来どおりの仮定や価値観のもとで制度改革を行ってもシステム変容は起こらない。システム変容にはプロセスがあり，一時的な制度的対症法では十分に達成できないものである。どのようなプロセスを経て変容をもたらすかは地域や企業によって異なるかもしれないが，Gambles, Lewis, and Rapoport によれば，システム変容をもたらすうえで共通する4つの条件があるという。①何が可能か，望ましいかの精査。②何が既存の仮定で，それが人々の働き方や組織のあり方にどのような影響をおよぼしているかに関する検証。③変革のための実際のアクション。④変容過程で発生しうるさまざまな問題への対処。つまり，システム変容によるワーク・ライフ・バランスの実現には，常に PDCA (Plan Do Check Action) のサイクルを組み込むことが重要である。

2　仕事と生活の「アンバランス」

ワーク・ファミリー・コンフリクト

　仕事と生活がアンバランスな状態にある時，それは実際にはどのように経験されるのだろうか。ここでは，ワーク・ライフ・アンバランスの1つの具体例として，ワーク・ファミリー・コンフリクトを取り上げる[3]。

一般的に，ワーク・ファミリー・コンフリクトは役割間葛藤の1つとして位置付けられている（Greenhaus & Beutell 1985）。役割間葛藤は，ある集団のメンバーであることによって受ける役割要請と，別の集団に所属していることで受ける役割要請が対立し，両立できない場合に経験される。両立できないということは，一方の役割を担うことにより，もう一方の役割を遂行することが困難になることを意味する。また，2つの異なる役割を同時に負うことによりコンフリクトは生じるが，仕事領域のプレッシャーが原因で家族生活の質が低下する「仕事から家庭生活への葛藤（Work to Family Conflict, W→FC）」と，家庭領域のプレッシャーが仕事生活の質を低下させる「家庭生活から仕事への葛藤（Family to Work Conflict, F→WC）」の2つの方向性がある。W→FC は，職務に費やされる時間，職務に起因するストレス，職務遂行上期待される行動が，家庭役割の遂行を妨げる場合の役割間葛藤を意味する。同様に F→WC は，育児・介護・家事等の家庭役割に費やされる時間，そこから生じるストレス，家族役割に期待される行動が，その人の仕事関連の役割遂行を妨害するような場合の葛藤である（詳しくは，吉田 2001参照のこと）。

ワーク・ファミリー・コンフリクトに関するこれまでの多くの研究が，一方の役割領域で生じる感情（態度や気分）は，他の役割領域においても生じることを指摘しているが，この役割間の感情の流出のことを「スピルオーバー」という（Parasuraman et al. 1996）。仕事から家庭生活への負の感情のスピルオーバーの例は，仕事に関連する不満感や不安等が家庭に持ち帰られ，その結果その個人は家庭においても不満，不安な状態を継続する場合である。逆に家庭から職場への負の感情のスピルオーバーの例は，家庭内で抱える問題やフラストレーションが職場へと持ち込まれ，その結果仕事への集中を妨害し，生産性を低下させる場合である。正の感情のスピルオーバーも可能で，一方の役割領域での満足感や達成感がもう一方の役割へと流出し，後者の役割参加をより積極的にさせ，充実した生活を送ることができる場合である。

ワーク・ファミリー・コンフリクトには3つの形態がある（Greenhaus & Beutell 1985）。第1の形態は「時間に基づく葛藤」で，仕事（家族）に費やす時間が長いために，家族（仕事）に費やす時間が短くなり役割遂行が妨害される場合に生じるものである。第2の形態は「ストレインに基づく葛藤」で，一方

の役割によって生み出される疲れやいらいらなどのストレスが,もう一方の役割の遂行を困難にする場合がこれにあたる。そして第3の形態は「行動に基づく葛藤」で,一方の役割においてとるべき行動パターンが,もう一方の役割において望ましいとされる行動パターンと対立する場合に経験されるものである。たとえば,仕事役割で求められる行動パターン(たとえば,合理性や職務効率を追求すること)と,親として期待される行動パターン(たとえば,やさしく,時間をかけて温かく接すること)が対立したり,矛盾する場合の葛藤がこれにあたる(詳しくは,吉田 2001参照のこと)。

コンフリクトの性差

ワーク・ファミリー・コンフリクトにおける性差の問題は重要である。もし性差があれば,男女をひと括りにして取り扱う支援制度では十分な効果が得られない可能性があるためである。Pleck (1977) によると,男性は家族における経済的役割が強調されることが多いため,仕事が家族領域に介入しやすいのに対し,女性の場合家族におけるケア役割(情緒的役割)が強調される傾向が強いため,家族的責任が仕事に介入しやすいという。つまり,男性は女性よりもW→FCを経験しやすいのに対し,女性は男性よりもF→WCを経験しやすいことを意味する。しかし,先行研究によって以下の2点が明らかにされている。第1に,一般的にワーク・ファミリー・コンフリクトの水準に性差はほとんどない。第2に,コンフリクトの男女差を確認した実証研究の多くは,男性よりも女性の方が高い水準のコンフリクトを経験していることを報告している。これは,女性の方が男性よりも仕事と家族責任の両方を同時に負う可能性が高いことと関連していると思われる。

筆者が2002年に吉田悟と末盛慶との共同で実施した調査のデータを用いて,ワーク・ファミリー・コンフリクトの男女差を見てみよう。この調査は,東京都の2区における世帯を対象に行ったものである。ここで用いるデータは,男女いずれも正社員,パート,派遣,アルバイトなど,就業中の者に限定している。

ワーク・ファミリー・コンフリクトは,自記式回答をもとに,上述した2つの方向性(「仕事から家庭生活への葛藤,W→FC」および「家庭生活から仕事への葛藤,

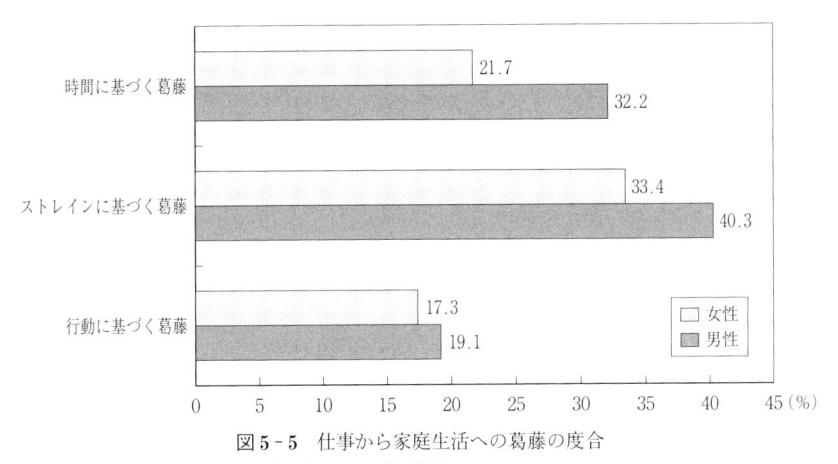

第5章　ワーク・ライフ・バランスと企業組織への課題

	女性	男性
時間に基づく葛藤	21.7	32.2
ストレインに基づく葛藤	33.4	40.3
行動に基づく葛藤	17.3	19.1

図5-5　仕事から家庭生活への葛藤の度合

（出所）　吉田・藤本・末盛の独自調査データの集計結果。

F→WC」）と3つの側面（時間，ストレイン，行動に基づく葛藤）を測定したものである。「仕事から家庭生活への葛藤」は，たとえば，「仕事が家族と過ごしたい時間を奪っている（時間に基づく葛藤）」，「仕事があまりに忙しいために家に帰ってもゆったりと落ち着く気分になれない（ストレインに基づく葛藤）」，「私の仕事を円滑に進める上で有効な考え方や態度は，家庭内の問題を解決する上では，あまり役に立たない（行動に基づく葛藤）」など計9項目を，また「家庭生活から仕事への葛藤」は，たとえば「家族のあれやこれやで思うように仕事に時間が配分できない（時間に基づく葛藤）」，「家事や育児やらで疲れてしまい，仕事をやろうという気持ちになれないことがしばしばある（ストレインに基づく葛藤）」，「私の家庭内で生じる問題をうまく対処する上で適切な考え方や態度は，私が現在担当している仕事上の問題を解決する上では有害でさえある（行動に基づく葛藤）」など計9項目を用いている。ここでは，それぞれのタイプの葛藤について合成した尺度を用いることにする。

図5-5は「仕事から家庭生活への葛藤（W→FC）」を時間，ストレイン，行動に基づく葛藤それぞれに分けて男女間で比較したものである。各尺度とも最低値3から最高値12の間の値をとるため，ここでは8以上の値（「よくあてはまる」および「あてはまる」のレベル）の割合（％）を男女別に示した。結果からわかるように，男性の方が女性よりも仕事から家庭への葛藤をより多く経験して

第Ⅱ部　環境の変化と人材活用の課題

図5-6　家庭生活から仕事への葛藤の度合

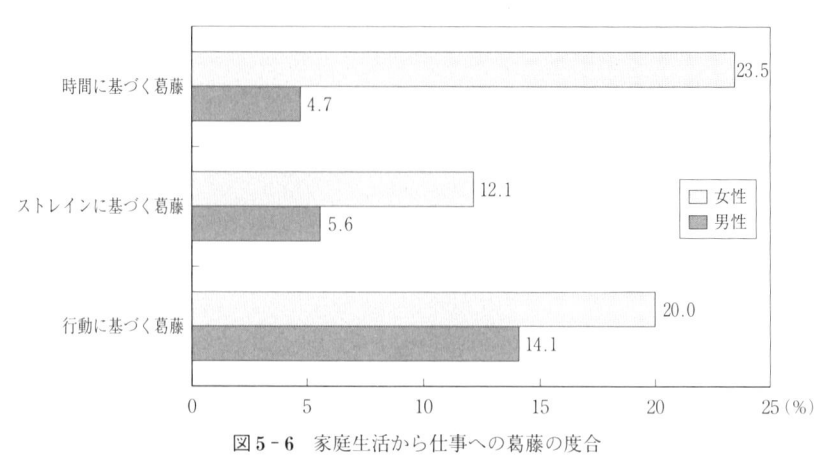

時間に基づく葛藤　女性23.5　男性4.7
ストレインに基づく葛藤　女性12.1　男性5.6
行動に基づく葛藤　女性20.0　男性14.1

（出所）　吉田・藤本・末盛の独自調査データの集計結果。

いる。カイ2乗検定を行ったところ，「時間に基づく葛藤」のみ男女差が有意水準に到達しており，男性は女性よりも，時間に基づく仕事から家庭への葛藤をより頻繁に経験しているといえる。しかし，時間葛藤以外では男女間に有意差はなく，ストレインおよび行動に基づく仕事から家庭への葛藤については，男女ともにほぼ同程度の葛藤を経験している。尺度の構成項目を確認してみると，「仕事が家族と過ごしたい時間を奪っている」（時間葛藤），「仕事が原因で家族との接触が十分にとれないでいる」（時間葛藤），「家にいても仕事のことが気になってしかたがないことがしばしばある」（ストレイン葛藤）の項目で男女の差が大きい。

図5-6は「家庭生活から仕事への葛藤（F→WC）」の男女比較で，図5-5と同様に各尺度について得点が8以上の割合を男女別に示している。結果からわかるように，家庭生活から仕事への「時間に基づく葛藤」および「ストレインに基づく葛藤」については女性の方が圧倒的に頻繁に経験しており，男性はほとんど経験していない。つまり，家庭における育児や家事責任の仕事へのしわ寄せは女性に大きく偏っているといえる。図が示すように，時間とストレインに基づく葛藤では，非常に顕著な男女差が現れている点は興味深い。カイ2乗検定の結果，時間とストレインに基づく葛藤の男女差が有意であることを確認している。

このように，男性の場合，仕事が家庭生活における時間に影響しやすいのに対し，女性にとっては家族的責任が仕事における時間や集中力等に影響しやすいことから，全体的傾向として，性別によって経験する葛藤の性質が異なる可能性が高いといえる。これはワーク・ライフ・バランス支援策を検討する場合に，男女が経験する葛藤の質的差異を考慮する必要があることを示唆しているといえる。葛藤の男女差を考慮するならば，男性にとって有効なバランス支援策は，W→FCの緩和に重点をおいたもので，女性にとって有効な支援策はF→WCの緩和に重点をおいたものだといえよう。

アイデンティティとコンフリクト
 一般的に，ワーク・ライフ・バランスは，仕事と私生活に対して適切な時間配分を行うことにより，全体的に調和のとれた生活を実現することと捉えられやすい。この場合，時間は量的に捉えられており，中心となる議論は，有限な時間をどのように異なる活動に分割すべきか，適切に分割するためにはどのような施策が必要になるか等である。確かに，時間は量的に有限であり，ある活動に費やした時間を取り戻すことはできない。ワーク・ライフ・バランスが容易に達成できないのは，仕事と私生活が常に時間という有限な資源をめぐって互いに競い合うからだともいえる。しかし，時間は必ずしも価値中立的なものとはいえず，我々が時間を投入し経験する活動は，費やす時間の長短という量的な側面だけではなく，「その活動時間をどのように経験したのか」という質的側面ももっている。つまり，我々は時間を主観的に経験するし，ある活動に費やした時間に対して積極的に意味を付与するともいえる。そして，そのような時間の質的な経験は，個人の価値志向を反映するものでもある。このような現象学的な枠組みをもとに，Thompson & Bunderson (2001) は，仕事と私生活の関連性を理解するうえで，「意味の容器（container of meaning）としての時間」という視点からアプローチすることが重要との議論を展開している。

 Thompson & Bunderson (2001) によると，人がある活動に時間を費やす場合，その個人にとって時間は2つの異なる意味を持ちうるという。1つは，本人のアイデンティティと一致した（identity-affirming）意味を持つ場合で，時間の使い方が本人の価値観や理想と調和している場合がこれにあたる。もう一方

はアイデンティティと矛盾する（identity-discrepant）意味を持つ場合で，自分の価値観や理想にそぐわない時間の使い方をしている場合がこれにあたる。仮に量的に同じ長さの時間であっても，どちらの意味をもつかにより，活動を通して個人が経験することの意味が異なるという。Thompson & Bunderson は比喩的に，「時間の容器」の中にアイデンティティと矛盾する意味を持つ時間を注ぐ場合には葛藤が生じやすいのに対して，アイデンティティと一致する意味をもつ時間を注ぐ場合には，葛藤が生じにくいと述べている。

一般的に，人は仕事と仕事以外の生活の両方に関して役割アイデンティティを持つが，人によってその相対的なウェイトが異なるという（たとえば Lobel 1991）。つまり，自らのアイデンティティの大きな拠り所を仕事役割，私的生活役割のどちらに求めるかは個人によって異なるが，両役割が同じウェイトを持つことは稀で，多くの場合，人は仕事または私生活いずれかの役割にアイデンティティのウェイトを置いているのだという。Thompson & Bunderson は役割ウェイトの大きい生活領域を「アイデンティティ・アンカー」（identity anchor）と呼んでいる。したがって，個人の役割経験にはアイデンティティ・アンカー領域におけるものと，アイデンティティ・ノンアンカー領域におけるものの2つがあることになる。そして，それぞれの生活領域で過ごす時間には，アイデンティティと一致した意味を持つ場合と，アイデンティティと矛盾する意味を持つ場合の2つがある。これらの関係を図示すると図5-7のようになる。アンカー，ノンアンカーそれぞれの領域で，アイデンティティと一致，矛盾いずれの時間を過ごすかにより，仕事と私生活のコンフリクトのパターンが異なるというのが，Thompson & Bunderson の論点である。図5-7の4つのセルに該当するコンフリクトのパターンについて見てみよう。

まずセル1は，仕事と私生活の両領域での時間がアイデンティティと一致した意味を持つ場合である。この場合，どちらの生活領域がアイデンティティ・アンカーであるかとは無関係に，2つの領域間に正のスピルオーバーが発生する。つまり，仕事と私生活の経験が相互にプラスに働くようになるが，Thompson & Bunderson はこれを「相互エンリッチメント（mutual enrichment）」と呼ぶ。エンリッチメントを経験する個人は，両領域での時間を通して生活の充実感を経験し，いっそう活力を持つようになる。

	時間	アイデンティティ・ノンアンカー領域	
		アイデンティティと一致	アイデンティティと矛盾
アイデンティティ・アンカー領域	アイデンティティと一致	セル1 　相互エンリッチメント ・2生活領域のシナジー・相互強化 ・時間葛藤の低減	セル3 　補償コンフリクト ・アンカー領域への後退 ・ノンアンカー領域が引き起こすアンカー領域との時間葛藤
	アイデンティティと矛盾	セル2 　スピルオーバー・コンフリクト ・アンカー領域からノンアンカー領域への負の感情の流出 ・時間葛藤の増加	セル4 　相互消耗 ・2つの生活領域間の連続的な時間葛藤 ・疎外とアノミー

図5-7　Thompson & Bundersonによる仕事と私生活のコンフリクト・モデル
(出所)　Thompson & Bunderson (2001)をもとに作成。

セル2は，アイデンティティ・アンカー領域で過ごす時間がアイデンティティと矛盾する場合である。たとえば，仕事役割にアイデンティティのウェイトを置いているにもかかわらず，仕事に費やす時間が自らの価値観に相反する場合がこれにあたる。この場合に発生するのが「スピルオーバー・コンフリクト（spillover conflict）」で，仕事で経験するフラストレーションや不満感は私生活へと流出し，私生活でのイライラの経験や，対人関係の悪化につながる。私生活にアイデンティティ・アンカーがある場合も，同じ様な仕事へのスピルオーバーが発生する。

セル3は，アイデンティティ・ノンアンカー領域で過ごす時間がアイデンティティと矛盾する場合だが，ここでの状況はセル2と異なる。たとえば，私生活領域がアイデンティティ・アンカーだが，仕事では価値観に反するような時間の過ごし方を余儀なくされているとする。このような場合「補償コンフリクト（compensation conflict）」が発生し，個人は仕事領域での不満感を補償するために私生活での役割を意識的に強調し，そこに生きがいを見出そうとするという。

セル4は，仕事と私生活両領域での時間がアイデンティティと矛盾する意味を持つ場合である。この場合，どちらの領域がアイデンティティ・アンカーであるかとは無関係に「相互消耗（mutual depletion）」が発生し，コンフリクトを

連続的に経験するだけではなく，生活における疎外感やアノミーも経験することになる。

　これら4つのセルのうち，ワーク・ライフ・バランスに関連して重要なものは，セル1の「相互エンリッチメント」である。仕事時間と私生活時間のどちらにも価値を見出すことができる場合，各領域への時間とエネルギーの投入は，同時に，両領域での意欲と活力を生む。そして，相互エンリッチメントの過程で仕事と私生活の境界は次第に曖昧になり，仕事と私生活が統合されたかたちで個人のウェルビーイングを高めるようになる。仮に，一方の領域の役割負荷が高いとしても，領域間の相互強化により，両立感が阻害されることはない。つまり，ワーク・ライフ・バランス実現のためには，仕事と私生活それぞれの領域において，自らが担う役割に個人的に価値観を見出すことができるかがキーだといえる。もしワーク・ライフ・バランスが単に従業者の生活時間配分の問題であるならば，仕事と私生活のコンフリクトを緩和するためには，片方の生活領域での時間を削減し，その削減分をもう一方の領域に配分することしか有効策はない。しかし，ワーク・ライフ・バランスには個人の知覚や価値観も関与するという視点にたつならば，適切な時間配分に加えて，いかに仕事と私生活の両方に個人が価値を実感できるような職場環境が形成できるか，生活支援ができるかなど，さまざまな工夫が可能になるはずである。もちろん，価値観は個人の問題であり，そこに企業が直接介入することは困難である。しかし，仕事と私生活において，実際にどのような時間の過ごし方をするかが，個人の，さらには集団の価値観を変容する可能性もあるのではないか。

3　ワーク・ライフ・バランスのコンセプトと組織文化の融合

ワーク・ライフ・バランスと組織文化

　企業にとってワーク・ライフ・バランスの究極的なゴールは，仕事と私生活の調和というコンセプトを，経営や人的資源管理の戦略に融合させることにある。もしワーク・ライフ・バランス施策が，組織の経営戦略とは分離されたかたちで導入，運用されているのなら，その状態はまだ施策展開の途上にあるといえる。ワーク・ライフ・バランス施策を経営戦略に融合させるということは，

仕事と私生活の調和という考え方が既存の組織構造の表面に付け加えられるだけではなく，組織文化の深い部分に統合されることを意味する。

Schein (1985) が指摘するように，組織文化には3つのレベルがある。第1のレベルは「人工物（artifacts）」で，最も視覚的な，創り出された物理的および社会的環境（物理的空間，技術的成果，書かれたり話されたりする言葉，行動パターンなど）を指す。企業における各種休業制度や短時間勤務，事業所内託児施設等は，人工物の一例といえる。

第2のレベルは「価値（values）」である。ここでいう価値とは「どうあるべきか」の信念を反映するもので，「どうある」とははっきりと異なるものである。検証不可能な価値は指針にはなりえても，実際に行動を導く「実行上の理論」（Argyris 1976）のレベルには到達しない。たとえば，従業者のワーク・ライフ・バランスの重要性について，社是や組織内の公式文書で明確に述べられている場合がこれにあたる。

第3のレベルは「基本的仮定（basic underlying assumption）」と呼ばれ，当然のこととみなされるため，ある集団内でほとんどバリエーションをもつことがない暗黙かつ無意識の仮定のことを意味する。基本的仮定が集団内で強く保持されている場合，そのメンバーは他の前提に立つ行動を想像することができないという。たとえば，長時間労働が組織の基本的仮定となっている場合，従業者は休業を利用したり短時間勤務に就くことを想像することが困難になる。

Scheinによれば，組織文化の本質は「基本的仮定」にあり，人工物や価値とは区別する必要があるという。人工物のように，表面的に見えやすいものが文化の表象として捉えられることはしばしばあるが，それらは必ずしも文化の本質を的確に表したものとは限らない。企業が導入するワーク・ライフ・バランス支援制度は，その組織が持つ従業者支援に関する価値を反映するものではあっても，より深いレベルの文化である基本的仮定を表すとは限らない。基本的仮定とは，組織が，集団の内部統合や外部適応の過程を通じて学習しながら生成されるものである。したがって，組織文化の形成や変容は決して容易ではない。支援制度を導入すれば組織文化は変容するとはいえず，むしろ旧態依然の組織文化の上に，外から見えやすい支援制度が後付けされているだけの場合もありうる。

Schein が強調するように，組織文化の形成とリーダーシップは分離不可能で，文化の形成と変革の管理こそリーダーの果たすべき役割ともいえる。Schein によれば，リーダーは「植え付けメカニズム（embedding mechanisms）」を通して文化形成に関わるという。組織への文化の植え付けや強化は（1）リーダーが注目し，測定し，統制するもの，（2）組織の危険に対するリーダーの反応，（3）役割モデリング，教育，指導，（4）報奨や地位を与える基準，等を通して行われる。ワーク・ライフ・バランスと組織文化の融合は決して容易ではない。しかし，リーダーシップの機能の仕方によってはその実現は可能である。

組織におけるワーク・ライフ・バランス文化の指標

では，具体的にどのような条件を備えている場合に，組織はワーク・ライフ・バランス文化を持つといえるのだろうか。また，どのような指標によってワーク・ライフ・バランスと組織文化の融合度を評価すればよいのだろうか。ここでは Standards of Excellence Index（SEI, Harrington & James 2006）[4]の一部を紹介しながら，組織におけるワーク・ライフ・バランス文化の具体的な要素を見てみよう。

SEI は，組織のワーク・ライフ・バランス文化を包括的に測定するために開発された診断ツールで，以下に示す7つの要素から構成される。

（1）リーダーシップ：経営リーダーは従業者の仕事と私生活の補完性を認め，それらの調和が経営にとって重要であることを認識し，仕事と私生活の調和を促進するような職場環境および風土形成に努めているか。具体的には，
- リーダーは，社内でワーク・ライフ・バランスの推進に貢献している者に対して適切な報奨を与えているか。
- リーダー自身が柔軟な勤務スケジュールのもとで働いているか。
- リーダーは，経営判断を下す際に従業者の仕事量や負荷を考慮しているか。

（2）戦略：ワーク・ライフ・バランスの推進策は，経営戦略のビジョンや達

成目標,また優先課題と一貫性をもっているか。具体的には,
- ワーク・ライフ・バランス推進に関するビジョンや目標は,独立的に策定されているか。
- ワーク・ライフ・バランス推進策は全社的に展開されているか(地理的条件や部署等によって制約されていないか),また全従業員を対象に,包括的に展開されているか。
- 次世代の仕事と私生活のニーズを視野に入れた,長期的ワーク・ライフ戦略は策定されているか。

(3) インフラストラクチャー:ワーク・ライフ・バランス推進のために,適切な資源投入(人,モノ,金),および教育訓練機会の整備は行われているか。具体的には,
- 管理職はワーク・ライフ・バランスに関する教育訓練を受けているか。ワーク・ライフ・コンフリクトを抱える部下の支援に関する教育訓練を受けているか。
- 従業者はワーク・ライフ・バランス支援施策に関して十分な情報提供を受けているか。
- 従業者ニーズに適合した支援制度が整備されているか。

(4) アカウンタビリティ:経営と従業者はともに責任を持ってワーク・ライフ・バランスの推進に取り組んでいるか。具体的には,
- リーダーは,経営目標の達成とワーク・ライフ・バランス推進の調和に関して責任を持って取り組んでいるか。
- 管理職と従業者は,ワーク・ライフ・バランス推進に関して,それぞれ責任を持って協力的に取り組んでいるか。
- 従業者は,仕事によってワーク・ライフ・バランス推進の容易度が異なることを理解しているか。

(5) パートナーシップ:ワーク・ライフ・バランスは,企業-従業者-地域社会の3ウェイ・パートナーシップのもとで推進されているか。具体的には,

- ワーク・ライフ・バランスを効果的に実現するために，外部組織との協力体制を構築しているか。（例えば，育児，介護，就学児童の放課後時間への対応など）
- 従業者による地域活動への参加の重要性を明確に伝えているか。
- 従業者の地域活動参加を促進するプログラムは整備されているか。

（6）情報伝達：ワーク・ライフ・バランス推進のための戦略は効果的に組織内外に対して情報伝達されているか。具体的には，
- 従業者は定期的にワーク・ライフ・バランス施策に関する情報提供を受けているか。
- 従業者は，職場で自由にワーク・ライフ・バランスに関する問題点等を話し合うことはできるか，その機会はあるか。
- ワーク・ライフ・バランスは，企業アイデンティティの重要な一部として公的に表明されているか。

（7）測定：組織は常にワーク・ライフ・バランス施策の効果を測定，評価し，改善に活用しているか。具体的には，
- ワーク・ライフ・バランス推進策には，測定可能な達成目標が設定されているか。
- ワーク・ライフ・バランスに関わる情報を従業者から収集し，施策の改定や新規策定に活用しているか。
- ワーク・ライフ・バランス推進策の効果測定を実施し，従業者満足感を確認しているか。

このように，SEI は組織におけるワーク・ライフ・バランス文化の醸成度を診断するうえで有効なだけではなく，どのような組織改革がワーク・ライフ・バランスに関わる組織文化の変革に必要かを検討するうえで重要な示唆に富んでいる。SEI は，Schein (1985) が指摘する組織文化の「基本的仮定」に着目し，組織の 7 要素を包括的に扱っている。もちろん，これらの 7 要素全体にわたって総合的に組織改革を行うことは時間やエネルギーを要し，決して容

易ではないだろう。しかし，企業が支援制度の導入を越えて，ワーク・ライフ・バランスのコンセプトを経営や人的資源管理の戦略に融合させるためには，ドラスティックな「システム変容」が課題となることを示しているのではないか。

4 ワーク・ライフ・バランス推進の課題

　本章では，企業がワーク・ライフ・バランスを推進するにあたって重要となる課題について論じてきた。特に強調すべき点をまとめると，以下のようになる。

　第1に，ワーク・ライフ・バランスの推進にあたっては，単純ではあるが，「全ての従業者が仕事以外の私生活を持っている」という点，そして「一人ひとりの私生活が尊重されなくてはならない」という点の認識からスタートする必要がある。そして，仕事と私生活への時間の適正配分という枠組みにとらわれず，個人の生活全体におけるウェルビーイングをいかに高めるかに関する広範な議論が必要である。

　第2に，第1の点と関連して，ワーク・ライフ・バランスの究極的な目標は，仕事と私生活の「調和」である。本章では「バランス」という言葉を用いてきたが，どのようなバランス施策を展開するにせよ，めざすべき到達点は「仕事と生活の調和」である。「天秤」に比喩されるバランスは，デリケートで崩れやすい印象が強い。持続可能性の観点からも重要なことは，いかにバランス・ポイントをみつけるかではなく，どうすれば仕事と私生活を通して従業者が幸福感を実感することができるかである。

　第3に，ワーク・ライフ・バランスの支援策を設計する場合，その阻害要因をいかに取り除くかも同時に検討する必要がある。支援策を展開すれば，阻害要因が消滅するとは限らない。特に，阻害要因が「期待感」や「考え方」など，職場風土に埋め込まれている場合，それらの除去は容易ではない。しかし，どれほど優れた支援策も，阻害的な土壌のもとで展開される限り，効果には限界がある。このことは組織文化の変革とも関連する。

　第4に，ワーク・ライフ・バランス施策は，間接的な組織パフォーマンス向

上の手段であることを認める必要がある。確かに，ワーク・ライフ・バランス施策の展開により従業員のウェルビーイングが高まれば，仕事に対する意欲や生産性も向上するという議論は，先行研究によっても支持されている（松原・脇坂 2005）。しかし，この間接効果は「コスト削減→収益向上」という直接的な効果とは異なる。大切なポイントは，間接的な効果と直接的な効果を分けて考え，ワーク・ライフ・バランスのように間接的な手段にも組織パフォーマンスの向上効果があることを認めることである。

第5に，ワーク・ライフ・バランス概念は抽象的であるため，その望ましさは理解できても，具体的に何をすればよいのかわかりにくいという問題を生みやすい。今後，問題をより具体的に把握しアクションをおこすためには，ワーク・ファミリー・コンフリクト等，複数の視点からアプローチすることも大切になると思われる。このことは，従業員の日常的な葛藤経験に目を向けることで，実際に人々がどのような支援を必要としているかを把握するという意味も持つ。

そして最後に，組織文化の変革に成功する企業が，最終的には，ワーク・ライフ・バランスの「勝ち組」になるという点である。大切なことは，いかに「日常的」かつ「恒常的」なワーク・ライフ・バランスを実現するかで，支援制度だけではその目標達成は困難だろう。そのための鍵は組織文化の変革にある。

注
(1) 『「ワーク・ライフ・バランス」推進の基本的方向報告――多様性を尊重し仕事と生活が好循環を生む社会に向けて』男女共同参画会議　仕事と生活の調和（ワーク・ライフ・バランス）に関する専門調査会，2007年7月。
(2) Fletcher & Bailyn (2005) はコンピタンス（competence）という言葉を用いているが，コンピタンスには明確な定義がなく（永井 2007），この言葉を用いると読者に誤解を生む可能性があるため，ここではより一般的に「従業員能力」という表現を用いる。
(3) 産業・組織心理学や家族社会学の領域では，「ワーク・ファミリー・コンフリクト」という用語が一般的で，「ワーク・ライフ・コンフリクト」と表現されることは少ない（ただし，稀なケースとして Rice et al. 1992; Ruderman 2005）。

(4) Standards of Excellence Index はボストン大学の Center for Work and Family により開発された測定ツールで，70以上の項目から構成されている。

参考文献

内閣府（2006）『少子化社会白書（平成18年版）』。

永井隆雄（2007）「業績評価基準としてのコンピテンシー」『産業・組織心理学研究』第21巻，第1号。

松原光代・脇坂明（2005）「米英における両立支援策と企業のパフォーマンス（Ⅰ）」『学習院大学経済論集』第41巻，第4号。

吉田悟（2001）「ワーク・ファミリー・コンフリクトの規定要因に関する検討——主要研究レビュー」『人間関係学研究2　大妻女子大学人間関係学部紀要』。

脇坂明（2007）「総論」電機連合総合研究企画室『電機連合21紀生活ビジョン研究会報告（電機総研研究報告書シリーズ No. 10)』。

Argyris, C. (1976), *Increasing Leadership Effectiveness*, New York, NY : Wiley-Interscience.

Christensen, P. M. (1997), "Towards a Comprehensive Work/Life Strategy," in S. Parasuraman and J. H. Greenhaus (eds.), *Integrating Work and Family : Challenges and Choices for a Changing World*, Westport, CT : Praeger, 25-37.

Fletcher, J. K., and Bailyn, L. (2005), "The Equity Imperative : Redesigning Work for Work-Family Integration," in E. E. Kossek and S. L. Lambert (eds.), *Work and Life Integration : Organizational, Cultural, and Individual Perspectives*, Mahwah, NJ : Lawrence Erlbaum, 171-189.

Gambles, R., Lewis, S. and Rapoport, R. (2006), *The Myth of Work-Life Balance : The Challenge of Our Time for Men, Women and Societies*, London : Wiley.

Greenhaus, J. H., and Beutell, N. J. (1985), "Sources and Conflict Between Work and Family Roles," *Academy of Management Review*, 10, 76-88.

Harrington, B., and James, J. B. (2006), "The Standards of Excellence in Work-Life Integration : From Changing Policies to Changing Organizations," in M. Pitt-Catsouphes, E. E. Kossek, and S. Sweet (eds.), *The Work and Family Handbook : Multidisciplinary Perspectives and Approaches*, Mahwah, NJ : Lawrence Erlbaum, 665-683.

Lobel, S. A. (1991), "Allocation of Investment in Work and Family Roles : Alternative Theories and Implications for Research," *Academy of Management Review*, 16, 507-521.

Parasuraman, S., Purohit, Y. S., Godshalk, V. M., and Buetell, N. J. (1996), "Work and Family Variables, Entrepreneurial Career Success, and Psychological Well-being," *Journal of Vocational Behavior*, 48, 275-300.

Pleck, J. H. (1977), "The Work-Family Role System," *Social Problems*, 24 (4), 417-427.

Rice, R., Frone, M. R., and McFarlin, D. B. (1992), "Work-Nonwork Conflict and the Perceived Quality of Life," *Journal of Organizational Behavior*, 13, 155-168.

Ruderman, M. N. (2005), "Connecting Theory and Practice," in E. E. Kossek and S. L. Lambert (eds.), *Work and Life Integration: Organizational, Cultural, and Individual Perspectives*, Mahwah, NJ: Lawrence Erlbaum, 493-512.

Schein, E. H. (1985), *Organizational Culture and Leadership*, San Francisco, CA: Jossey-Bass.

Thompson, J. A., and Bunderson, J. S. (2001), "Work-Nonwork Conflict and the Phenomenology of Time," *Work and Occupations*, 28, 17-39.

第6章　定年延長か継続雇用か？
　　　——60歳定年以降の雇用延長——

　　　　　　　　　　　　　　　　　　　　　　　　　　八　代　充　史

1　高齢者雇用と雇用延長

高齢者雇用確保の必要性

　この章では，日本の労働市場を念頭に置いて60歳以降の雇用延長について考えたい。人口の高齢化にともなって，高齢者の雇用機会を確保することが重要な政策課題になっている。早期退職促進制度が整備されている欧州や随意的雇用，年齢差別禁止法に基づく米国とは状況が異なり，高齢化の速度が急速な日本では，就業継続と漸進的な引退が必要であり，高齢者の就業希望率が高いことは広く知られている。

　特に厚生年金支給開始年齢が60歳から65歳に引き上げられたことにともなって，「雇用」も「年金」もないという空白期間を解消するため，現行の法定定年年齢である60歳から65歳までの雇用延長が求められている。もちろん，高齢者雇用の手段は個別企業の雇用延長には留まらない。外部労働市場の活用によって雇用機会を確保することも可能である。しかし，日本では労働市場が個別企業毎に「分断」されていることを前提にすれば，個別企業の対応が重要である。即ち，60歳から65歳への雇用延長は企業内労働市場を活用した高齢者の雇用機会確保に他ならないのである。

　しかし，雇用延長は，こうした「マクロの高齢者雇用を達成するためのミクロの対策」という側面に留まらない。労働市場における少子高齢化の進展によって企業は新規学卒者の中心の体制から女性や高齢者を一層活用することが必要になっており，したがって雇用延長は人的資源管理の面から見ても合理的

高齢者雇用と定年制

ところで，先に「法定定年年齢」という言葉を用いたが，圧倒的多数の企業に定年制が存在する。定年制とは一定年齢で従業員が強制的に企業から退職しなければいけない制度であり，高齢者雇用，特に企業の雇用延長について考える際には，定年制の存在を避けて通ることはできないのである。

この章の論点は，以下の通りである。

①定年制とは何か，また人的資源管理上どの様な役割を果たしているのか？
②60歳以上へ雇用を延長するためには，どの様な選択肢が存在するのか？
③雇用延長によって生じる問題として，どの様な点が挙げられるだろうか？

以下では，こうした観点から60歳定年以降の雇用延長について考えることにしよう(1)。

2　定年制

定年制とは

まずこの節では，定年制について検討しよう。定年制とは「一定年齢で従業員を強制的に企業から退職させる制度」であり，就業規則または労働協約によって規定されている(2)。

厚生労働省大臣官房統計情報部編（2006）を見ると，95.3％とほとんどの企業に定年制があり，うち一律定年制を定めている企業は98.1％である。法律的には，定年制を実施すること自体は企業の自由であるが，一度定年制を実施する際は，後述する高年齢者雇用安定法の規定によって，60歳未満の定年年齢は無効とされている。後述するが，2006年から施行された高年齢者雇用安定法によって企業は，①65歳への定年延長，②60歳定年到達後65歳までの継続雇用，③定年制の廃止，の何れかを選択しなければならなくなっている。

定年制の2つの機能

こうした定年制には、つぎの2つの側面がある。まず、一定年齢に達した従業員を一律に解雇できる定年制は、雇用調整機能を担っていることである。

この点を詳しく説明しよう。日本の労働基準法では、解雇権は企業の権利として認められており、解雇制限的な条項は存在しない。しかし、これは実体法の話であって判例上は解雇権濫用法理と呼ばれる厳しい法理が確立している。即ち企業が雇用調整のために整理解雇を行う際には、①人員削減が企業経営上の高度の必要性に基づいていること、②人員削減措置を実施する前に、配転、一時帰休、希望退職者募集等解雇を回避する措置が行われていること、③被解雇者の選定が妥当なものであること、④労働組合または労働者に対する協議の実施、等4点を踏まえなければならない（佐藤・藤村・八代 2007：54）。それを無視して解雇を行うことは法律上問題ないが、万一被解雇者が裁判に訴えた場合は、敗訴を覚悟しなければならない。もちろんこの点に関しては、裁判という手段を取る者は限られている、したがってそのリスクを負えば解雇できるという意味で、「日本は解雇しにくい社会ではない」という見方も存在する（神尾 1999：56-57）。しかし少なくとも社会的対面を重視する大企業が、こうしたリスクを侵してまで解雇すると考えるのは現実的ではないだろう。

こうしたことが明らかな様に、一定年齢に達した従業員を一律に解雇できる定年制は企業にとって雇用調整の重要な手段なのである。

他方、定年制は、日本的雇用制度の象徴であった。定年年齢で満額支払われる退職金や「賃金後払い」と言われる年功賃金は、労働者に同一企業に勤め続けるインセンティブを与えた。また、定年までの長期的な雇用関係の下で、企業はある時は賃金を生産性よりも高く、ある時は低く設定することによって、人材育成を行ってきた。即ち定年制は、「定年年齢による一律的解雇」と共に定年年齢までの雇用保障機能という側面をも合わせ持っていたのである。

定年制の経済分析

今述べた点を、より詳細に検討しよう。アメリカの経済学者ラジアは定年制の経済理論を構築している（清家 2000：60-80）。

ラジアの問題意識は、「企業が労働者から労働意欲を引き出すためには、自

第Ⅱ部　環境の変化と人材活用の課題

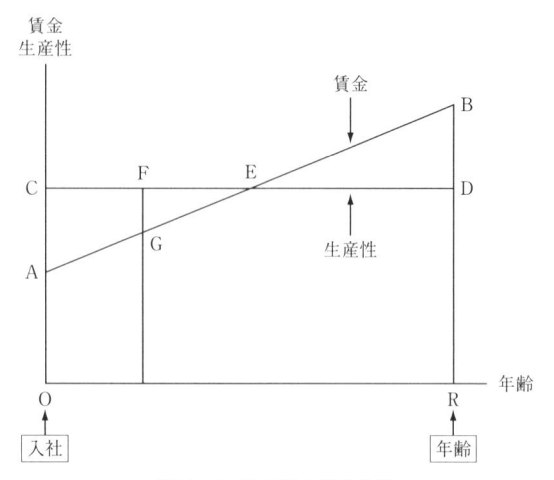

図6-1　定年制の経済分析
（出所）　清家（2000：63）に加筆・修正。

発性に頼るのではなく，それが労働者にとって合理的な行動になるような仕組みを作る必要がある」というものである。そのための仕組みとしてラジアが重視するのが，年齢・勤続に従う右肩上がりの賃金カーブ（日本的に言えば「年功賃金」）に他ならない。そして，一生懸命仕事をすれば賃金が上がっていく反面，怠けが見つかれば解雇され，市場で得られる賃金しかもらえないということになれば，「勤勉即ち合理的行動」となる。しかし賃金が右肩上がりに上がっていけばいつかは賃金の方が生産性より高くなり，今度は企業にとって好ましくない事態が生じる。したがってラジアは，こうした関係を清算するため定年制による強制退職が必要になると考える。

これを図6-1に即して説明しよう。ここで横軸に平行して書かれている直線CDは，労働者の生産性（正確には限界生産力）である。この図は，生産性が職業生涯を通じて一定であることを表しているが，仮に生産性が右肩上がりであるとしても議論の本質は変わらない。直線ABは年齢－賃金プロファイルであり，△ACEは賃金が生産性よりも低い時期の賃金総額の減少分を，また△BDEは賃金が生産性より高い時期の賃金総額の増加分を，各々示している。その際市場賃金は経済学の基本命題に従えば生産性に等しいから，先の平行線に重なっている。職業生涯を通じて金額の変わらない市場賃金を選択するか，

或いは右肩上がりの賃金を選択するかは、個人の嗜好（経済学では効用曲線と言う）によって規定されている。

この議論の中心は、職業生涯の前半、即ち市場賃金よりも低い賃金に甘んじた労働者はそれを職業生涯の後半において市場賃金よりも高い賃金を受け取る、そして、2つの△の面積が等しいところで定年年齢が設定されていることである。もし賃金が生産性よりも低い段階で解雇されると、「右肩上がりの賃金コース」から「市場賃金コース」に移行するから一見賃金は上がるように見える。しかし、「市場賃金コース」で職業生涯を全うする者の賃金は総額で□OCDRであるが、図6-1から明らかな様に「右肩上がり賃金コース」から「市場賃金コース」に移行した者は賃金総額が必ず□ACFGの分だけ少なくなる。したがって労働者からすれば、「右肩上がりの賃金」を一度選択したら、怠けをせずに定年まで勤めることが合理的な行動となるのである。こうしたラジアの理論は、定年制と年功賃金という日本の雇用制度の特徴を経済学的に説明できるという点で、きわめて優れたものと言えるだろう。

定年制と年齢差別

これまで述べたのは経済学の助けを借りた定年制分析であったが、他方この問題は労働法ではどの様に考えられるのか。労働法では、従業員をその属性によって合理的な理由無く不利益な取り扱いをすることに対しては、様々な規制がなされている。代表的なものとして、性による差別を禁じた男女雇用機会均等法が挙げられる。

しかし、「年齢」による異なる取り扱いは長年規制の対象とはなっておらず、したがって求人に際して年齢制限があることが、中途採用や女性、高齢者の労働市場への再参入の妨げになっていた。

この点米国では1967年に年齢差別禁止法が制定され、雇用の全ての局面において、年齢を理由とする使用者の差別行為が禁止されることになった。この法律は20名以上の雇用者を持つあらゆる雇い主に適用されている。また、欧州連合も加盟各国に対して雇用に関して年齢による差別をしない措置を講じる様に指令を発しており、定年制を維持することは難しくなっている。

日本でも、年齢差別のうちで求人に関する年齢制限は規制の対象となった。

2001年10月から施行された改正雇用対策法では、求人募集や採用に当たって企業が年齢制限を行うことを原則禁止した。

しかし年齢差別の今一つの重要な側面は定年制であり、一定年齢で強制的に企業を退職させる定年制は年齢差別であるとして、経済学者を中心に撤廃が主張されている。これについては、第4節で再度検討しよう。

3 60歳への定年延長

定年延長の経緯

次に具体的な定年年齢について述べることにしたい。定年年齢は、オイルショック以前は主に55歳であったが、1975年以降は60歳への定年延長が社会的潮流となった。

定年延長を促したのは、次の2点である。第1は、個別企業に定年延長を行うメリットが存在したことである。定年年長のメリットとして挙げられたのは熟練労働力を継続して活用できることや、従業員の一体感の醸成といった点である(高年齢者雇用開発協会 1983:1-25)。高度成長期においては、上記の理由から企業が自主的に定年を延長した事例も存在するのである。

しかし、1970年代以降の定年延長は、主として高齢化の進行にともなう行政施策として進められた。労働行政が定年延長を主導した背景には、日本の労働市場では定年到達後の再就職が困難なこと、また仮に再就職が可能であっても賃金水準が大幅に下落することが挙げられる。先述した様に、定年延長は企業内労働市場における企業特殊的能力を前提にした高齢者雇用であり、これは日本の雇用政策で個別企業における雇用保障が重視されていることの帰結であると言えるだろう。

こうした考え方に基づいて、「昭和60年60歳定年」が政策の基本目標となり、労働省による行政指導と共に高年齢者雇用開発協会による高齢者雇用の普及啓蒙活動が行われた。そして昭和61年には、高年齢者雇用安定法の施行に伴い60歳以上定年年齢が努力義務化された。さらに1998年、同法の改正によって60歳以上定年年齢が法定義務化され、60未満の定年年齢は無効となっている。

定年延長にともない、個別企業は人的資源管理上で様々な対応を採ることを

余儀なくされた。人的資源管理の基本は，入職から定年退職に至るまで「一貫した人事管理」（「雇用審議会答申」第16号）の中で行われている。したがって，人的資源管理上の対応は定年延長該当者に留まるものではなく，従業員全体に対して行われざるをえないのである。

以下では，高年齢者雇用開発協会（1983, 1984, 1985），に依拠しながら，この点を①企業内の対応，②企業グループ内の対応，③企業グループを超える対応，という3つの側面から検討しよう。

定年延長と人的資源管理――企業内の対応

第1に，企業レベルの対応としては，役職定年制，専門職制度，資格制度などの新しい人事制度の導入や，賃金カーブの抑制と言った施策が挙げられる。[3]

まず役職「定年制」とは，一定年齢で役職を離脱させる制度であり，本来ならば旧定年年齢で退職する筈の管理職が，定年延長によって現職に留まることから生じる人事の停滞を防ぐために導入された。こうした「擬似定年年齢」を設けざるをえなかったのは，役職離脱の抵抗がそれだけ大きいからである。総合商社の場合，役職離脱年齢を迎えた従業員にはその段階で退職金が支払われ，給与は大幅に減少する。即ち，企業は従業員に企業に留まるよりも社外に活躍の場を求めることや，後述する出向・転籍を選択するのが合理的になる制度設計をしていたのである。この年齢が「第一次定年」と呼ばれた所以である。

次に，高齢化による昇進機会の閉塞にともない高齢者の活用を目的とした人事制度が，専門職制度や資格制度である。当初，資格制度は管理職ポストに就けない者の処遇という「動機づけ」の側面が中心であったが，資格と従業員の結びつきが強まった結果能力開発という「効率」の側面をも合わせ持つことになった。

しかし，資格制度は，あくまでも従業員の社内での相対的な位置関係を表すものであり，従業員に活躍の場を与えるものではない。この点，従業員の専門能力の活用を目的としたのが専門職制度であるが，実際にはこうした「本格的専門職制度」は少数であり，大多数の管理職ポストにつけない者の処遇を目的とした「処遇的専門職」は充分機能しなかった。

定年延長と人的資源管理——企業グループ内の対応

ところで,定年延長への企業の対応としては,こうした企業内の人的資源管理の変更と共に企業グループ内への労働移動が重要である。

本来定年延長とは,従業員の高齢化に対応して雇用期間を延長することである。しかしこうしたタテマエとは裏腹に,実際は雇用期間を延長したくないというのが企業のホンネである。実際,大企業に勤める雇用者ほど年齢の高まりにともなう雇用の減少度合いが大きいという(八代(尚) 1997:201-202)。一体,定年延長該当者に何が起こったのだろうか。

ここで,出向・転籍について一言しよう。「出向」とは,出向元に籍を置いたまま出向先で仕事をするという就業形態である。親会社に籍はある,しかし仕事をするのは異動した先の関連会社で,給料も仕事をしている関連会社から支払われる,ただし,期限が来れば親会社の人事権によって本社に復帰することもある,これが典型的な出向である。これに対して,名実共に異動した企業に籍が移るのが「転籍」である(高年齢者雇用開発協会 1983, 1984, 1985)。

これまで,出向・転籍は,外部労働市場を経由しない雇用調整の役割を果たしてきた。親企業で雇用が困難になった従業員は,関連企業に出向・転籍するという形で,雇用が確保されるからである。この議論を高齢者雇用に援用すれば,定年延長による雇用期間の延長は人件費負担の増大につながり,企業にとっては望ましくない,さりとて,先述した整理解雇の法理に従えば,「解雇」することはできない。その結果彼らは関連企業への出向・転籍という形で失業を経由せずに異動することによって,「調整」されていくのである。

この場合従業員の賃金は出向元企業の水準が維持されるが,出向先企業が負担するのは自社の水準まで,従って「出向先」と「出向元」の水準の差額は,出向元が「出向料」という形で負担するのが一般的である。[4]

出向・転籍と早期退職優遇制度

しかし,失業という形態を採らない雇用調整であれば,出向・転籍以外にも早期退職優遇制度が存在する。早期退職優遇制度とは,就業規則上の定年年齢前に自己都合で退職する者に対して割増退職金を支払う制度である。元来,退職金というのは,長期勤続を奨励するための制度であり,定年年齢で満額が支

給される。また同じ勤続年数でも，自己都合の退職者は会社都合退職者よりも退職金の支給金額が少ない。したがって退職金を割増支給することは，従業員に退職を奨励するという意味合いを持っている。実際，厚生労働省大臣官房統計情報部編（2003）によれば，従業員規模5,000人以上規模企業では57.3％の企業が早期退職優遇制度を導入している。先述した様に，出向期間中に企業が出向者の人件費を負担し続けることを考えれば，早期退職優遇制度の方が人件費コストを節約できる場合も少なくないだろう。

しかし，両者の甲乙は，必ずしもコスト面だけにあるのではない。この点，石田英夫は出向・転籍と早期退職優遇制度の違いについて，重要な指摘を行っている（高年齢者雇用開発協会 1983：21）。定年延長を企業内労働市場とすれば，出向・転籍は準企業内労働市場である。つまり，他企業への移動にもかかわらず，あたかも社内移動に準じる形で，人事権を行使できるのである。他方早期退職優遇制度による退職は純粋に個人の意志によるものだから，企業は誰が退職するかを統制することはできない。

その結果，出向・転籍は「出向させたい人」を異動させられるのに対し，早期退職優遇制度は「辞めて欲しくない人が退職し，辞めて欲しい人が退職しない」という状況が生じかねない。これが経済学で「逆選択」と呼ばれている現象であり，逆に言えば出向・転籍という選択肢がなくならない理由でもある。

定年延長と人的資源管理――企業グループを超える対応

ところで，高年齢者雇用開発協会（1985：81）によれば，出向先の約8割は子会社・関連会社といった関連企業であった。しかし，従業員の年齢構成が高齢化し，出向・転籍への「需要」が増大する一方，各々の関連企業ではプロパー層の育成が行われた結果，受け入れポストの「供給」は伸び悩んでいる。その結果出向・転籍に関する需給ギャップは拡大し，関連企業の「人件費倒産」を引き起こしかねない状況に陥る企業も見られた。

したがって，出向・転籍者の予備軍を大量に抱える総合商社では，彼らの受け皿を関連企業以外に求めることを余儀なくされた。伊藤忠商事では，1980年に再就職情報の提供や再就職斡旋のために人事部内に「人事相談チーム」を設立し，1982年にはキャリア・プランニング・センターとしてこれを別会社にし

たのである (高年齢者雇用開発協会 1984：98-100)。早期退職優遇制度と比べた出向・転籍のメリットを享受しながら，関連企業の人件費倒産を回避しようとすれば，これは当然の帰結であろう。

近年一部の人材ビジネスでは，出向・転籍をビジネスとして行っている。たとえばR社は，大企業の50歳代の人材を，出向という形態で中堅・中小企業に送り出している。また，こうした企業系列以外への出向・転籍を公的に支援している機関が産業雇用安定センターである (高年齢者雇用開発協会 1998：21-31, 40-52)。こうしたビジネスは単なる高齢者雇用対策ではなく，労働市場のマッチングという重要な役割を果たしている。

4　60歳以降の雇用延長

雇用延長の選択肢

60歳への定年延長と平行して，次に問題となったのは60歳代前半層の雇用をどの様に確保するかということであった。その理由は，先述した様に60歳代前半層の就業意欲が高いことや老齢厚生年金支給開始年齢が60歳から65歳へ引き上げられることである。既に1980年代から，行政でも60歳台前半層の雇用対策が検討課題となっていた (労働省職業安定局高齢者対策部編 1985)。この点，65歳現役社会研究会 (1997) は，①定年延長，②再雇用・勤務延長制度，③エージレス社会，という3つの選択肢を提示した。

まず第1は，55歳から60歳への定年延長と同様に，定年年齢を60歳から65歳へ延長するというものである。ただし，定年延長は「賃金後払い」期間の長期化を意味するから，現行賃金体系を維持したまま定年延長を行うことは企業にとっては望ましくない。更なる定年延長を行うためには現行賃金体系の見直しが不可欠だが，それによって怠けを防止するという年功賃金の機能が損なわれてしまうのが問題である。

また60歳への定年延長は，関連企業への出向・転籍を促進したが，65歳まで定年を延長した場合，雇用保障を従来の様に企業グループ内で行うことができるか否か，さらに55歳から60歳への定年延長に比べて，60歳から65歳への定年延長は体力的な個人差が大きくなるのではないかということが問題点として指

摘されていた。

　第2の選択肢は，60歳から65歳への雇用延長を定年延長でなく，再雇用・勤務延長制度（以下「継続雇用」と称する）で行うことである。企業からすれば，定年到達時点で退職金を支払っているのでその後の雇用形態は非正規従業員となる，したがって人件費コストを削減し，労働時間を弾力化することができる。労働者の側にも，他の給付との兼ね合いを付けやすく，労働時間を弾力化できるというメリットがある。

　継続雇用制度は，「希望者全員に適用する」，「企業が対象者を選別する」という2タイプがあり，前者は後者に比べて賃金体系の見直し」，「退職金制度の見直し」，「長期的視野に立ったキャリア形成の体系化」，「新しい勤務形態の導入」などの点で人的資源管理を修正した企業が多くなっている（東京都労働経済局職業安定部 1998：6）。

　これまで述べた定年延長，継続雇用制度は，製造業では技能伝承の手段としても重要である。日本の高度成長期を担った重厚長大産業では，従業員の大量定年退職時代を迎え，技能を如何に若手に伝承するかが，重要な課題となっている。これとは別に，労働力不足に対応するため60歳から65歳に定年を延長する企業も見られる[6]。

　ところでこうした選択肢は，いずれも「65歳」までの雇用延長を実現することを前提していた。これに対して，目指すべきは年齢による人的資源管理から脱却し，年齢に関係なく能力に応じて働ける「エージレス社会」であるというのが第3の選択肢である。

エージレス社会は可能か？

　この点，先に述べた様に経済学者によって定年制の撤廃が主張されているが，その議論は以下の諸点を留保する必要がある[7]。

　まず第1点は，従来の賃金体系を前提にエージレス雇用を行えば，企業の人件費負担が大幅に増大するであろうということ。第2点は，先述した様に定年制は現在企業にとって雇用調整の重要な手段であり，それを撤廃した場合，企業はどの様な形で雇用調整を行うのかということである。第3点は，企業の人員計画が定年制を前提になされていることである。なぜなら，一定年齢で企業

を退職する定年制の下では退職者数の把握が容易であり，人員計画が立て易いからである。したがって，上記の問題を解決するためには，定年制の撤廃と引き替えに「年齢以外の基準」による解雇権を拡大し，また従来の年功的処遇を大幅に見直すことが不可欠である。果たしてそれは，定年制の経済分析の観点から可能だろうか。

さらに問題であるのは，定年制と引き替えに拡大するとされている解雇権は何を基準に行われるのかという点にある。「年齢」に代わる解雇基準は，「能力」，「成果」ということになるが，成果主義賃金が制度として導入されても，運用に様々な問題を引き起こしている現状からすれば，この点を達成するのは容易なことではない。

実際，玄田（2001）は60歳定年制の企業は61歳以上の一律定年制の企業に比べて，人事考課上の問題を抱えている企業が多く，また定年延長や定年制廃止のためには専門職制度を導入する必要性が高くなっていると述べている。これまで，55歳から60歳への定年延長や60歳から65歳への継続雇用制度の導入に際して，様々な人的資源管理上の修正が行われたことは既に指摘した通りである。

しかし60歳を超える定年延長には人事考課や専門職制度という課題があり（これ自体は60歳への定年延長の際にも問題になったが），定年制そのものの撤廃は，解雇基準の明確化というこれまでとは大きく異なる問題に直面する。したがって，単に能力・成果主義を導入するだけでなく，人的資源管理の大幅な見直しが行われない限りその実現は難しいと言わざるをえない。

雇用延長の選択肢と雇用吸収力

ここでは60歳以降の雇用延長に関する3つの選択肢，即ち，①定年延長，②継続雇用，③エージレス雇用，を「雇用吸収力が最も高いのはそれか」という観点から検討しよう。

まず，定年延長は，雇用契約に切れ目がないので，継続雇用に比べて安定的な雇用延長の手段と言える。しかし定年延長とは，当然ながら「正規従業員」として雇用を延長することだから，給与は月給制である代わりに労働時間は企業から「指定」されている。他方，継続雇用の賃金は，多くの場合時給或いは日給であり，労働時間は正規従業員より短くなるのが一般的である。

これは高齢者雇用という点から言えば，次の2つの点で好ましい。まず高齢者の側から見れば，労働時間が正規従業員に比べて短いため，自らの体力や生活時間或いは在職老齢年金などの公的給付を勘案して労働時間を決めることができる。他方企業側からすれば，継続雇用者は多くの場合正規従業員ではないので福利厚生費等労働費用に占める固定部分のウェイトは低い，したがって，正規従業員に比べて労働時間に比例して人件費コストを弾力的に調整できるだろう。

　このことは，継続雇用は定年延長に比べ他の条件が等しければ高齢者雇用というパイをより多くの労働者間で分かち合えることを意味している。即ち，継続雇用制度は，高齢者雇用の「ワークシェアリング」に他ならないのである。ワークシェアリングとは，「仕事の分かち合い」，即ち1人当たりの労働時間を短くして，従来の1人分の労働費用でそれ以上雇えるようにすることである。しかし，正規従業員の場合労働時間の削減と労働コストの削減は必ずしも明確に対応しているわけではない。たとえば，所定労働時間は半分になってもそれで労働費用が半分になるとは必ずしも言えない。所定労働時間が短くなっても，労働費用の約2割を占める福利厚生費はそのままだからである。この点定年到達によって福利厚生等の固定費用が大幅に減少する継続雇用制度は，正にワークシェアリングにかなったものと言えるだろう。継続雇用制度には「希望者全員適用型」と「企業選別型」の2つのタイプがあることは先述した通りであるが，雇用吸収力が高いのは明らかに「希望者全員適用型」であろう。継続雇用制度のタイプについては，後で再び取り上げることにしたい。

　それでは，エージレス雇用についてはどうか。先に述べた様に，エージレス雇用の前提は「年齢に基づく処遇」が存在しないことである。したがって，高齢者雇用の絶対量は，個別企業の基準を満たした高齢者がどの程度存在するか，彼等の労働能力がどの程度維持されるかによって規定される。

　しかし，個別企業から「年齢に基づく処遇」が消滅する以前に行政が「エージレス雇用政策」を実施したとすればどうか。この場合は，「成果に基づく処遇」が確立されていない状況で「年齢に基づく解雇」を否定するわけだから，短期的雇用吸収力は先に挙げた3つの選択肢の中で最も多くなるだろう。問題は，それが労働市場にどの様な影響を与えるかである。

第Ⅱ部　環境の変化と人材活用の課題

5　継続雇用制度と人的資源管理改革

雇用延長に関する3つの選択肢

2006年4月には、高年齢者雇用安定法の改正によって、企業は2013年度までに段階的に雇用延長年齢を65歳まで引き上げることを義務づけられた。具体的には65歳現役社会研究会報告書が提示した選択肢と全く同様、60歳定年到達者の雇用に関しては、①65歳への定年延長、②60歳定年を前提にした65歳までの継続雇用、③定年制廃止（つまりエージレス）、という3つの何れかを選択することになった。[8][9]65歳までの継続雇用は、「希望者全員型」と「企業選別型」に分かれることは、繰り返し述べた通りである。継続雇用に関しては、公的助成金制度が用意されている。

しかし、厚生労働省が2007年10月に公表した「高年齢者雇用確保措置の実施状況」によれば、高年齢者の雇用確保措置を実施済みの企業の中では85.8％の企業が継続雇用制度の導入によって対応している。[10]従業員の高齢化が進行する中労働力不足に直面している企業にとって、高齢者を即戦力として活用できる反面、60歳定年到達に伴って賃金制度を正社員から非正社員を対象にしたものに移行させ、結果として労働コストを弾力化することができるというのが、その偽らざる理由であろう。

継続雇用制度の実態

ここでは、継続雇用制度の実態について検討しよう（「高齢者継続雇用対策専門サイト」）。

まず継続雇用制度は、①勤務延長制度、②再雇用制度、の2つに分けられる。勤務延長制度とは、定年到達者を退職することなく、引き続き雇用する制度である。他方、再雇用制度とは、定年到達者を一端退職させ、再び雇用する制度を言う。

次に継続雇用制度の形態であるが、あくまで原則は希望者全員をその対象にすることである。ただし例外として、労使協定によって制度の対象となる労働者の基準を定めた時は、希望者全員を対象にしないことが認められている。

もっとも労使で協議して定めたものであっても、事業主が特定の従業員を恣意的に排除しようとするなどの意図が明らかな場合はその限りではない。

以上の点を厚生労働省大臣官房統計情報部編（2007）で見ると、一律定年制のある企業のうち継続雇用制度のある企業は90.2％、その内訳は再雇用制度66.7％、勤務延長制度12.6％、両制度のある企業が10.9％である。希望者全員を継続雇用する企業割合は、再雇用で43.2％、勤務延長で58.1％であり、残りの企業は「職務遂行能力」等の基準を設けている。

次に継続雇用制度の詳細を見ると（労働政策研究・研修機構 2007：36-54）まず継続雇用の対象者については、「原則として希望者全員」24.6％、継続雇用制度の対象者の基準に適合する者」72.2％と、後者が圧倒的に多くなっている。対象者に対する基準の具体的内容は、「健康上支障がないこと」（88.7％）、「働く意思・意欲があること」（83.5％）が多いが「出勤率、勤務態度」（62.7％）、「一定の業績水準」（57.4％）を挙げる企業も過半数を超えている。こうした基準や手続きを定めているのは、「就業規則」が33.1％、次いで「労使協定」27.7％となっている。

継続雇用者の勤務形態としては、「フルタイム」（89.1％）、「フルタイムより勤務日数が少なく、1日の勤務時間は同じ」（26.3％）、「フルタイムと勤務日数は同じで、1日の勤務時間が短い」（22.2％）、「フルタイムより勤務日数が少なく、1日の勤務時間も短い」（18.7％）となっており、複数の勤務形態が並存していることが分かる。

継続雇用後の仕事内容に関しては、「通常、定年到達時の仕事内容を継続」が71.9％と大多数であるが、「各人によって異なる」とした企業も23.3％あることも事実である。

最後に継続雇用後の年収水準は、「定年到達時の年収とほぼ同程度」とした企業は6.5％に過ぎず、圧倒的多数の企業では年収が低下する。「定年到達時の年収の8～9割程度」が14.8％、「定年到達時の年収の6～7割程度」44.4％、「定年到達時の年収の半分程度」が20.4％となっている。

人的資源管理上の問題点

以下では、こうした継続雇用制度が、人的資源管理にどの様な影響を与える

まず，継続雇用制度の実施に伴う人事管理上の対応は「特に行っていない」とした企業が52.2％と最も多いが，実際採られたものとしては「賃金体系の見直し」が36.6％で最も多くなっている。この点を継続雇用制度利用率（継続雇用者数の定年到達者数で除したもの）別に見ると，「賃金体系の見直し」，および割合的には1割に満たないものの「退職金制度の見直し」が，継続雇用制度利用率が高い企業ほど多くなる。継続雇用制度の形態別には，「希望者全員に適用する」は「企業が対象者を選別する」に比べ人的資源管理の修正を余儀なくされた企業が多くなっている。具体的には「賃金体系の見直し」，「退職金制度の見直し」，「長期的視野に立ったキャリア形成の体系化」，「新しい勤務形態の導入」などである。これに対して，「特に行っていない」は，希望者全員型で41.6％に対して企業選別型では54.7％と大きな開きがある。

　これまで述べた点は，企業が継続雇用制度の導入に伴って，「対象層の限定」という量的調整と「雇用制度の修正」という質的調整のどちらを重視しているかという観点から説明できるだろう（八代（充）1997：18）。前者は，従業員の年齢構成と組織構造とを一致させるために，或いは人件費コストの増大を抑制するために，企業内に留まる者とそうではない者を選別することである。他方後者は，企業内に留まる者に対して対象者の選別を行わない代わりに賃金・雇用面の修正を施すことである。

　前者の典型はこれまでの大企業である。先述した様に大企業に勤める雇用者ほど年齢に伴う雇用の減少が大きいのは，関連企業への出向・転籍によって従業員構成を調整できるからである。こうした企業は，継続雇用を制度として導入しても，そもそも適用者が少ないので実質的な問題は生じなかった。

　これに対して，「対象層の限定」を行わない企業は（その理由は，出向・転籍や早期退職優遇制度による調整が困難である，従業員の年齢構成がそれを許容しないなどの点が考えられる），実質的な雇用期間が延長される結果，「賃金体系」，「退職金」，「長期的キャリア形成」などについて，制度を修正せざるをえない。

　企業が継続雇用制度の導入に際して希望者全員型か企業選別型かのどちらを選ぶかは，こうした点を踏まえて決定されるべきだろう。

6 継続雇用制度と残された問題点

雇用延長と「同一労働・同一賃金」

　この章では，60歳への定年延長や60歳以降の雇用延長について様々な側面から検討した。最後にこの節では，今後残された問題としてどの様な点があるかを指摘したい。

　まず，これまで継続雇用制度が定年延長に比べコスト安であることを繰り返し指摘したが，このことは人的資源管理上新たな問題を引き起こす。なぜなら，企業が自主的であれ行政の要請に基づくものであれ継続雇用を行うとすれば，継続雇用者に今までの経験を活かした仕事をしてもらいたいと考えるのが最も理にかなっている。先の東京都の調査によれば，継続雇用制度を実施する利点は「定年到達者の専門的な業務知識を活用できる」（75.6％），「定年到達者の専門的な技術・技能を活用できる」（66.7％）が圧倒的に多くなっている（東京都労働経済局職業安定部　1998：6）。

　しかし「これまでの経験を活かせる仕事」に配置することは，多くの場合「これまでと同じ仕事」に配置することにならざるをえない。この点は，先の継続雇用者の仕事内容に関する調査結果から見ても明らかである。他方定年到達者の賃金が継続雇用にともない低下するということは，実は正規雇用か継続雇用かという雇用形態の違いのために，仕事は同じにもかかわらず賃金が低下することを意味している。これは，同じ仕事をしている正社員とパートタイマーの間の賃金格差と同様に，「同一労働同一賃金」という労働市場の原理原則に反すると言わざるをえない。

　したがって，60歳定年到達者の継続雇用に際して賃金調整を行うのであれば，従来の経験を生かせる仕事をさせるのは当然として，たとえば「営業部長」だった者を「営業専任部長」にして，管理的責任を免除するなど，賃金の低下が説明できる様な職責の変更を行うことが必要であろう。

雇用延長の現役世代への影響

　第2点であるが，60歳以降の雇用延長は現役世代，つまり定年到達前の在籍

者の雇用と無関係ではあり得ない。現在厚生労働省は，労働力不足に対応するため70歳まで継続して雇用する企業に対して助成金の支払い等財政的支援を検討している（『日本経済新聞』2007年8月24日）。しかし企業全体でパイの増大が大きく期待できない中でさらなる雇用延長がなされれば，現役世代への影響はなおさらであろう。また先に継続雇用制度は高齢者雇用のワークシェアリングであると述べたが，高齢者雇用を可能にするために現役世代の調整がなされる場合もある。たとえば新日鉄労連は現役世代の労働時間短縮によって生じる雇用機会を60歳以降の雇用延長者に振り分けるという独自のワークシェアリングを春闘で提案しているのである（『朝日新聞』2002年2月22日）。

これまで，企業の採用形態の中心は新規学卒採用であった。こうした採用形態は60歳以降の雇用延長によって，今後どの様になるだろうか。労働力不足に直面しており，職場で人材育成に余裕のない企業は，時間の掛かる新規学卒者よりも，即戦力でかつコストの安い高齢者の雇用を優先するだろうか。この点は，新規学卒者と定年到達者の賃金格差にもよるだろう。

ただし，企業にそうした選択肢を与えているのが，過去に採用された新規学卒者が育成された結果であるとすれば，安易にこうした選択をすることは間違いなく中途採用に依存し過ぎる企業と同様の弊害をもたらすだろう。今後，企業が少子高齢化の中高齢者を活用することは合理的な行動であるが，同時に労働力の年齢構成のバランスに配慮することを忘れてはならない。

雇用延長とモラル・ハザード

最後に，これまで述べた「高齢者の活用＝企業の合理的行動」と矛盾するが，大企業ホワイトカラーの場合，第3節で述べた様に中高齢者は出向・転籍によって準企業内労働市場である子会社，関連会社に異動するか，或いは早期退職優遇制度を活用して第2の人生を選択するのが一般的である。逆に言えば，関連企業に異動しない，自ら退職することもしない者は「親企業が出しにくい」か或いは「先方から請われない」か，何れにせよ活躍先の見つからない者なのである。

とすれば，ホワイトカラーの定年到達者は，業種によっても異なるが，役員やラインの部長を除けば少なからずがこうした「ロー・パフォーマー」であり，

正にこうしたロー・パフォーマーに対して，60歳以降の雇用延長が適用されているのである。仮に定年到達以前に量的な調整が行われており，結果として雇用延長の適用者が少数であるとしても，パフォーマンスが低い者程雇用期間が長くなることは，究極のモラル・ハザードであると言わざるを得ない。したがってこうしたモラル・ハザード解決するためには，やはり継続雇用制度の決定に際して何らかの選別の余地を残すことが不可欠であろう。

注
(1) この章の記述の一部は，八代（充）（2003, 2008）に依拠している。
(2) 日本の近代産業において定年制が最初に設定されたのは1887年，海軍火薬製造所である。その後，明治後期には機械工業や金属工業の大企業を中心に普及の輪を広げ，大正年間に入るとその他の多くの産業に普及し始める。定年制が普及するにともない，一律に定年年齢を決める「一律定年制」の他に，「男女別定年制」や「資格別定年制」などが設置されるなど，定年制の分化現象が見られるようになった。その後昭和の戦時体制において定年制は一時中止されるが，第2次大戦後，戦地からの引き揚げによって労働力が過剰になり，企業は過剰な中高年労働力を整理するために定年制を復活したり，新たに導入し始めた。高度成長期の1964年になると，従業員規模1,000人以上企業における定年制の実施率はほぼ100％に近づいたが，その後の高齢化によって従来主流だった55歳から60歳への定年延長が行われた（菊野 1988：161-170）。
(3) 高年齢者雇用開発協会が，1984年1月に上場企業，非上場企業計約3,000社に行った「高齢化と人事管理に関する調査」によれば，資格制度を「設けている」企業は64.8％，専門職制度を「設けている」企業は31.2％，役職定年制を「実施している」企業は24.9％である（高年齢者雇用開発協会 1984：20）。
(4) 「高齢化と人事管理に関する調査」で出向者の賃金について見ると，最も一般的なのは出向元企業と出向先企業の同一年齢の賃金格差は「貴社（出向元：筆者注，以下同様）の賃金の方が概して高い」（50.9％），出向者の賃金の決め方は「貴社での賃金に合わせる」（93.4％），出向者の賃金負担については「出向先企業が自社水準を負担，残りを貴社が負担する」（39.4％），となっている（高年齢者雇用開発協会 1984：36）。
(5) 「高齢化と人事管理に関する調査」で早期退職優遇制度・選択定年制を実施している企業は，22.5％である（高年齢者雇用開発協会 1984：20）。
(6) 実際，鉄鋼，機械，電機など製造業各社では，団塊世代の大量退職を前に技能伝

承を進めている。石川島播磨重工では，定年退職者を再雇用して教官にする動きが見られる（『日本経済新聞』2006年4月19日）。

　　イオンは，人手不足への対応として，大手流通業で初めて（フルタイム勤務を前提に）65歳まで定年延長を行う（『日本経済新聞』2006年12月26日）。
(7)　定年制の是非に関する議論については玄田（2001），佐野・宮本・八代（充）編（1999），清家（2000），（社）長寿社会文化協会（2001），などを参照されたい。
(8)　法改正の過程では65歳への定年延長の法制化という議論もなされたが，日本経営者団体連盟（現日本経済団体連合会）は「現実的ではなく絶対反対」であることを強調し，「従来型処遇システムのまま高齢者雇用を行えば，新規学卒者の雇用を過大に抑制することになりかねない」としていた（『週刊労働ニュース』1999年1月19日）。
(9)　なお，雇用延長の引き上げスケジュールは，以下の通りとなっている。（「高齢者継続雇用対策専門サイト～定年延長対策センター」）。

　　平成18年4月1日～平成19年3月31日　　62歳
　　平成19年4月1日～平成22年3月31日　　63歳
　　平成22年4月1日～平成25年3月31日　　64歳
　　平成25年4月1日～　　　　　　　　　　65歳
(10)　ちなみに「定年の定めの廃止」の措置を講じた企業は，2.1％「定年の引上げ」の措置を講じた企業は12.1％となっている。

参考文献

神尾真知子（1999）「法律から見た終身雇用と整理解雇」佐野陽子・宮本安美・八代充史編『人と企業を活かすルールしばるルール』中央経済社，第3章。

菊野一雄（1988）「定年制」中条毅・菊野一雄編『日本労務管理史1　雇用制』中央経済社，第7章。

玄田有史（2001）『仕事のなかの曖昧な不安』中央公論新社。

厚生労働省大臣官房統計情報部編（2003）『平成15年版雇用管理調査報告』労務行政研究所。

厚生労働省大臣官房統計情報部編（2004）『平成16年版雇用管理調査報告』労務行政研究所。

厚生労働省大臣官房統計情報部編（2006）『平成18年就労条件総合調査』厚生労働省。

厚生労働省大臣官房統計情報部編（2007）『平成19年就労条件総合調査』厚生労働省。

(財)高年齢者雇用開発協会（1983）『一貫した人事管理に関する事例調査研究報告書』。

(財)高年齢者雇用開発協会（1984）『高齢化・定年延長と人事管理に関する調査研究

報告書』.
(財)高年齢者雇用開発協会 (1985)『高齢化社会における人事管理の展望に関する調査研究報告書』.
(財)高年齢者雇用開発協会 (1998)『高年齢者の再就職に係る職域拡大に関する調査研究報告書』.
「高齢者継続雇用対策専門サイト——定年延長対策センター」(http://www.teinen65.com/)
佐藤博樹・藤村博之・八代充史 (2007)『新しい人事労務管理 (第3版)』有斐閣.
佐野陽子・宮本安美・八代充史編 (1999)『人と企業を活かすルールしばるルール』中央経済社.
清家篤 (2000)『定年破壊』講談社.
(社)長寿社会文化協会 (2001)『自分で決める定年を考える研究会報告書』.
東京都労働経済局職業安定部 (1998)『高齢者の継続雇用制度確立に関する調査報告書』.
日本労働研究機構 (2001)『「雇用をめぐる法と経済」研究報告書』.
八代充史 (1997)「これからの高齢者雇用を考える」『労働経済月報』12月号.
八代充史 (2003)「高齢者雇用政策と人的資源管理」日本労働研究機構『実践的な労働政策のありかた,手法を求めて』第4章.
八代充史 (2008)「60歳以降の雇用延長と人的資源管理」『雇用開発とうきょう』第4号.
八代尚宏 (1997)『日本的雇用慣行の経済学』東洋経済新報社.
労働政策研究・研修機構 (2007)『高齢者継続雇用に向けた人事労務管理の現状と課題』.
労働省職業安定局高齢者対策部編 (1985)『60歳台前半層雇用対策研究会報告書』大蔵省印刷局.
65歳現役社会研究会 (1997)『65歳現役社会の政策ビジョン』大蔵省印刷局.

第Ⅲ部

非典型社員と外部人材の活用

第7章　非典型雇用の人材活用
――非典型雇用の仕事とその割り振り――

佐　野　嘉　秀

1　非典型雇用の仕事をみる視点

　近年における日本の人材活用の大きな変化の1つとして，多くの企業が，パート社員や契約社員など，いわゆる正社員とはちがう働き方の人材を活用するようになったことがあげられる。また，派遣社員や請負社員など，人材派遣事業や請負事業を営む人材ビジネス企業に雇用され，実際に仕事を行う職場のある勤務先（派遣先や請負先）の企業とは雇用関係を結ばずに働く人材を活用する企業も増えてきている。

　これらの働き方は，雇用契約の期間に定めがあったり，労働時間が短かったり，勤務先の企業とは雇用関係を結ばなかったりといった特徴をもつ。その点で，勤務先の企業と期間の定めのない雇用関係を結び，フルタイムで勤務する典型的な働き方とは，異なる働き方といえる。そこで，こうした非典型的な働き方を総称して，非典型雇用（atypical employment）と呼ぶことがある（Meulders, Plasman and Plasman 1994；Industrial Relations Service 1995；佐藤 1998；鈴木 1998；小倉 2002；佐野 2004）。

　この章では，このような働き方に従事する非典型雇用者の企業における活用に焦点をあてることにしたい。そして特に，企業が非典型雇用者に担当させる仕事の範囲と，各人への仕事の割り振りの実態について実証的なデータをもとにあきらかにしてみたい。

　企業が非典型雇用者を活用するうえでは，職場にある仕事のうち非典型雇用者にどのような範囲の仕事を担当させるか，また，非典型雇用者として働く各

人に対してどのように仕事を割り振り，経験させていくかという選択を適切に行うことが，仕事の質や効率，人材の育成にとって重要となる（佐野 2002a, 2002b；朴・平野 2008）。

　というのも，すでに述べたように，非典型雇用は，日本ではいわゆる正社員にみられる典型雇用とは，働き方の特徴が異なる。そうした特徴に応じて，非正社員に担当させる仕事の範囲を決めたり，非典型雇用者に仕事を割り振ったりするうえで，正社員に対してとは異なる配慮が必要となることが多いと考えられるためである。

　非典型雇用のうち，たとえば，企業と有期の雇用契約を結ぶ有期雇用者の場合，必ずしも長期の勤続を期待することができない。また，派遣社員では，業務の種類により派遣先の同一職場で活用できる期間が法律により限定されている。そのため，長期の企業内キャリアを想定し，高度な仕事に従事させることを前提とした教育訓練への投資を行うことが効率的でない場合がある。このほか，働く時間帯や曜日などが狭く限定されているパート社員には，時間帯により変化する仕事に幅広く対応してもらう必要が小さいことも考えられる。さらに，請負社員の場合，職場での具体的な仕事の割り振りは，請負社員に対して指示や命令を行うべき，請負会社側の管理者やリーダーなどが行うことになっている。

　また，派遣社員や請負社員といった外部人材を雇用し賃金を支払うのは人材ビジネス企業である。そのため，派遣先や請負先の企業としては，賃金制度の工夫をつうじて外部人材に対して仕事へのインセンティブを直接あたえることはできない（島貫・守島 2004）。このほか，非典型雇用に従事する人の中には，仕事に限定的な関わり方を求め，明確に定められた範囲の仕事を担当することを希望したり，責任の重いポジションの仕事を担当したりすることを望まなかったりする人も少なくない[1]。

　このように，非典型雇用の働き方は，雇用関係の継続性や労働時間，指揮命令や評価処遇制度の担い手，働く人の仕事への関わり方に関する意識などの点で，正社員にみられるような典型的な働き方とは異なる特徴をもっている。すなわち，長期の雇用関係や残業をともなうフルタイム勤務，自社による指揮命令や評価処遇制度の設計と運用，仕事への非限定的な関わり方などを前提とす

るような正社員とはちがう働き方である。そこで，非典型雇用者に対しては，正社員に対してとは異なる仕方で仕事を担当させることが，人事管理上，効果的であることが多いと考えられる。

日本において，上記のような正社員の働き方の特徴は，特に，正社員について長期の雇用慣行が普及している大企業において，典型的にみられると考えられる（仁田 2003）。それゆえ，とりわけ大企業においては，正社員と非典型雇用者とのあいだで，何らかの基準をもとに仕事にちがいを設け，両者のあいだに異なる仕事の範囲やキャリアを用意することが適切であることが多いと考えられる。

そこで，この章では，主として大企業を中心に実施された調査データをもとに，日本における正社員と非典型雇用の人材のあいだでの，仕事の担当のさせ方のちがいについて，その実態をあきらかにしてみたい。

ところで，非典型雇用者の担当する仕事を決めるプロセスは，大きく2つの側面に分けることができる。1つは，企業や事業所，職場を単位として，非典型雇用者に担当させる仕事の範囲を決めていく側面である。企業や事業所，職場にある仕事の中で，一定の範囲の仕事を正社員のみが担当するようにし，それ以外の仕事を非典型雇用者に担当させる。それにともない，非典型雇用の仕事の範囲が決まってくる。

非典型雇用者の担当する仕事を決めるプロセスのもう1つの側面は，そうした非典型雇用の仕事の範囲をふまえつつ，非典型雇用者の各人に対して個別に仕事を割り振る側面である。非典型雇用者に対する日常の仕事の割り振りのなかで，各人の働き方や技能，仕事意識を考慮しながら，人材の有効活用や育成の観点から個別に仕事を割り振るプロセスがこれにあたる。

もちろん，これら，①非典型雇用の仕事の範囲の設定と，②非典型雇用者への個別の仕事の割り振りとは，相互に密接に関わりあっている。企業や事業所，職場の方針として，非典型雇用の仕事の範囲がまず決められるような場合には，それを前提として，非典型雇用者の各人に対して個別に仕事の割り振りがなされる。他方で，非典型雇用者の各人に個別に仕事が割り振られる中で，非典型雇用者が全体として担当する仕事の範囲が決まってくる場合もあろう(2)。

とはいえ，分析のうえでは，①非典型雇用の仕事の範囲の設定と，②非典型

雇用者への個別の仕事の割り振りとを区別してみることができる。この章では，このような2つの側面，すなわち，①非典型雇用の仕事の範囲をどのように設定しているかという側面と，②そうした仕事の範囲の中で，非典型雇用者の各人に対してどのように個別に仕事を割り振っているかという側面のちがいに注意をはらいつつ，非典型雇用者が担当する仕事の実態をあきらかにしたい。

2 非典型雇用の仕事に関する既存研究

　非典型雇用の仕事の範囲に関する研究としては，アトキンソン（Atkinson 1985）による「柔軟な企業モデル（Flexible Firm Model）」に関する研究があげられる。この研究では，製品・サービス市場の不確実性を前提とした予測しがたい労働需要の変動に対処するため，常用フルタイム勤務の非典型雇用者と，短時間勤務者や有期雇用者，派遣社員といった非典型雇用者を組み合わせて活用する人材活用のモデルが提示されている。

　同モデルにおいて，企業は，典型雇用者からなる「中核（core）グループ」に対しては，「企業特殊的な技能を発揮しつつ，企業活動の要（key）となる職務，裁量性が高く高度な判断をともなう職務」を担当させ，他方，非典型雇用者からなる「周縁（periphery）グループ」には，「企業特殊的でない技能を発揮し，企業にとって副次的な職務，裁量性が低く高度な判断をともなわない定型的な職務」を担当させるとしている。企業内での仕事の位置づけや仕事の性質に即して，典型雇用者と非典型雇用者の仕事の範囲のちがいを説明している点で，重要な先行研究といえる。[3]

　この「柔軟な企業モデル」に対しては，モデルが生み出された英国の文脈において，モデルに対応した現実があるかどうかについての一連の実証的な研究が行われた（Hakim 1990；Hunter et al. 1992, 1993；Marginson et al. 1988；McGregor et al. 1992；Pollert 1987, 1988）。[4] ただし，その主な論点は，市場の不確実性に対処するための「新しい戦略」に基づく非典型雇用の活用が実際にあるかという点にあった。そのため，モデルが示すような典型雇用者と非典型雇用者の仕事の分担関係についての実証的な研究は必ずしもすすんでいない。アトキンソンの研究自体も，モデルに対応した非典型雇用者の仕事の実態を実証的な

データに基づいて示してはいない（Atkinson 1985, 1986）。

日本の文脈での典型雇用と非典型雇用の組み合わせによる人材活用に関するモデルとしては，新・日本的経営システム等研究プロジェクト編（1995）による「雇用ポートフォリオ」があげられる。同モデルでは，企業が雇用する人材を「長期蓄積能力活用型グループ」「高度専門能力活用型グループ」「雇用柔軟型グループ」の3つの区分に分けている。そして，これらを組み合わせて人材活用をはかることで，経済環境の変化に対処するというアイデアが示されている。これらのグループのうち，「長期蓄積能力活用型グループ」は，期間の定めのない雇用契約に基づく長期継続雇用の対象とされる。他方，「高度専門能力活用型グループ」は，必ずしも長期雇用を前提としない人材であり，有期雇用契約を想定している。また，「雇用柔軟型グループ」は，短期勤続を想定し有期雇用契約を結ぶ人材とされる。したがって，「長期蓄積能力活用型グループ」は典型雇用，「高度専門能力活用型グループ」と「雇用柔軟型グループ」は非典型雇用の働き方とみることができる。

同モデルでは，これら各グループの仕事やキャリアのあり方に関し，「長期蓄積能力活用型グループ」については「管理職・総合職・技能部門の基幹職」，「高度専門能力活用型グループ」については「専門部門（企画，営業，研究開発など）」，「雇用柔軟型グループ」については「一般職・技能部門・販売部門」の「定型的業務から専門的業務まで」といった対応関係を提示している。典型雇用と非典型雇用の区分ごとに，職種や部門，キャリア（「総合職」と「一般職」の区別など）を異なるかたちで設定する人材活用のあり方を提示しているといえる。

とはいえ，このモデルが提示された文献は，実務家向けに今後の人事管理のあり方について提案をするという性格が強く，モデルに対応する実態についてあきらかにしているわけではない。日本の企業において，モデルが提示するように，仕事やキャリアに応じた典型雇用および非典型雇用の区分の設定がどのように広がっているか。また，それに対応して，非典型雇用の仕事の範囲がどのように決められているかについては，実証的な資料をもとにあきらかにする必要がある。

非典型雇用の仕事の範囲に関する実証的な研究としては，パート社員の基幹

労働力化に関する一連の研究がある（脇坂 1986；中村 1989；青山 1990；三山 1991；本田 1993, 1998, 2007；東京都産業労働局 2002；武石 2002）。これらの研究は、パート社員を特に数多く活用する業態であるチェーンのスーパーや飲食店などを主な対象として、パート社員の仕事内容が高度化しつつあるという傾向と、それに対応したパート社員の仕事内容の実態をあきらかにしている(5)。たとえば、先駆的な研究の1つである中村（1989）は、パート社員の中に、定型業務を中心に担当して正社員を補完するタイプ（「補完パート」）だけでなく、勤続を積む中で仕事内容を高度化させるタイプ（「基幹パート」）がみられることをあきらかにしている。

最近の研究としては、本田（2007）が、「質的なパート基幹化」を「職場におけるパートタイマーの仕事内容や能力が向上し正社員のそれに接近していることを示す」と定義している。さらに、「質的なパート基幹化」を、「周辺（補助）作業」から「基幹作業」へという動きと、「定型作業」から「非定型（管理）作業」へという動きに分けている。そして、これら2つの側面について、チェーンストアの事例をもとに、パート社員の仕事内容の高度化の実態をあきらかにしている。

また、武石（2002）は、パート社員よりもより広く、契約社員を含む非正社員の基幹労働力化をあつかっている。この研究では、「基幹的な仕事」の内容を「管理業務（部下の管理や職場の管理）」、「指導業務（職場の他の社員の指導・育成）」、「判断をともなう業務（決められたパターンにしたがって業務を遂行するのではなく、状況判断が業務遂行に求められる非定型的な業務）」の3つに分ける。そのうえで、従来は正社員が担当してきたこれらの仕事を非正社員が担っていく動きを「基幹労働力化」と位置づけ、百貨店や対人サービス業などを含む幅広い業種の事例をもとに、非正社員の仕事内容の高度化の実態をあきらかにしている。

これらパート社員を中心とする非正社員の基幹労働力化に関する一連の研究は、非正社員が担当する仕事の範囲の実態について、事例調査やアンケート調査の結果を用いて実証的にあきらかにしている。その点で、非正社員の仕事の範囲を知るうえでの重要な既存研究といえる。

しかし、これらの研究では、非正社員の担当する仕事の内容に主な焦点があ

てられている。そのため，企業が他方で正社員の仕事の範囲やキャリアをどのように設計しているかについては，あまりあきらかにしていない。
「柔軟な企業モデル」や「雇用ポートフォリオ」のモデルが示唆するように，企業が非正社員の仕事の範囲を決めるうえでは，合わせて，正社員の仕事内容やキャリアをどう設定するかについての配慮が働いていると考えられる。それゆえ，非正社員の仕事の範囲の性格について理解するうえでは，正社員の仕事やキャリアと関連づけて，その実態を位置づけることが重要と考える。

このほか，既存研究においては，非典型雇用のうち，派遣社員や請負社員の仕事の範囲についてあまりあきらかにされていない[6]。また，非典型雇用の仕事の範囲をふまえつつ，非典型雇用者に対してどのように仕事が割り振られているかについても十分な研究の蓄積がないといえる。

以下では，アンケート調査と事例調査のデータをもとに，正社員の仕事やキャリアとのちがいや関係に着目しながら，非典型雇用の仕事の範囲についてあきらかにする。また，特に非典型雇用の中心となる非正社員について，企業によるかれらへの仕事の割り振りの実態をあきらかにしたい。

3　非正社員の仕事とその割り振り──アンケート調査から

非典型雇用のうち，企業が雇用し，正社員とは異なる区分として位置づけている働き方を以下では，通例に従い「非正社員」と呼ぶことにする。非正社員には，パート社員やアルバイト社員，契約社員，嘱託社員，期間社員などの多様な呼称の働き方が含まれる。日本の特に大企業は，非正社員を3カ月，6カ月，1年といった有期の雇用契約のもと雇用することが一般的である。また，正社員と比べて短い労働時間で雇用契約を結ぶことも多い。これらの点で，非正社員は，有期雇用や短時間雇用といった非典型雇用としての性格をもつことが多いといえる。

以下ではまず，そうした非正社員の仕事の範囲や仕事の割り振りに関わる企業の方針や事業所レベルでの実態に関して，企業および事業所を対象としたアンケート調査から概要をあきらかにしてみたい。

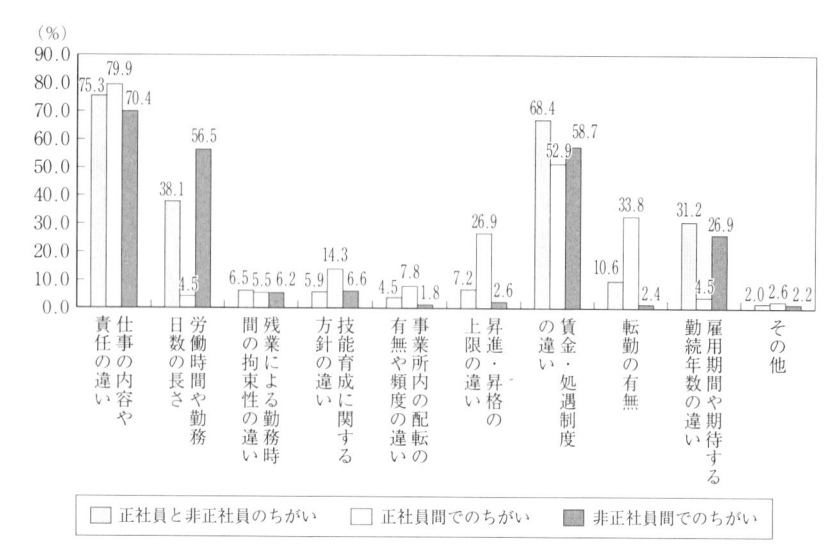

第Ⅲ部　非典型社員と外部人材の活用

図7-1　正社員と非正社員の区分を設ける理由およびそれぞれに複数の雇用区分を設ける理由（複数回答，3つまで）

(出所)　佐藤・佐野・原（2003）。

正社員と非正社員とを分ける理由

　ところで，そもそも日本企業はどうして，自社が雇用する人材を正社員と非正社員の区分に分けて活用しているのだろうか。これについて，図7-1は，大手企業を中心とする企業の人事担当者を対象としたアンケート調査の結果である。企業が，正社員と非正社員の区分を設ける理由およびそれぞれに複数の区分を設ける理由について複数回答（3つまで選択）で聞いた結果を集計している。

　図7-1から，正社員と非正社員のあいだおよびそれぞれの中に異なる区分を設ける理由として，「仕事の内容や責任の違い」をあげる企業の割合が最も高い。これに「賃金・処遇制度の違い」がつづく結果となっている。また，正社員と非正社員とを分ける理由，および非正社員の中で区分を分ける理由としては，これに次いで「労働時間や勤務日数の違い」をあげる企業が多い。

　集計結果からは，企業が，自社の雇用者を「仕事内容や責任」の異なるいくつかのグループに分け，それに応じて異なる賃金・処遇制度を適用するために，

雇用者を複数の区分に分ける場合が多いことが分かる。このことは，正社員と非正社員の区分を分ける理由としてもあてはまる。

非正社員の仕事に関わる企業の方針

上のような結果からは，正社員と非正社員の区分のあいだで，「仕事内容や責任」にちがいを設ける方針をとる企業が多いことが読み取れる。それでは，より具体的に，企業は正社員と非正社員の「仕事の内容や責任」をどのように分けているだろうか。

この点に関して，以下の表7-1と表7-2は，同じアンケート調査から，企業が正社員および非正社員と位置づける区分の特徴を集計したものである。調査では，人事担当者に，社内で「正社員」ないし「非正社員」と位置づけている主な雇用区分をそれぞれ3つまであげてもらい，各区分について制度上の取り扱いや人事管理上の方針をたずねている。

① 昇進できるポジションの上限

まず，表7-1は，正社員と非正社員の区分について，昇進できるポジションの上限をきいたものである。正社員では，「第2次考課を行うポジション以上」とする区分の割合が最も高い（54.8％）。ただし，正社員の区分であっても，「第1次考課を行うポジション」（15.2％）や「部下を指導するポジション」（14.5％）を昇進の上限とする区分や「管理的ポジションにはつかない」（11.6％）区分もみられる。これは，正社員の中で複数の区分を設ける場合に，制度上，昇進の上限について制約を設ける区分を設定する場合があることを示すと考えられる。

非正社員では，「管理的なポジションにつかない」とする区分の割合が最も高く78.9％をしめる。これから，企業の多くは，非正社員を管理的なポジションに配置していないことが分かる。企業の多くは，人事評価や部下の指導といった管理的なポジションでの仕事を正社員の仕事として位置づけ，非正社員には担当させない方針をとっていることが読み取れる。

とはいえ，非正社員の昇進の上限を「部下を指導するポジション」とする区分も一部にみられる（10.9％）。これから，非正社員に対して，人事評価の権限

第Ⅲ部　非典型社員と外部人材の活用

表7-1　他の区分に転換せずに昇進できる管理的ポジションの上限：
「正社員」「非正社員」別（雇用区分別集計）

（単位：%）

	第2次考課を行うポジション以上	第1次考課を行うポジション	部下を指導するポジション	管理的ポジションにはつかない	NA	N
「正社員」	54.8	15.2	14.5	11.6	3.8	964
「非正社員」	3.4	3.0	10.9	78.9	3.8	1194

（出所）　連合総合生活開発研究所（2003）。

表7-2　技能育成上の主な方針（複数回答）：
「正社員」「非正社員」別（雇用区分別集計）

（単位：%）

	長期的な視点から計画的に幅広い技能を習得させる	長期的な視点から計画的に特定の技能を習得させる	業務の必要に応じてそのつど技能を習得させる	定型的業務をこなせる程度に技能を習得させる	簡単な仕事を任せるので技能育成は特に考えない	即戦力を採用するので技能育成は特に考えない	NA	N
「正社員」	53.0	43.2	42.4	16.2	0.9	4.4	2.3	964
「非正社員」	2.6	6.9	30.6	38.6	20.5	23.8	3.3	1194

（出所）　連合総合生活開発研究所（2003）。

まではあたえないものの，部下を指導するような管理的な仕事を担当させている企業があることも確認できる。

② 育成上の方針

つぎに，表7-2は，正社員と非正社員それぞれの区分の人材育成のあり方について，主な方針を複数回答で答えてもらった結果である。これをみると，正社員については，「長期的な視点から計画的に幅広い技能を習得させる」（53.0%）や「長期的な視点から計画的に特定の技能を習得させる」（43.2%）といった方針をとる場合が多い。また，「業務の必要に応じてそのつど技能を習得させる」とする方針の区分も42.4%をしめる。

他方，「非正社員」では，「定型業務をこなせる程度に技能を習得させる」方針の区分が最も多い（38.0%）。これに「業務の必要に応じてそのつど技能を習得させる」（30.6%），「即戦力を採用するので技能育成は特に考えない」（23.8%），「簡単な仕事を任せるので技能育成は特に考えない」（20.5%）と

いった方針の区分がつづく。

　正社員の区分と非正社員の区分を比較すると，正社員の区分では，「長期的かつ計画的に幅広い技能」ないし「特定の技能を習得させる」技能育成の方針をとる場合が多いことが特徴的といえる。一方，非正社員に対しては，そうした長期的な育成の方針をとらず，「定型業務をこなせる程度に技能を習得させ」たり，「業務の必要に応じてそのつど技能を習得させ」たりといった育成方針をとることが多い。

　このように，企業の多くは，正社員について，企業内での長期的なキャリア形成を前提に技能の習得をさせる方針をとっている。これに対応して，正社員に対しては，徐々に高度な仕事を担当させる取り組みを積極的に行うなど，育成を考えた仕事の割り振りを行う企業が多いと考えられる。これに対し，非正社員については，そのような長期的なキャリアを想定せず，定型的な仕事に従事させたり，当面の業務上の必要に応じて仕事を割り振ったりしている企業が多いことが読みとれる。

4　外部人材の仕事の範囲

　非典型雇用のうち，派遣社員や請負社員は，就労する勤務先の企業とは雇用関係をもたない。その点で，かれらを活用する企業にとっては，自社の雇用関係の外のある外部人材といえる。企業は，こうした外部人材の仕事の範囲をどのように設定しているだろうか。以下では，外部人材の中でも，とくに生産現場で生産関連の職種に従事する請負社員や派遣社員に焦点をあて，その仕事の実態についてみることとしたい。生産関連の職種は，事務系の職種と並んで，外部人材の活用の規模が大きい職種といえる。

　図7-2は，電機産業の職場を対象としたアンケート調査の結果をもとに，職場における正社員と請負社員の仕事の分担について，仕事内容ごとに集計したものである。図7-3から，「3年程度の経験を要する仕事」や「正社員キャリアに経験を要する仕事」，「工程設定・切替」，「機械故障への対応」，「設備の保守・管理」は，「正社員のみが行う」もしくは「主に正社員が行う」とする職場が多い。

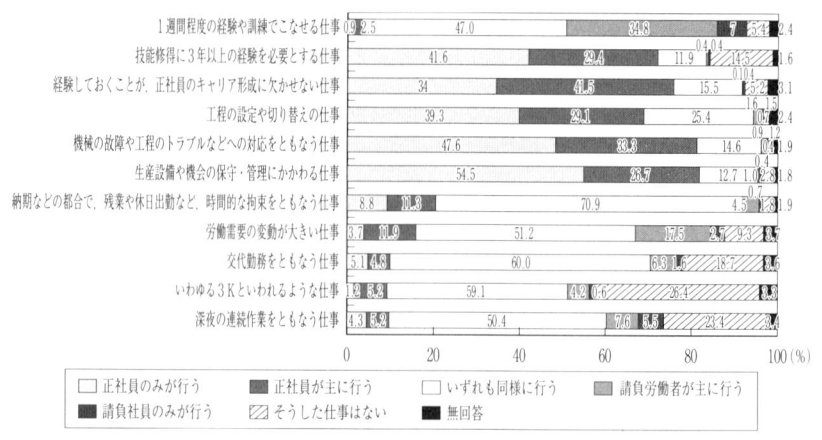

第Ⅲ部　非典型社員と外部人材の活用

図7-2　正社員と請負労働者の業務分担（複数回答）N＝670

（出所）　佐藤・佐野・藤本・木村（2004）。

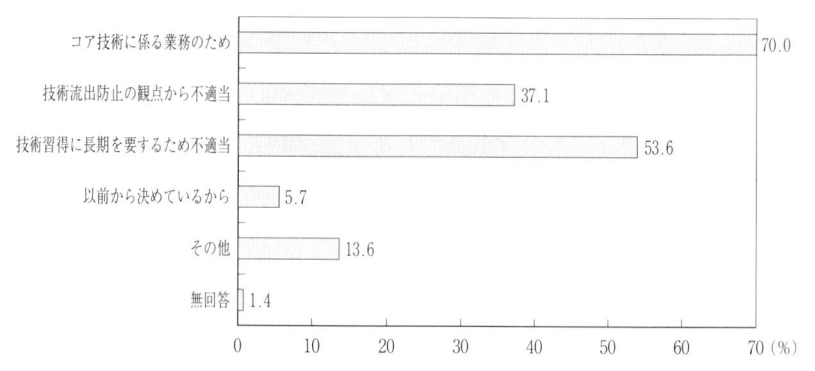

図7-3　外部人材を活用しないと決めている理由（複数回答）N＝140

（出所）　経済産業省（2007）。

- コア技術に係る業務のため　70.0
- 技術流出防止の観点から不適当　37.1
- 技術習得に長期を要するため不適当　53.6
- 以前から決めているから　5.7
- その他　13.6
- 無回答　1.4

　他方,「1週間程度でこなせる仕事」や「納期対応残業等時間拘束等伴う」,「労働需要変動大」,「交替勤務を伴う」,「いわゆる3K」といった仕事は,正社員と請負社員とが「いずれも同様に行う」とする職場が多い。また,「1週間程度でこなせる仕事」については「主に請負労働者が行う」とする職場も少なくない。

　こうした集計結果から,習得までに長期の経験を要するような高い技能を必要とする仕事については,正社員のみもしくは正社員に主として担当させてい

る職場が多いことが確認できる。「工程設定・切替」や「機械故障への対応」，「設備の保守・管理」といった仕事は，そうした仕事の例であると考えられる。また，このほか，そのような仕事の技能修得のために経験させておくことが重要な仕事についても，正社員に主として担当させている職場が多い。他方，正社員と比べて職場での勤続期間が短いことの多い外部人材に対しては，長期の経験を要さない仕事を中心に担当させていることが分かる。

さらに，図7-3は，電機産業にかぎらず広く工場長を対象とした調査の集計結果である。工場で外部人材（請負社員および派遣社員）に担当させない仕事がある場合に，その理由についてたずねた結果を集計している（複数回答）。なお，調査対象の工場のうち，そのような仕事がないとする工場が57.6％，あるとする工場が34.9％であった（無回答は7.5％）。

図7-3から，外部人材に対して特定の仕事を担当させない理由としては，「コア技術に係る業務のため」や「技能習得に長期を要するため」，「技術流出防止の観点から」といったものが主となっている。

技能習得に長期の経験を要する仕事のほか，工場の「コア技術」に関わる仕事，外部人材に担当させることで重要な技術が流出するリスクが高いと考えられる仕事については，外部人材に担当させず，正社員もしくは直接雇用の非正社員に担当させている工場が少なくないことが読み取れる。外部人材は，必ずしも長期の活用が期待できないことが多い。そのため，上記のような性格をもつ仕事については，長期の勤続が期待できる正社員を中心に担当させている事業所が多いものと考えられる。

とはいえ，他方で，上述のように，外部人材に担当させていない仕事がないとする事業所も57.6％と多い。非正社員の場合と同様，外部人材の仕事の範囲についても，事業所ごとにちがいがみられる。

5　正社員のキャリアと非正社員の仕事

第3節での分析から，非正社員については，主として管理的ポジションへの登用をともなわない範囲の仕事に従事させていることが多い。とはいえ，非正社員に担当させる仕事の範囲は，企業により異なり，一部には，非正社員を管

表7-3 人材活用の類型と対応事例

人材活用の類型	対応事例
㋑正社員管理・現場非正社員型	B社（外食産業），F社（小売業）
㋺正社員現場活用・仕事共有型	E社（銀行業），G社（小売業）
㋩正社員現場活用・非正社員仕事限定型	C社（食品製造），H社（小売業）

理的ポジションに配置しているところもあった。

　この節では，このような非正社員の担当する仕事についての多様性を整理して理解するうえで，非正社員の仕事の範囲に関していくつかの類型をつくり，事例調査からその実態をみていくこととしたい。[8]

　ところで，同じく第3節でみたように，企業の多くは，正社員については管理的ポジションへの昇進を伴う長期的なキャリアを用意している。したがって，正社員にとって，管理的なポジションに配置される前に担当する現場第一線の仕事は，各人のキャリアの初期の一定の期間に担当するかたちをとることが多いと考えられる。

　そして，特に非正社員を積極的に活用する企業や事業所の中には，正社員を採用後，短い期間のうちに管理的ポジションに登用する。そして，非正社員を，現場第一線の幅広い範囲の仕事の主な担い手として活用するところもあると考えられる。他方で，正社員を現場第一線の仕事の主な担い手として位置づける企業や事業所では，正社員がより長期にわたり現場で働くようなキャリアが組まれる。そして，非正社員に担当させる仕事の範囲をより狭くしている場合もあろう。

　このように考えると，非正社員の仕事の範囲は，企業が，現場第一線の仕事の担い手として正社員をどのように位置づけ，正社員の初期キャリアをどのように設計するかということと関連をもつと考えられる。

　そこで，以下では，正社員の仕事やキャリアと非正社員の仕事の範囲との関係に着目していくつかの類型をつくり，事例調査の資料をもとに，それぞれに対応する実態をあきらかにしてみたい。そのうえで次節では，類型ごとに，非正社員の各人への仕事の割り振りの実態を事例の即してみていくことにする。なお，類型と事例との対応関係は，表7-3のとおりである。

⑦　正社員管理・現場非正社員型

　ひとつめの類型は，正社員を採用後の比較的，短い期間（概ね入社2年程度まで）で，管理的ポジションに登用する類型である。ここでは，非正社員の採用（人選など）や人事評価といった人事管理を行うポジションを管理的ポジションとみなすことにする。この類型において，非正社員は，第一線の現場で正社員が管理する範囲の仕事を幅広く担うことになるはずである。以下では，このような類型を〈正社員管理・現場非正社員型〉と呼ぶことにしたい。

　この類型に該当するB社（外食産業）の場合，正社員は，「全員に，早い段階で，店長のポジションに達してもらう」。実際に，正社員の多くは，採用後2年ほどで店長になるとされる。店長となるには，フロアと調理場の仕事をひととおり習得している必要がある。店舗における調理や接客業務の担い手である準社員（非正社員）にそれらの仕事を教えたり，必要に応じて自分でもそれらの仕事を担当したりできるようにすることがその目的とされる。

　準社員も，より下位のポジションである時間帯責任者となる。しかし，正社員の場合，準社員の時間帯責任者とは異なり，時間帯責任者のうちから，やがて店長となるうえで必要な経験として「割り当て変更」（メンバーの作業内容変更），発注業務なども徐々に担当させている。他方，準社員に対しては，これらの仕事を担当させていない。とはいえ，準社員は，これら以外で時間帯責任者が担当する仕事までの幅広い仕事を担当している。

　F社（小売業）の店舗の組織は，店長―店長代理――一般の店員（典型的な店舗で，それぞれ1名，1名，7～8名という構成）となっている。そして，店舗にいる正社員は，「店長か新卒採用後の正社員のみ」という位置づけである。店長の主な仕事は，現場の業務の管理のほか，ワークスケジュール作成，パート社員・アルバイト社員の採用や評価，パート社員の中からの店長代理の指名などの人事管理などである。新卒採用の正社員は，研修後，必ず店舗に配属させる。そして，店舗の仕事をひととおり経験し，1年半から2年後に店長となる。その後，本社（商品部等）に異動したり，ブロック（7店舗ほどで1ブロック）のマネージャーになったりしている。他方，非正社員であるパート社員は，店長代理までの仕事を幅広く担当する。

　これらの事例は，いずれもチェーン展開しており，全国に複数の店舗をもつ。

そして，店長のポジションは，正社員のみが担当する（F社）か，ほとんどの店舗で正社員が担当する（B社）こととなっている。2事例の共通点として，正社員については，店長という正社員のみもしくは正社員が主として担当する管理的ポジションまでの早期の育成をはかり，「時間帯責任者」（B社）や「店長代理」（F社）といった，一定の責任をともなうポジションを含むその他の幅広い仕事の主な担い手として，非正社員を位置づけている。

㈣　正社員現場活用・仕事共有型

　正社員を管理的なポジションに昇進させるまでの期間がより長い〈正社員現場活用〉型に該当する事例としては，C社（食品製造），E社（銀行業），G社（小売業），H社（小売業）があげられる。

　これらの事例は，正社員のみが担当する管理的ポジション以外の仕事に着目すると，さらに，㈣〈正社員現場活用・仕事共有型〉：正社員と非正社員とのあいだで仕事のちがいをもうけない類型と，㈤〈正社員現場活用・非正社員仕事限定型〉：一定の範囲の仕事を正社員のみに担当させ，非正社員の仕事の範囲を限定している類型とにわけることができる。

　このうち㈣〈正社員現場活用・仕事共有型〉に該当する事例としては，E社（銀行業）とG社（小売業）がある。

　E社（銀行業）では，非正社員のパート職員を，窓口担当，預金担当，後方事務など，正社員にあたる一般職職員と同じ仕事に配置している。職員とパート職員で，「仕事内容はほとんど同じ」であり，同じ仕事について求めるサービスの水準も同じである。たとえば，職員かパート職員にかかわらず，投資信託を担当するためには，投資信託の資格が必要であり，資格取得を補助する体系がある。また，オペレーションやコンプライアンスなど，仕事に応じた研修は，職員もパート職員も同じく実施している。

　G社（小売業）の場合，店舗のスタッフの等級は，上位から，店長―店長代行―上級―中級―初級となっている。正社員にあたるナショナル社員は，店長候補としてキャリアをはじめる。また，同じく正社員のリージョナル社員（勤務地限定型の正社員）は，中級から店長の等級に位置づけられる。他方，非正社員にあたる準社員は，初級から上級までの等級に位置づけられる。したがって，

店長代理以上は，正社員のみの等級およびポジションとなっている。このうち，店長は，店舗のマネジメントを行い，店長代理は，店長が休みのときに店長業務を行う。

　リージョナル社員と準社員とは，上級と中級の等級を共有している。そして，同じ等級であれば，リージョナル社員と準社員とのあいだで「仕事は同じ」である。このうち，準社員がつく最も高い等級である上級は，店長不在時の時間帯責任者として，店長の仕事（進捗管理，スタッフの指導）を部分的に行う。返品の判断なども行う。クレームへの最終的な対応も，時間帯責任者として，上級が行うことがある。

ⓗ　正社員現場活用・非正社員仕事限定型
　〈正社員現場活用・非正社員仕事限定型〉に該当すると考えられる事例としては，C社（食品製造）とH社（小売業）があげられる。
　C社（食品製造）の工場のライン組織は，上位から，課長―係長―職長―リーダーとなっている。正社員にあたる準社員には，資格等級がもうけられており，入社後，順に，S1―S2―S3―S4―S5と昇級する。そして，S2からリーダーとなる人がいる。リーダーは，職長を補佐し，工程のまとめ役をする。リーダーのポジションについている非正社員（定時社員）は，全社で1名とごく少なく，ほぼ正社員が担当するポジションといえる。
　正社員だけが，「責任の必要な仕事」（原料受入・製造・出荷の全工程に対する継続的な監視・記録・問題対応のシステムであるHACCAPの管理帳票をつける仕事など）や「高い技能が必要な仕事」（味付け・燻製のための熱処理などの機械の調整の仕事など）を担当する。これらは，正社員の中でもリーダークラス（S2）の人が多く関わる。非正社員である定時社員は，これらの仕事以外のラインの仕事に従事する。
　H社（小売業）では，ⓕの事例であるF社と同様，正社員には，店長になることを求めている。しかし，F社と比べて，正社員が店長になるまでの期間は，より長い。正社員は，数日の研修後，店舗にすぐ配属される。正社員に対しては，店舗で必要な技能を1年で習得させるプログラムがある。非正社員にあたるパートナー社員とは異なり，一般的な商品だけでなく，植物などの管理が難

しい商品，サービスカウンター機能などすべてを習得させる。正社員は，2年目以降，売り場作りを学ぶ（商品の勉強と，お客様にとってよい売り場作りのための技術面でのトレーニング）。売り場作りができるまでに3～4年かかるとされる。

そして，正社員は，入社後3年くらいから，主任となる。主任は，1店舗を3つに仕切ったうちの1つを担当する。主任を3～4年間経験したのち，店次長（入社7～8年目から），店長（入社10年目くらい）となる。その後は，バイヤー・販促などの本部に異動したり，複数店舗を統括するゾーンマネージャーになったりする。

非正社員は，「マネジメント」の仕事は行わない。パートリーダーなどはおらず，マネジメント業務はすべて正社員である店長が行うとされる。また，パートナー社員は，レジ清算の仕事のほかは，基本的に一般的な商品に特化して，売り場への陳列や発注作業を担当させる。同じく非正社員の準社員は，植物の取り扱いと，サービスカウンターの仕事に限定して採用し働いてもらう。正社員と比べて，非正社員が担当する仕事の範囲は狭い。

以上から，以下のような類型にそれぞれ対応するような事例があることが確認できた。

　㋑　正社員管理・現場非正社員型
　　正社員を採用後，比較的，短い期間（概ね2年程度まで）で，「店長」などの正社員のみが担当する管理的ポジションに登用する。非正社員は，そうしたポジションの正社員が管理する範囲の仕事を幅広く担う。

　㋺　正社員現場活用・仕事共有型
　　正社員を採用後，比較的，長い期間にわたって，現場第一線で活用する。非正社員も，現場での仕事を正社員と広く共有するかたちで幅広く担う。

　㋩　正社員現場活用・非正社員仕事限定型
　　正社員を採用後，比較的，長い期間にわたって，現場第一線で活用する。そして，現場での仕事のうち一定の範囲の限られた仕事を非正社員が担当する。

こうした類型のうち，㋑からは，企業が現場第一線の仕事の担い手として正社員をどのように位置づけ，正社員の初期キャリアをどのように設計するかが，

非正社員の担当する仕事の範囲と関連をもつことが分かる。すなわち，正社員を非正社員の管理者として位置づけ，早期にそうしたポジションへの登用を行うキャリアを組む事例において，非正社員は，現場第一線の仕事を幅広く担当することになる。現場での正社員の位置づけやキャリアと関連づけて，非正社員の仕事を理解することが重要といえる。

とはいえ，同じく現場第一線の仕事で正社員を長期的に活用する場合でも，㋑の事例では，「機械の調整の仕事」や「売り場作り」といった仕事のための高度な技能を正社員に習得させるため，正社員に対して重点的に幅広い仕事や高度な仕事を担当させている。他方，㋺の事例では，正社員と非正社員とで，仕事の担当のさせ方にちがいを設けていない。同じく現場第一線の仕事で正社員を長期的に活用する場合でも，正社員に重点的に高度な仕事を担当させるか，または，正社員と非正社員とに同様に仕事を担当させるかについて，企業や事業所に選択の余地があることが確認できる。

6　類型別にみた非正社員への仕事の割り振り

上記でみた類型のちがいは，非正社員の各人に対する仕事の割り振り方とも関係があると考えられる。すなわち，〈正社員管理・現場非正社員型〉のように，正社員が管理する職場の幅広い仕事を非正社員が主として担当したり，〈正社員現場活用・仕事共有型〉のように，非正社員が正社員と同様に比較的高度な仕事を担当したりする場合には，非正社員の育成が重視され，非正社員についても徐々に高度な仕事を経験していくかたちでキャリア形成がはかられると考えられる。他方，〈正社員現場活用・非正社員仕事限定型〉では，非正社員の仕事はより限定的であり，非正社員に対しては，育成を重視した仕事の割り振りが必ずしも重要とされていないかもしれない。実際にはどうか，各類型の事例に即して実態をみることにしたい。

① 正社員管理・現場非正社員型
〈正社員管理・現場非正社員型〉に該当するB社（外食産業）において，店舗の仕事（事例店舗の場合）は，「キッチン」と「フロア」に分かれる。キッチン

は，さらに，グリル，サラダ，フライポジション（揚げ物や盛り付け，指示など）の3ポジション，フロアは，接客担当（水，注文伺い，テーブル片付けなど），料理担当（配膳など），カウンター（パフェの作成，指示など）の3ポジションから構成される。

非正社員である準社員には，1つのポジションをひととおりこなせるようになってから，次のポジションの仕事を徐々に経験させ，仕事の幅を広げていく。仕事の幅を広げることで，客数が少ない時間帯に，1人が複数のポジションを兼任し，少ないスタッフで仕事を運営できるためである。また，業務量に応じたシフトがくみやすくなる。

キッチンの場合，新人は，まずサラダかグリルのポジションに配置する。フライポジションは，盛り付け作業にやや高度な技能を要するほか，料理を出すタイミングをはかったり，そのためにメンバーに指示を出したりするなど，キッチンの仕事全体を管理する役割を担う。そのため，新人をすぐには配置しない。速い人で，1ポジションをそれぞれ1カ月ずつ経験し，3カ月ほどでキッチンの仕事をひととおり習得する。とはいえ，多くの準社員は，これらの仕事のひととおりの習得に半年～1年くらいかかる。

フロアの場合，新人は，まず接客担当のポジションに配置する。つぎに，料理担当に配置する。両方の仕事をひととおりこなせるようになってから，カウンターを担当させる。カウンターは，接客担当や料理担当への指示や，仕事のフォローを行う。速い人で，接客担当の仕事を2週間～1カ月，料理担当を2週間～1カ月，カウンターを1カ月で習得していく。

準社員の中から，時間帯責任者が選ばれる。時間帯責任者は，調理や配膳の仕事をこなしながら，担当の時間帯のサービス提供に責任をもつ。このほか，一部ではあるが，準社員から登用され，契約社員（非正社員）として，店長のポジションを担当する人もいる（現在，約50名）。

準社員に対して，準社員の仕事や能力に応じた資格制度をもうけている。上位から順に，チーフ，キャプテン，トレーナー，Aクルー，クルーという等級がある。クルーは，キッチンかホールの仕事の一部ができる。Aクルーは，キッチンかホールいずれかの仕事すべてができ，メンバーの見本となれる。トレーナーは，さらに仕事を教えることができる（仕事をおぼえる意欲をもたせる

ことも含む)。キャプテンは，時間帯責任者として，キッチンとホールの両方の運営ができる。チーフは，店長補佐ができる。資格の認定は，トレーナーまでは店長，キャプテンから上は店舗を統括する地区長が行う。B社では，仕事や能力に応じた等級制度をもうけることで，準社員にキャリア形成や技能向上へのインセンティブを与えようとしているものと考えられる。なお，準社員への教育訓練は，正社員か準社員かを問わず，できる人全員が行う。仕事を教えることができるかどうかは，上記のように，準社員の資格の認定基準ともなっている。

ただし，B社の事例店舗において，月の勤務時間が20時間などの勤務時間がごく短い準社員については，かぎられた時間内で1つのポジションの仕事を習得させるのも容易ではない。本人も，幅広い仕事を担当することを望まないことが多い。そこで，勤務時間が短いスタッフに対しては，あえて幅広い仕事を経験させることはせず，一つのポジションのみを担当してもらうことが多いとされる。昇格についてみると，同じ勤続年数であっても，前職で同業の経験がある人や，勤務時間が長い人，意欲の高い人が，昇格が速い傾向にあるとのことである。

F社（小売業）において，非正社員であるパート社員に対しては，レジでの清算業務，商品の荷受や検品作業，商品のレイアウトの維持といった単純業務に加えて，本社からの指示書に基づくレイアウト変更作業やレジ金過不足書類の作成などの金銭管理も担当させている。半年程度で，これらの仕事をひととおりできるようになる。

パート社員の教育訓練は，職場でのOJTが中心である。それに加えて，半年に1回，2日間をかけてマニュアルの講習会がある。マニュアルは必要に応じて変わり，その内容は，朝礼などで伝えられる。それらを復習するかたちでマニュアル講習会を実施している。

店長は，パート社員の中から店長代理を指名する。この店長代理がパート社員に担当させるポジションの上限である。店長代理は，休日やシフト等の都合で店長が店舗に不在のときに，「店長が担当する定型業務を代行」する。ただし，大きなトラブルがおきたときは，店長を統括するブロックマネージャーに指示をあおいだり，店長の出勤時に店長に対応してもらったりする。また，

ワークスケジュール作成，パート社員やアルバイト社員の採用や評価などの人事管理も行わせていない。

　店長代理を担当しているパート社員の中から，店長になる意思があり，フルタイムで働ける人を「店長候補」に登用する。店長候補には，店長になるための正社員登用試験を受けることを前提として，研修を実施し，1年間をかけて店長が担当すべき管理的業務に必要な知識を習得させる。また，転居をともなわない範囲で異動を行い，他店を経験させている。

　他方，アルバイト社員には，レジでの清算業務，商品の荷受や検品作業，商品のレイアウトの維持など，単純業務を中心に割り振っている。アルバイト社員の勤務時間は短く，有期の雇用契約で長期間勤続するとはかぎらない。そのため，むずかしい仕事を教えても「効率的でない」からとされる。

㋺　正社員現場活用・仕事共有型

〈正社員現場活用・仕事共有型〉に該当するE社（銀行業）の事例では，すでにみたように，職員とパート職員の「仕事内容はほとんど同じ」である。そして，すでに述べたように，職員とパート職員とで，同じ業務について求めるサービスの水準も同じであり，資格取得のための補助や，オペレーションやコンプライアンスにかかわる研修も，正社員である職員と同様に実施している。

　パート職員やキャリアスタッフに対して，成績評価（半年に1回，3段階評価）とともに，能力評価（1年に1回，7段階評価）も行っている。能力評価の結果が4以上かつ最も良い成績評価の結果を3期連続とると，キャリアスタッフに転換できる。能力評価と成績評価の結果については，非正社員に周知しており，何をどう努力すればよいかが分かるようにしている。なお，成績評価の結果は，賞与にも反映される。

　G社（小売業）では，すでに示したように，非正社員に対しても，正社員と共通の等級制度を適用している。正社員にあたるリージョナル社員と非正社員とは，上級と中級の等級を共有している。そして，同じ等級であれば，仕事は同じである。

　非正社員の準社員とアルバイトは，最初はすべて初級に位置づける。そして，中級になると，販売業務において「お手本」となれるような技能を身につけ，

トレーナーの役割も担うようになる。担当部門の在庫チェックや集計を行ったり，売り場ミーティングに参加し，お客様の声を伝えたりする人もでてくる。さらに，上級になると，店長不在時の時間帯責任者として，店長の仕事を部分的に行う（進捗管理やスタッフの指導）。返品の判断も行う。クレームへの最終的な対応も，時間帯責任者として，上級が行うことがある。

　昇級するには，各等級で求められる業務チェックシートで7割以上をとり，その後のペーパーテストで7～8割以上とらなければならない。昇級のための試験は3カ月に1度あり，速い人では，初級を3カ月，中級を6カ月経験して，上級に昇級することができる。テストの内容は業務に則したもので，すべてマニュアルから出題される。マニュアルは1店舗に1冊常備されており，いつでも閲覧できるようになっている。中級より上級へ昇級するための試験内容は，雇用区分にかかわらず同じものである。

　ただし，スタッフの中には，管理する立場や教える立場になることを避けて，あえて昇級をめざさないという人もいる。G社としては，そういう働き方も認めており，昇級しなくても活躍してもらえるように配慮している。

⑥　正社員現場活用・非正社員仕事限定型
　〈正社員現場活用・非正社員仕事限定型〉に該当するH社（小売業）の事例において，正社員に対しては，店長を担当できるようマネジメントに関わる仕事を含む店舗内の幅広い仕事を割り振り，店長としての仕事に必要な技能を習得させている。他方，非正社員に対しては，各人により狭い範囲の仕事を担当させ，その範囲で仕事をおぼえさせている。

　より具体的にみると，非正社員であるパートナー社員に対しては，「今日はレジをやりましょう」などというかたちで少しずつ教えながら仕事を担当させている。レジでの清算業務については，2～3日である程度できるように教える。1カ月くらいで「必要最低限のこと」を習得してもらう。パートナー社員も，数カ月の勤続で発注を担当するようになる。園芸や家庭用品など担当の商品群をもち，その発注を行う。しかし，この発注の仕事が，パートナー社員が担当する「仕事の上限」となっている。また，準社員には，植物の取り扱いやサービスカウンターの仕事のみを担当させている。

C社（食品製造）では，非正社員を，原料受け入れやチェック，解凍，味付け，充填，熱処理，包装，箱詰め，発送といった工程の作業に従事させている。同じ工程にいる社員と非正社員とは，ある程度，作業内容が重なり合う。設備の不具合等への対応も，重大なものでなければ，非正社員である定時社員やパート・アルバイトに行わせている。作業上の改善提案を出す定時社員もいる。

　定時社員は，採用後の最初の2週間の試用期間をみて，最初の配置を決める。その後3カ月ほどで再度，適性をみながら配置を考える。その結果，前後の工程に配置換えをすることはある。その後は，基本的に配属工程の変更はない。ただし，休暇や欠員の都合で，前後の工程に応援に出ることで，前後の工程の作業もできるようになる定時社員もいる。

　非正社員の育成は，基本的に各配属工程のリーダーに任されている。ただし，今年度から，定時社員に対して，コンプライアンスを含めた品質と安全に関わる研修を始めた。30分程度，業務中に集めて実施する形式の研修である。

　同じ定時社員でも，定型的な仕事にとどまる人と，正社員である準社員に登用されるようになる人がいる。「常日頃から探究心を」もって仕事をする人と，「言われたとおりのことだけをやっている人」とで違いがでる。たとえば，ある工程で不良品が発生したとき，前の工程に原因があることが多い。そこで，自分の工程で不良品が出たときに，前工程での作業上の問題などを考え，改善のための提案を職長にだすことができるかどうかが，非正社員の中でのキャリアの違いを生むとされる。

　すでに述べたように，正社員だけが「責任の必要な仕事」を担当する。しかし，工程のリーダーは，やがて準社員に登用したいような定時社員に対して，「責任が生じる一歩手前の仕事」を担当させることがある。

　以上のように，〈正社員管理・現場非正社員型〉や〈正社員現場活用・仕事共有型〉に該当する事例では，正社員の管理者のもと幅広い仕事を非正社員が担当している。「時間帯責任者」（B社，G社）のような責任をともなうポジションを非正社員に担当させる事例もみられる。そして，非正社員に対しても，徐々に仕事の幅を広げたり，高度な仕事を担当させたりといった，技能向上やキャリア形成のための仕事の割り振りが積極的に行われている。

また，成績評価や能力評価に応じて非正社員の中での雇用区分の転換を行ったり（E社），仕事内容や技能に応じた資格等級をもうけたり（B社，G社），昇級のための基準を周知したり（G社），正社員と同様に資格取得への補助や研修を実施したりして（E社），非正社員のキャリア形成や能力向上を促している。

　ただし，これらの事例でも，勤務時間が特に短い非正社員に対しては，あえて仕事の幅を広げずに狭い範囲の仕事に従事させたり，単純業務に限定して仕事を担当させたりする事例がみられる（B社，F社）。その理由としては，a）勤務時間が短いと，同じ量の教育訓練を行うためにかかる期間が長くなり，離職の可能性を考えると教育訓練への投資を回収できないリスクが高くなることや，b）勤務時間の短い人の中に仕事に限定的に関わろうとする人が多く，本人が幅広い仕事や難しい仕事を担当することを望まないことが少なくないことがあげられていると解釈できる。

　また，かならずしも勤務時間の長短にかかわらず，非正社員の中に，管理する立場や教える立場になることを望まない人がいることを指摘する事例もみられる（G社）。事例では，そういう働き方も認め，人を管理したり指導したりしない立場で長く働いてもらうようにしている。

　非正社員の積極的な育成をはかる企業や事業所においても，勤務時間が短い非正社員や，幅広く仕事を担当したり，人の指導や管理を行う立場に立ったりすることを望まない非正社員に対しては，狭い範囲の仕事や比較的容易な仕事のみを担当させる場合があることが分かる。

　他方，〈正社員現場活用・非正社員仕事限定型〉に該当する事例でも，非正社員に対して，OJTを中心とした教育訓練は行われている。しかし，非正社員に担当させる仕事の範囲はより限定されており，育成を考えて継続的に仕事の範囲を広げたり，高度な仕事を担当させたりといった取り組みは弱いといえる。

　とはいえ，そのような事例の中にも，C社のように，やがて正社員登用させたいような一部の優秀な非正社員に対して，個別に「責任が生じる一歩手前」の比較的高度な仕事を担当させるなど，個別に高度な仕事を担当させることがあることが確認できた。

7　非典型雇用の仕事とその割り振り

　以上をふまえてまとめると，以下の①〜⑤のようになる。

　①大企業を中心とする日本企業は，正社員については管理的ポジションへの昇進を伴う長期的なキャリアを用意している。他方，非正社員には，主として管理的ポジションへの登用をともなわない範囲の仕事に従事させていることが多い。とはいえ，非正社員に担当させる仕事の範囲は，事業所ごとにも多様であり，一部の事業所では，非正社員にも部下を指導する管理的な仕事を担当させている。

　②外部人材の仕事の範囲に関して，特に生産現場での派遣社員や請負社員に着目すると，技能習得に長期の経験を要する仕事や，工場の「コア技術」にかかわる仕事，外部人材に担当させることで重要な技術が流出するリスクが高いと考えられる仕事については，外部人材に担当させず，より長期の勤続が期待できる，正社員などの企業が直接雇用する人材に担当させている事業所が少なくない。

　③非正社員の仕事の範囲は，企業が，現場第一線の仕事の担い手として正社員をどのように位置づけ，正社員の初期キャリアをどのように設計するかということと関連をもつ。すなわち，企業が正社員を非正社員の管理者として位置づけ，早期に管理的ポジションへの登用を行うキャリアを組む場合には，非正社員が，正社員の管理する現場第一線の仕事を幅広く担当することになる。他方，現場第一線の仕事で正社員を長期的に活用する企業や事業所の中には，非正社員の仕事をより狭く限定する事例がみられる。現場での正社員の位置づけやキャリアと関連づけて，非正社員の仕事を理解することが重要であることが分かる。

　とはいえ，同じく現場第一線の仕事で正社員を長期的に活用していても，そこでの仕事を正社員と非正社員とで広く共有させている事例もある。現場第一線の仕事で正社員を長期的に活用するうえで，正社員に重点的に高度な仕事を担当させるか，または，正社員と非正社員とに同様に仕事を担当させるかについて，企業や事業所に選択の余地があることが確認できる。

④非正社員の各人に対する仕事の割り振りについてみると，とりわけ現場第一線の幅広い仕事を非正社員に担当させている企業や事業所では，非正社員に対して，徐々に仕事の幅を広げたり，高度な仕事を担当させたりといった，技能向上やキャリア形成のための仕事の割り振りが積極的に行われている。

　しかし，そうした事例でも，勤務時間が特に短い非正社員や，仕事の幅を広げることを望まない非正社員に対しては，あえて仕事の幅を広げずに狭い範囲の仕事に従事させたり，単純業務に限定して仕事を担当させたりしている。他方で，非正社員の仕事の範囲をより狭く限定している事例においても，一部の非正社員に対しては，本人の意欲や能力に応じて，個別に高度な仕事を担当させている事例がある。

　非正社員の仕事の範囲を比較的狭く限定している職場も含め，非正社員を管理する管理者にとり，非正社員の働き方や意欲，能力に応じた個別の仕事の割り振りが人材活用上の重要な課題となっていると考えられる。

　⑤上記④のように，非正社員に現場第一線の職場の仕事を幅広く担当させる企業においては，非正社員に徐々に高度な仕事や幅広い仕事を担当させるような取り組みがみられた。このことは，非正社員に対してOJTによる教育訓練投資が積極的にはかられていることを示すといえる。また，非正社員の仕事を狭く限定している事例においても，一部の非正社員に対しては，個別に高度な仕事を割り振るなどして，重点的に教育訓練投資が行われている。

　しかし，①でも確認したように，企業が非正社員に担当させる仕事の範囲には，多くの場合，一定の限界がもうけられていることも確かである。それゆえ，こうした仕事の範囲を超えて，上記のように育成した人材を活用するうえでは，正社員への転換が重要な選択肢となろう。企業が，非正社員として教育訓練投資した人材を正社員に登用し，非正社員として身につけた技能を前提にさらに長期的に教育訓練を行い活用していくことは，教育訓練投資の回収や，育成をつうじた高度な人材の確保にとって，効果的な方法であると考える。

注
(1)　非典型雇用の従事する人の就労意識については，佐藤（1998）がある。
(2)　三田里子（2007）は，「パート」（契約からみると派遣社員）の仕事の高度化に伴

い正社員の仕事も高度化しているという関係を生命保険会社の事例をもとにあきらかにしている。
(3) 常用フルタイム勤務の典型雇用者と非典型労働の使い分けに関する研究としては，このほか，リパックとシュネル（Lepak and Snell 1999）による「人材アーキテクチャー（Human Resource Architecture）」に関する研究があげられる。この研究においては，人的資源の企業特殊性が高く，かつ人的資源のコアコンピタンスにとっての価値が高い人材を内部育成のコア人材と位置づけ，それ以外の人材については，必要の都度の採用や外注化等をつうじて，確保するという人材活用のモデルを提示している。同モデルは，必要とする人材の企業特殊性の程度を，典型雇用者と非典型雇用者の使い分けの基準のひとつとする点で，「柔軟な企業モデル」と共通点をもつといえる。しかし，ただし，「人材アーキテクチャー」のモデルは，典型雇用者と非典型雇用者の仕事のちがいについて直接，説明してはいない。
(4) これらの実証的な研究は，モデルに対して概して批判的である。批判のポイントは，論者により異なる。とはいえ，企業による人材活用が長期的な視野に立った経営の「戦略」によらないとする点，非典型雇用の利用において，支払能力の範囲内で必要な質と量の労働力を確保するためという「伝統的な」目的が支配的であるとする点で共通点をもつ。なお，モデルの批判から距離を置くかたちで，労働時間の柔軟化等の要員調整の手段と，非典型雇用の活用との使い分けに関して実証的に分析している研究としては，Casey, Metcalf and Millward (1997) がある。
(5) パート社員の基幹労働力化ないし基幹化に関する一連の研究では，パート社員を中心とする非正社員の仕事の範囲が拡大し高度化する側面に着目しその実態をあきらかにするとともに，パート社員に対する評価処遇制度の整備や，それによる正社員とのあいだの処遇の公平性の確保，正社員への転換機会の設置，パート社員の育成をはかる店長等の管理者の働きかけなど，基幹労働力化を促す人事制度や人事管理のあり方について検討している。
(6) 貴重な研究として，清水（2007）がある。
(7) 製品設計分野の外部人材の仕事の範囲に関しては，佐藤・佐野編（2005）や佐野・高橋（2009）を参照されたい。また，システム開発部門の外部人材の仕事の範囲については，佐野（2001）がある。
(8) 以下の事例は，全て労働政策研究・研修機構（2008）に記載の事例レポートの情報をもとにしている。ただし，事例レポートを筆者なりに解釈して要約しているほか，事例間の比較のため事例レポートとは異なる用語や表現を用いている箇所がある。また，紙幅の関係から，とりあげていない事例もある。同報告書のための研究会メンバーは，黒澤昌子（政策研究大学院大学），小杉礼子（労働政策研究・研修

機構），佐藤博樹（東京大学，座長），佐野嘉秀（東京大学），原ひろみ（労働政策研究・研修機構），山本雄三（労働政策研究・研修機構）であった（所属は2007年度のもの）。事例調査は，研究会メンバーが分担して実施した。

参考文献

青山悦子（1990）「パートタイム労働者の人事管理——大手スーパーを中心として」『三田学会雑誌』83特別号Ⅰ。

小倉一哉（2002）「非典型雇用の国際比較——日本・アメリカ・欧州諸国の概念と現状」『日本労働研究雑誌』No. 505。

経済産業省（2007）『モノ作りを支える製造請負・派遣の高度化に向けて 報告書』。

佐藤博樹（1998）「非典型的労働の実態」『日本労働研究雑誌』No. 462。

佐藤博樹・佐野嘉秀・原ひろみ（2003）「雇用区分の多元化と人事管理の課題：雇用区分間の均衡処遇」『日本労働研究雑誌』No. 518。

佐藤博樹・佐野嘉秀・藤本真・木村琢磨（2004）『生産現場における外部人材の活用と人材ビジネス（1）（東京大学社会科学研究所人材ビジネス寄付研究部門研究シリーズ第1号）』東京大学社会科学研究所人材ビジネス研究奇附研究部門。

佐藤博樹・佐野嘉秀編（2005）『設計部門における外部人材活用の現状と課題（東京大学社会科学研究所人材ビジネス研究部門研究シリーズ第3号）』東京大学社会科学研究所人材ビジネス研究寄附研究部門。

佐野嘉秀（2001）「情報サービス業における外注化と社員の役割」佐藤博樹監修，電機総研編『IT時代の雇用システム』日本評論社。

佐野嘉秀（2002a）「パート労働の職域と労使関係——百貨店の事例」仁田道夫編『労使関係の新世紀』日本労働研究機構。

佐野嘉秀（2002b）「パート労働の域職と要員をめぐる労使交渉——ホテル業B社の事例」『大原社会問題研究所雑誌』No. 521。

佐野嘉秀（2004）「非典型雇用——多様化する働き方」佐藤博樹・佐藤厚編著『仕事の社会学』有斐閣。

佐野嘉秀・高橋康二（2009）「製品開発における派遣技術者の活用」『日本労働研究雑誌』No. 582。

島貫智行・守島基博（2004）「派遣労働者の人材マネジメントの課題」『日本労働研究雑誌』No. 526。

清水直美（2007）「派遣労働者のキャリアと基幹化」『日本労働研究雑誌』No. 568。

鈴木宏昌（1998）「先進国における非典型的雇用の拡大」『日本労働研究雑誌』No. 462。

新・日本的経営システム等研究プロジェクト編（1995）『新時代の「日本的経営」』日本経営者団体連盟。

武石恵美子（2002）「非正規労働者の基幹労働力化と雇用管理の変化」『ニッセイ基礎研究所報』第263号。

東京都産業労働局（2002）『パート労働者の人材開発と活用』。

中村恵（1989）「技能という視点からみたパートタイム労働問題」労働省大阪婦人少年室，大阪パートタイム労働・労務管理改善研究会『技能という視点からみたパートタイム労働問題についての研究』。

仁田道夫（2003）「典型雇用と非典型雇用——雇用就業形態は多様化したか」『変化のなかの雇用システム』東京大学出版会。

朴弘文・平野光俊（2008）「非正規労働者の質的基幹化と組織の境界——分業モデルの構築」『日本労務学会誌』10巻1号。

本田一成（1993）「パートタイム労働者の基幹労働力化と処遇制度」『日本労働研究機構紀要』6号，日本労働研究機構。

本田一成（1998）「パートタイマーの個別賃金管理の変容」『日本労働研究雑誌』No. 460。

本田一成（2007）『チェーンストアのパートタイマー』白桃書房。

三田里子（2007）「労働力の非正規化と職場の変化：生命保険会社A者の事例」奥西好夫編『雇用形態の多様化と人材開発』ナカニシヤ出版。

三山雅子（1991）「パートタイマー戦力化と企業内教育」『日本労働研究雑誌』No. 377。

連合総合生活開発研究所（2003）『雇用管理の現状と新たな働き方の可能性に関する調査研究報告書』。

労働政策研究・研修機構（2008）『非正社員の雇用管理と人材育成に関する予備的研究』。

脇坂明（1986）「スーパーにおける女子労働力」『岡山大学経済学会雑誌』第17巻3・4号。

Atkinson, J. (1985), *Flexibility, Uncertainty and Manpower Management : IMS Report*, No. 89, Institute of Manpower Studies.

Atkinson, J. (1986), "The Changing Corporation," Clutterbuck, D., *New Patterns of Work*, England : Gower.

Casey, B., Metcalf, H. and Millward, N. (1997), *Employers' Use of Flexible Labour*, London : PSI.

Hakim, C. (1990), "Core and Periphery in Employers' Workforce Strategies : Evidence from the 1987 ELUS Survey," *Work Employment and Society*, Vol. 4, No. 2.

Hunter, L. and Maclnnes, J. (1992), "Employers and Labour Flexibility : The Evidence from Case Studies," *Employment Gazette*, June 1992.

Hunter, L., McGregor, A., Maclnnes, J. and Spoull, A. (1993), "The 'Flexible Firm' : Strategy and Segmentation," *British Journal of Industrial Relations*, Vol. 31, No. 3.

Industrial Relations Service (1995), "Atypical Employment in the EC," *European Industrial Relations Review*, No. 282.

Marginson, P. and Sisson, K. (1988), "The Management of Employees," Marginson, P., Edwards, P. K., Martin, R., Purcell, J. and Sisson, K., *Beyond the Workplace : Managing Industrial Relations in the Multiestablishment Enterprise*, Oxford : Basil Blackwell.

McGregor, A. and Sproull, A. (1992), "Employers and the Flexible Workforce," *Employment Gazette*.

Meulders, D., Plasman, O. and Plasman, R., (1994), *Atypical Employment in the EC*, Dartmouth.

Pollert, A. (1987), "The 'Flexible Firm' : A Model in Search of Reality (or A Policy in Search of Practice)?" *Warwick Papers of Industrial Relations*, No. 19.

Pollert, A. (1988), "The Flexible Firm : Fixation or Fact," *Work, Employment and Society*, Vol. 2, No. 3.

Lepak, D. P., and Snell, S. A. (1999), "The Human Resource Architecture : Toward a Theory of Human Capital Allocation and Development," *Academy of Management Review*, 24.

第8章　パート社員の活用と均衡処遇
――法的観点からの考察――

土 田 道 夫

1　問題の所在

　パートタイマーとは，正社員に比べて所定労働時間が短い労働者をいう。パートタイマーは，企業の雇用管理の多様化やサービス産業の拡大等にともない年々増加しており，2006年のデータ（総務庁「平成18年労働力調査年報」）では，週所定労働時間が35時間未満の短時間雇用者は1,509万人（うち女性1,051万人）を占め，全雇用者に占める割合も29.7％（全女性雇用者に占める割合は47.9％）に達している。パートタイマーの労働時間は，月間平均88.9時間（2001年）であり，正社員より短いが，所定労働時間が正社員と異ならないか長いにもかかわらず，企業の雇用管理上「パートタイマー」とされる労働者（フルタイムパート）も多い（約193万人）。また，パートタイマーの相当数は期間の定めのない労働契約で雇用されており，非正社員の中でも常用的色彩が強い。これに応じて，パートタイマーの処遇を改善し，正社員との均衡を考慮した雇用管理を行う動きが見られる。ただしこれも，パートタイマーの賃金制度を正社員と一本化し，有期雇用から期間の定めのない労働契約に転換するなど，パートタイマーの雇用管理を改善する動きと，パートタイマーを正社員に転換する動きに分かれる。
　とはいえ，パートタイマーの賃金を見ると，2007年度のデータ（厚生労働省「平成19年度賃金構造基本統計調査」）では，平均時間あたり女性が962円，男性が1,085円であり，正社員と比較すると顕著な格差が生じている。しかも，正社員の賃金上昇率がパートタイマーより大きいことから，この格差は年々拡大す

る傾向にある。

　こうした状況の下で、パートタイマーの有効活用を図りつつ、その均衡処遇を進めることが重要な課題となっている。雇用形態が多様化し、正社員雇用を中核とする長期雇用システムが変化する中、パートタイム労働は不可逆であり、今後とも増加が予想される。また、パートタイム労働は、短時間就労を希望する労働者に適切な雇用機会を提供し、「仕事と生活の調和」（ワーク・ライフ・バランス）を促進しうる点で有意義であり、雇用システムの中に積極的に位置づける必要がある。

　しかし同時に、パートタイマーについては、正社員との間の賃金・処遇・雇用面の格差を是正し、均衡処遇を進めることが課題となる。そうした格差を放置したままパートタイマーの増加（非正社員化）のみが進行すると、適切な雇用機会の提供やワーク・ライフ・バランスの要請に反するばかりか、企業側から見ても、パートタイマーのモラールダウンをもたらし、長期的に見て企業の生産性を低下させる結果となるからである。換言すれば、パートタイマーの均衡処遇は、雇用の多様化を適切な形で誘導しつつ、企業の生産性を長期的に向上させるという意味で、企業・労働者・雇用社会にとってメリットを有する方向性である。その上で、企業・労働者双方にとって正社員雇用がより良好な雇用形態であることをふまえると、パートタイマーの均衡処遇とは別に、その正社員転換を進めることも課題となる。

　パートタイマーの活用と均衡処遇を促進するためには、企業の自主的取り組みが何よりも重要である。しかし同時に、正社員とパートタイマーの処遇格差が年々拡大していることをふまえると、企業の取り組みを促進するための法の役割（立法政策）も重要となる。もっとも、パートタイマーの労働条件・処遇を含めて、労働契約の運営は本来、労使・企業が自主的に取り組むべき課題であり、法的には、労使自治の原則が妥当する領域である。したがって、法は、労使・企業の自主的取り組みを過度に規制すべきではなく、むしろ労使・企業の取り組みを促進する規制として構想されなければならない。そうした立法構想は、従来からも提案されてきたが、それを一定程度実現したのが、2007年に改正されたパートタイム労働法である。本章では、このパートタイム労働法を中心に、パートタイマーの活用と均衡処遇のあり方について、法的観点から考

察したい。

2 パートタイム労働法（短時間労働者法）

概　説

パートタイマーは「労働者」（労基法9条，労契法2条1項）であるから，労基法，2007年制定の労働契約法（平成19法128号）その他の労働法規の適用を受ける。しかし，フルタイムの正社員とは異なる問題が多々生ずるため，パートタイマーに関する特別法が必要となる。こうして，1993年に制定され，2007年に抜本改正されたのがパートタイム労働法（正式名称は「短時間労働者の雇用管理の改善等に関する法律」。平成5法76号，平成19法30号，72号）である。

パートタイム労働法は，パートタイム労働の重要性に鑑み，短時間労働者（パートタイマー）の適正な労働条件の確保・正社員転換措置等の雇用管理の改善や，能力開発に関する措置を講ずることによって，正社員との間の均衡のとれた待遇の確保を図ることを目的とする（1条）。具体的には，①短時間労働者の雇用管理の改善に関する事業主の責務（3条），②国・地方公共団体の一般的責務（4条），③国による短時間労働者対策基本方針の策定（5条），④短時間労働者の雇用管理の改善等に関する措置（6条〜18条），⑤紛争処理システム（19条〜24条），⑥短時間労働援助センター（25条〜41条）等を定めている。従来，パートタイム労働法は雇用管理改善措置を努力義務にとどめ，具体的規制の多くを指針に委ねるなど実効性に乏しかったが，2007年，賃金等の待遇に関する規制の強化，正社員転換制度の義務化，紛争処理システムの強化などを柱とする法改正が実現した（以下，単に「法」ともいう）。

パートタイム労働法は，その対象となる「短時間労働者」を「1週間の所定労働時間が同一の事業所に雇用される通常の労働者（当該事業所に雇用される通常の労働者と同種の業務に従事する……労働者にあっては，……当該労働者と同種の業務に従事する当該通常の労働者）の1週間の所定労働時間に比し短い労働者」と定義する（2条）。したがって，「パート社員」等と称されている者はもちろん，アルバイトやフリーターも，労働時間が通常の労働者（正社員等）より短い限りは同法の適用を受ける。一方，所定労働時間が通常の労働者と同じか長い者

(フルタイムパート)は，企業で「パートタイマー」「パート社員」と位置づけられていても，パートタイム労働法の対象とならない。しかし，これでは不公平なので，同法の指針（法14条）は，所定労働時間が通常の労働者と同一の有期契約労働者については，「短時間労働者に該当しないが，短時間労働者法の趣旨が考慮されるべきであること」を事業主の留意事項と定めている（平成19・10・1厚労告326号）。

なお，パートタイム労働法2条は，パートタイマーとの比較の対象となる労働者として「当該事業所に雇用される通常の労働者」を規定しているが，厚生労働省の通達（平成19・10・1基発1001016号）によれば，これは，原則として当該事業場で同種の業務に従事する正規型の労働者（正社員）を，そのような労働者がいない場合は，当該業務に基幹的に従事するフルタイム労働者をいい，そうした労働者もいない場合は，1週間の所定労働時間が最長の者をいう。また，同種業務に従事する「通常の労働者」がいない場合は，当該事業場で所定労働時間が最も長い者が「通常の労働者」とされる。このように，通達が正社員以外の者を「通常の労働者」に包摂する趣旨は，事業所によっては比較可能な正社員がいない場合もあることから，「通常の労働者」を拡大することで，パートタイム労働法の適用を多くの事業所に及ぼすことにある。しかし反面，判断方法が複雑化して法の実効性を損なう危険があるため，正規型労働者を「通常の労働者」とすれば足りるとの批判もなされている。[6]

基本理念

パートタイム労働法3条1項によれば，事業主は，短時間労働者（パートタイマー）「について，その就業の実態等を考慮して，適正な労働条件の確保，教育訓練の実施，福利厚生の充実その他の雇用管理の改善及び通常の労働者への転換……の推進……に関する措置等を講ずることにより，通常の労働者との均衡のとれた待遇の確保等を図り，当該短時間労働者がその有する能力を有効に発揮することができるように努める」ものとされる。つまりパートタイム労働法は，パートタイマーの処遇・労働条件を通常の労働者との均衡を考慮して決定すべき責務を企業に課しており，「均衡の理念」と呼ぶことができる。[7]「均衡の理念」は，パートタイマーと通常の労働者との処遇の違いを認めつつ，こ

れを均衡（バランス）のとれたものとすることによってパートタイマーの適正な労働条件を確保することを目的としており，パートタイマーの労働条件・労働契約に関する重要な理念を意味する。

　前記のとおり，パートタイム労働法は長らく，賃金その他の労働条件に関する実体的規制を欠く政策立法にとどまってきたが，2007年改正法はこれを改め，パートタイマーを4つのカテゴリーに分けて，賃金，教育訓練，福利厚生について通常の労働者（正社員等）との均衡を考慮した実体的規制を規定するに至った（詳細は後述3）。いずれも「均衡の理念」を具体化した規定であり，改正法が「均衡の理念」を格段に強化したことを示している。また，2007年改正法3条は，「通常の労働者への転換」を均衡処遇の方法として新たに規定しており，この結果，「均衡の理念」は，パートタイマー雇用の改善に加え，正社員転換措置を含む幅広い理念に改められることになった。

3　パートタイマーの雇用関係と法

労働条件の明示

　パートタイマーについては，労働条件が不明確なために紛争が生ずることが多い。そこでパートタイム労働法は，事業主がパートタイマーを雇い入れたときは，速やかに，厚生労働省令で定める事項（特定事項）を文書の交付その他の厚生労働省令で定める方法により明示しなければならないと定めている（法6条1項）。「特定事項」としては，昇給の有無，賞与の有無，退職金の有無が挙げられ，厚生労働省令で定める方法としては，ファックスおよび電子メールの送信が挙げられる。2007年改正により，従来の努力義務を強行規定に改めたものであり，これに違反した事業主は過料に処せられる（法47条）。

　また，事業主はパートタイマーに対し，労基法15条の労働条件明示義務の対象事項について明示義務を負うほか，安全衛生，教育訓練および休職に関して，文書交付の努力義務を負う（法6条2項）。次項の就業規則および後述する説明義務とともに，労働条件に係る情報提供を促し，紛争を予防する上で有用な規制である。

就業規則

常時10人以上の労働者を使用する使用者は，就業規則の作成義務を負うが（労基法89条），パートタイマーについては，正社員とは別に就業規則を作成することができる。指針も，パートタイマーに関する就業規則の作成を事業主の責務としており，パートタイマーを就業規則の適用対象から除外しつつ，パート用の就業規則を作成しないことは，労基法上の就業規則作成義務違反となる。また使用者（事業主）は，パートタイマーに関する就業規則を作成または変更するときは，当該事業所におけるパートタイマーの過半数を代表する者の意見を聴くよう努めなければならない（法7条，指針）。

パートタイマーに関する就業規則の法的拘束力については，労働契約法7条（契約内容補充効）および12条（最低基準効）が適用され，就業規則による労働条件の変更については，同法9条～11条が適用される[9]。

賃金・処遇——解釈論

① 問題の所在

パートタイマーの労働契約をめぐる最大の問題は，その賃金・諸手当等の処遇格差の適法性である。特に，正社員（通常の労働者）と同一・類似の職務に従事するパート（基幹パート）や，所定労働時間が正社員に等しいフルタイムパートについては，賃金格差の適法性が問題となる[10]。

② 学説・裁判例

まず，パートタイマーの賃金格差は，法の下の平等（憲法14条）や均等待遇原則（労基法3条）が禁止する「社会的身分」による差別に該当しないか。しかし，これら規定にいう「社会的身分」は，自己の意思によっては逃れることのできない地位を意味し，パートタイマーのように，自己の意思によって取得した地位は含まれないと解されている[11]。

そこで学説では，ヨーロッパ大陸諸国で支配的な同一価値労働同一賃金の原則を用いて，同一価値労働同一賃金原則が民法の公序（90条）を構成すると解し，同一価値労働を提供するパートタイマーについて，合理的理由もなく賃金を差別することは公序違反として違法となると説く見解（違法説）が主張され

ている。しかし，ヨーロッパのような職種別の企業横断的賃金市場が確立されていない日本では，年齢・勤続年数・職務・学歴・企業貢献度などの多様な賃金決定要素が存在するため，同一価値労働同一賃金原則を公序（普遍的法規範）と解することは困難と思われる。また国際労働基準としては，ILO175号条約（1994年）が，パートタイマーに対し，比較可能なフルタイマーの基本賃金を基礎に比例的に計算した賃金を保障しており（5条），違法説はこの原則の導入も主張するが，労働市場の違いを無視して同原則による強行法的介入を認めることが有効に機能するとは思えない。さらに，職務価値は同一であっても，責任や拘束度（労働時間設定の自由度，残業・配転義務等）の面で違いがあることも多く，これを無視して正社員とパートタイマーの同一賃金を説くことの妥当性も疑わしい。

　一方，これに対しては，パートタイマーの賃金格差を違法とする法的根拠の欠如を指摘し，処遇格差の是正を市場や労使自治に委ねるべきことを説く適法説も有力に主張されている。しかしこれは，現行法であるパートタイム労働法が採用する「均衡の理念」を過小評価するものと思われる。実際，パートタイマーの処遇格差を市場や労使自治に委ねた結果，それが改善されるどころか拡大していることは公知の事実であり，「均衡の理念」から見て問題がある。また適法説は，集団的労使自治による解決の可能性も強調するが，パートタイマーの多くが労働組合に加入しない（またはできない）現状では，労使自治の過度の強調は疑問であり，一定の解釈論的対応が必要である。

③　考察

　筆者は，このような両極の議論ではなく，正社員（通常の労働者）とパートタイマーの処遇の均衡（バランス）を図ることが重要と考える（均衡処遇説）。前記のとおり，パートタイム労働法3条は「均衡の理念」を定めており，これが現行法のメッセージである。「均衡の理念」によれば，パートタイマーと正社員の責任・拘束度を理由とする処遇格差は許容されるが，同時に，その格差は合理的範囲内のものでなければならない。もちろん「均衡の理念」は努力義務にとどまるが，同理念はパートタイマーの労働契約・労働条件のあり方に関する基本理念であるから，それが公序（民法90条）を構成し，不法行為法上の

違法性（民法709条）を基礎づけると解することに妨げはない。こうして，パートタイマーが労働の量・質の両面で正社員と同一価値労働を提供しているにもかかわらず，社会的に見て許容されないほど著しい賃金格差が生じている場合は，「均衡の理念」が設定する公序違反として不法行為が成立すると解すべきである。この意味で，また，この限りで「均衡の理念」（法3条）は私法的意義を有しており，しかもこの意義は，2007年改正法の新たな規制によって強化されたものと解される。

また「均衡の理念」は，直接には短時間労働者（パートタイマー）に適用される理念であるが，所定労働時間が通常の労働者と同一のパートタイマーについて法の趣旨を考慮することを事業主の留意事項と定める指針の趣旨（前記2）や，2007年成立の労働契約法3条2項が「均衡考慮の原則」を設けたこと（「労働契約は，労働者及び使用者が，就業の実態に応じて，均衡を考慮しつつ締結し，又は変更すべきものとする」）をふまえれば，それらフルタイムパートについても，公序を介して適用されると解すべきである。

もっとも，「均衡の理念」が保障するのは正社員との間で均衡のとれた賃金であるから，賃金・処遇格差のすべてが違法となるわけではない。すなわち，労働の量（所定労働時間の長さ等）・質（職務内容，要求される能力・資格等）が同一であっても，パートタイマーの属人的要素（年齢・勤続年数等）や，企業による拘束の程度・企業貢献度（採用手続，労働時間設定の自由度，責任の度合い，配転義務・所定時間外労働の有無等）に基づく格差は容認されうる。この結果，正社員と同一労働に従事するパートタイマーについては，責任・拘束面における正社員との違い（近似性）に即した賃金差額相当の損害賠償請求が認容されることになる。[16]均衡の要素の具体的判定や損害の認定は，「均衡の理念」を考慮した裁判所の合理的裁量に委ねるべきであろう。

裁判例では，以上の私見に近い判断を示したものがある。[17]この事件では，正社員とともに組立てラインに配置され，同種業務にほぼ同一時間従事していたパートタイマー（期間雇用労働者）の賃金格差が争われたが，判決は，同一労働同一賃金原則を否定しつつ，その根底にある均等待遇の理念が公序を構成すると解した上，パートタイマーの賃金が同一勤続年数の正規従業員の8割以下となるときは公序違反となると解し，実際の賃金額と8割相当額の差額について

表 8-1　2007年改正パートタイム労働法のポイント

【短時間労働者の態様】通常の労働者と比較して，			賃　金		教育訓練		福利厚生	
職務（仕事の内容および責任）	人材活用の仕組み（人事異動の有無および範囲）	契約期間	職務関連賃金・基本給・賞与・役付手当等	左以外の賃金・退職金・家族手当・通勤手当等	職務遂行に必要な能力を付与するもの	左以外のもの（ステップアップを目的とするもの）	健康の保持または業務の円滑な遂行に資する施設の利用	左以外のもの（慶弔見舞金の支給，社宅の貸与等）
① 同視すべき者								
同じ	全雇用期間を通じて同じ	無期 or 反復更新により無期と同じ	◎	◎	◎	◎	◎	◎
② 職務と人材活用の仕組みが同じ者								
同じ	一定期間は同じ	―	□	―	○	△	○	
③ 職務が同じ者								
同じ	異なる	―	△		○	△	○	
④ 職務も異なる者								
異なる	異なる	―	△		△	△	○	

(注)　◎…短時間労働者であることによる差別的取扱いの禁止　○…実施義務・配慮義務
　　　□…同一の方法で決定する努力義務
　　　△…職務の内容，成果，意欲，能力，経験等を勘案する努力義務
(出所)　厚生労働省発表。

損害賠償請求を認容している。正社員とパートタイマーの均衡処遇を重視した判断であり，「均衡の理念」に基づく救済を行った裁判例といえる。[18]

賃金・処遇——2007年改正パートタイム労働法

以上の経緯をふまえて，2007年改正パートタイム労働法は，パートタイマーの賃金その他の待遇（特に教育訓練，福利厚生）について，職務内容，人材活用の仕組み（職務変更［人事異動］の有無・範囲）および労働契約の期間の3点から，パートタイマーを次の4つのカテゴリーに分けて，以下のような法規制を設けるに至った（表8-1参照）。

① 通常の労働者（正社員等）と同視すべきパートタイマー。
②a 職務内容が通常の労働者と同一のパートタイマー（職務内容同一短時間

労働者。表8-1では③)。
② b 職務内容も異なるパートタイマー (表8-1では④)。
③ 職務内容・一定期間の人材活用の仕組みが通常の労働者と同一のパートタイマー (表8-1では②)。

(1) 規制の内容
① 通常の労働者と同視すべきパートタイマー
　事業主は，業務の内容および当該業務に伴う責任の程度から見て，その職務の内容が当該事業所における通常の労働者と同一の短時間労働者（職務内容同一短時間労働者）であって，当該事業主と期間の定めのない労働契約を締結している者のうち，当該事業所における慣行その他の事情から見て，当該事業主との雇用関係が終了するまでの全期間において，職務の内容および配置が通常の労働者と同一の範囲で変更されると見込まれる者（通常の労働者と同視すべき短時間労働者）については，短時間労働者であることを理由として，賃金の決定，教育訓練の実施，福利厚生施設の利用その他の待遇について差別的取扱いをしてはならない（法8条1項）。
　上記期間の定めのない労働契約には，期間の定めのある労働契約が反復更新され，期間の定めのない契約と同視することが社会通念上相当と認められる場合が含まれる（同条2項）。また，「職務の内容及び配置が当該通常の労働者と同一の範囲で変更されると見込まれる」こととは，配転・昇進等の人事異動や職務内容・役割の変化等を総合して，パートタイマーが通常の労働者と同様の職務経験を積むことが見込まれることを意味し，これが「人材活用の仕組みの同一性」にあたる（前掲基発1001016号）。

② 一般のパートタイマー
　①以外のパートタイマー（短時間労働者）については，事業主は，通常の労働者との均衡を考慮しつつ，職務の内容，成果，意欲，能力または経験等を勘案し，その賃金を決定するよう努めるものとする。このカテゴリーは，職務内容同一短時間労働者（②a）および職務内容も異なるパートタイマー（②b）の双方を含む概念である。また，ここにいう賃金は，基本給，賞与，役付手当

等の勤務手当および精皆勤手当等の職務関連賃金を意味し，通勤手当，退職金その他の厚生労働省令で定めるものを含まない（法9条1項）[19]。

③ 職務内容・一定期間の人材活用の仕組みが通常の労働者と同一のパートタイマー

　事業主は，職務内容同一短時間労働者であって，当該事業所における慣行その他の事情から見て，当該事業主に雇用される期間のうち一定の期間において通常の労働者と同様の態様および頻度での職務変更が見込まれる者（①の短時間労働者を除く）については，通常の労働者と同一の方法によりその期間における賃金を決定するよう努めるものとする（法9条2項）。期間を定めて登用されるパート店長やパートマネジャー等がこれにあたると解される。また，パートタイマーが一定の職位・資格（たとえば「主任」）まで昇進する一方，通常の労働者がそれを超える職位・資格まで昇進する場合は，パートタイマーが当該一定の職位・資格に就いている期間が「一定の期間」に該当する（前掲基発1001016号）。

（2） 意義と課題
① 意義

　改正法の①（通常の労働者と同視すべきパートタイマー）は，パートタイム労働法史上，賃金処遇に関してはじめて設けられた強行的差別禁止規定である。ただし，条文からも明らかなとおり，通常の労働者（正社員等）と職務内容が同一であるのみならず，人材活用の仕組み（人事異動の有無・範囲）が雇用終了に至るまで同一であり，労働契約期間等の就業実態も同一のパートタイマーのみを対象とする規定であり，その適用範囲は相当に狭いと解される[20]。

　問題は，パートタイム労働法8条2項が定める，契約の反復更新によって無期契約と「同視することが社会通念上相当と認められる」有期労働契約の意義であり，この点をどう解するかによって規制の範囲が相当に異なってくる。この点，有期労働契約の反復更新によって期間の定めが形骸化し，実質的に無期契約と同視できるタイプ（後述する「雇止め・中途解雇」（1）の東芝柳町工場事件のタイプ）が含まれることに異論はないが，期間の定めや更新手続は適正に行

われているものの,雇用継続の合理的期待利益が認められるタイプ(同じく日立メディコ事件のタイプ)については,規制対象に含めない考え方がありうる。[21]しかし,直ちに8条の規制対象から排除することは適切でなく,更新状況・回数,勤続年数,更新手続の態様等を総合して個別具体的に判断すべきであろう。

次に,通常の労働者と同視すべき短時間労働者(①)以外のパートタイマー(職務内容・一定期間の人材活用の仕組みが同一のパートタイマー=③,一般のパートタイマー=②)に関する均衡処遇ルールは努力義務にとどまっており,この点に批判が集中している。しかし,もともとパートタイマーの労働契約に関する議論の焦点である均衡処遇は,労使自治に委ねられるべき賃金処遇の問題であるから,労使自治を厳格に規制する手法より,労使・企業の自主的取り組みに委ねる手法の方が望ましい。したがって,パートタイム労働の法政策としても,こうした自主的取り組みを促進する法的ルールが適切であり,このルールは,2002年の「パートタイム労働研究会最終報告」において「日本型均衡処遇ルール」として提示されていた。[22]すなわち,正社員と同一職務で,キャリア管理の実態(人事異動の幅・頻度,責任・役割の変化等)にも違いのないケースでは「均等処遇原則」の適用(賃金の決定方式の共通化)を求める一方,同一職務ながらキャリア管理の実態に違いがある場合は「均衡配慮措置」を求めるというものであり,正社員とパートタイマーの均衡処遇を基本としつつ,処遇水準の決定(決まり方)ではなく,その実現に向けた企業・労使の取り組み(決め方・プロセス)を促進するルールである。2007年の法改正は,基本的にはこのルールに即したものであり(「均等処遇原則」は改正法の①に,「均衡配慮措置」は②・③に対応する),方向性としては妥当と解される。

② 課題

もっとも,規制の内容が相当に微温的であることも否定できないので,均衡処遇の実現に向けて引き続き検討する必要がある。

まず,改正法は,①・②aおよび③のパートタイマーに共通する概念である「職務内容同一短時間労働者」を決する「職務の内容」について,「業務の内容」のみならず,「業務に伴う責任の程度」を要件としている(法8条1項参照)。しかし,後者の責任の要素は,「職務の内容」ではなく,むしろ,人事異

動の有無・範囲とともに,「人材活用の仕組み」の要素に含めるべきものと考える。さもないと,均衡処遇の要請が高い「職務内容同一短時間労働者」自体の範囲が著しく縮減される可能性があるからである。すなわち,業務＝仕事は正社員と同一であっても,それに伴う責任（顧客のクレームへの対応,トラブル発生時の対応,時間外労働の有無,他部署との調整等）を負担せず,その点で正社員とパートタイマーを区別している企業は多々存在するのであり,そうした企業において,上記責任の要素（「業務に伴う責任の程度」）を「職務の内容」に含めてしまうと,「職務内容同一短時間労働者」のカテゴリーが縮減され,法の実効性を損なう結果が生じうる。見直しを検討すべきであろう[23]。

また,①（通常の労働者と同視すべきパートタイマー）の均等処遇について,期間の定めのない労働契約を原則とする点も,要件として厳格すぎると解される。この要件は,正社員とパートタイマーの処遇格差の正当化根拠として,雇用期間の有無（有期雇用か無期雇用か）を重視する立場に帰着するが,有期パートタイマーの職務・責任は多様であるため,一律に格差を正当化する根拠とはならないと考えられるからである。削除を検討すべきであろう[24]。

さらに,②aの職務内容同一短時間労働者に関する均衡処遇のルール（9条1項）と,③の職務内容・一定期間の人材活用の仕組みが同一のパートタイマーに関する均衡処遇のルール（9条2項）は,努力義務ではなく,強行的義務として規定すべきものと解される。これら規定の上位概念である「均衡の理念」（法3条）も,本来は努力義務ではなく,強行法的規範として明定した上,その実現に向けた創意工夫を労使に委ねるという手法を採用すべきである。そのための方法はパートタイム労働法9条に示されているほか,均衡処遇をポイントとするパートタイマーの人事処遇モデルも様々に提案されており[25],「均衡の理念」を義務規定（均衡処遇義務）としても,労使自治に対する過度の介入となるものとは解されない[26]。

(3) 法律効果

通常の労働者と同視すべき短時間労働者に関する差別禁止規定（法8条。上記①）は強行規定である。したがって,法8条に違反する就業規則の差別的賃金規定等は無効となり,当該規定から生じた賃金差別については,①のパート

タイマーは，不法行為（民法709条）として差額賃金相当額の損害賠償を請求することができる。これに対し，差額賃金請求権（差別的取扱いの是正措置を求める請求権）については，労基法13条のような直律効規定が設けられていない以上，肯定することは困難であろう。(27) 一方，パートタイム労働法8条の私法的効果それ自体を否定し，①のパートタイマーの差別的取扱いは，同条を考慮した公序（民法90条）の適用によって一定範囲で違法となるにとどまるとの考え方もありうるが，法改正の趣旨からは迂遠に過ぎる解釈と思われる。

次に，職務内容同一短時間労働者を含むパートタイマー一般（法9条1項。上記②）と，職務内容・一定期間の人材活用の仕組みが同一のパートタイマー（法9条2項。上記③）に関する規制は努力義務にとどまるため，それ自体は私法的効果を発生させない。しかし，これら規定は，「均衡の理念」（同3条）と相まって公序（民法90条）を構成し，努力義務の不履行ゆえに生じた著しい賃金格差は不法行為となると解すべきである。したがって，これらパートタイマーは，通常の労働者との責任・拘束度の違い（近似性）に即した賃金差額相当額の損害賠償を請求することができる。特に，職務内容・一定期間の人材活用の仕組みが同一のパートタイマー（③）については，賃金の決定方式を正社員と同一とすることを求めるより厳しい努力義務が課されており，不法行為の成立範囲もこれに応じて拡大すると解すべきである。(28)

(4) フルタイムパートへの適用

前記のとおり，パートタイム労働法は短時間労働者にしか適用されないため，改正法の新たな規制（法8条，9条）もフルタイムパートに直接適用されることはない。しかし，均衡処遇を強化する改正法の趣旨や，労働契約法3条2項が定める均衡考慮の原則をふまえれば，短時間労働者のみを保護し，正社員により近いフルタイムパートを放置するような不正義を許容すべきではない。

具体的には，通常の労働者と同視すべき短時間労働者（①）に対応するフルタイムパートについては，差別的取扱禁止規定（法8条）と同一の規範が公序（民法90条）によって設定され，フルタイムパートであることを理由とする差別的取扱いは不法行為となり，差額賃金相当額の損害賠償責任を発生させると解すべきである。(29) また，①以外のパートタイマー（法9条。②a・②b・③）に対

応するフルタイムパートに関する著しい賃金格差についても，これらパートタイマーに関する規制と同様の規制を公序によって肯定すべきである。この点，改正法の指針（法14条）も，フルタイムパートについて同法の趣旨が考慮されるべきであることに留意することを述べ（前記2），法改正時の国会附帯決議も，政府に対し，この点を広く周知し，相談に対処することを求めている点に留意する必要がある。

教育訓練・福利厚生
（1）教育訓練・能力開発

　パートタイマーの均衡処遇を図る上では，その教育訓練・能力開発の機会の付与が重要である。そこで，改正パートタイム労働法は，通常の労働者と同視すべき短時間労働者について教育訓練に関する差別的取扱いを禁止する（法8条1項）ほか，職務内容同一短時間労働者につき，通常の労働者に対して実施する教育訓練であって，その従事する職務の遂行に必要な能力を付与するためのものについては，職務内容同一短時間労働者が既に必要な能力を有している場合その他厚生労働省令で定める場合を除いて実施することを事業主の義務と定めるに至った（法10条1項。職務内容・一定期間の人材活用の仕組みが正社員と同一のパートタイマーを含む(30)）。また，一般のパートタイマーについても，通常の労働者との均衡を考慮した教育訓練の努力義務が課される（法10条2項）。これも「均衡の理念」を具体化した規制である。

（2）福利厚生

　改正パートタイム労働法は，福利厚生施設の利用については，通常の労働者と同視すべき短時間労働者について差別的取扱いを禁止している（法8条1項）。また，それ以外のパートタイマーについても，通常の労働者に利用の機会を与える福利厚生施設であって，健康の保持または業務の円滑な遂行に資するもの（給食施設，休憩室，更衣室）については，利用の機会を与えるよう配慮する義務を定めている（法11条）。やはり「均衡の理念」を進めた規制であり，具体的には，これら施設について，通常の労働者と同じ利用規程を適用したり，利用時間に幅を設けることによってパートタイマーにも利用の機会が拡大する措置を

講ずることが「配慮」の内容とされている（前掲基発1001016号）。この結果，施設利用に定員が設けられていることを理由に，その利用を通常の労働者に限定することは11条違反と解される。

労働時間・年次有給休暇

　パートタイマーは，個人の事情に応じて労働時間設定の自由度が高いパートタイム労働を選択する者が多い。そこで指針は，事業主がパートタイマーの労働時間や労働日を決定・変更するに際しては，その事情を十分考慮するよう努め，また，所定労働時間や労働日以外に労働させないよう努めることを求めている。解釈論としても，使用者は，特約がない限り，本人の同意なしに労働時間の変更や時間外・休日労働を行わせることはできないし，特約がある場合も，上記指針の趣旨をふまえれば，本人の事情への配慮を欠いたまま行われた時間外・休日労働命令は権利濫用（労契法3条5項）となると解すべきである。一方，そうした労働によってパートタイマーを事実上拘束している場合は，使用者はそれに見合うだけの均衡処遇を求められることになる。

　年次有給休暇については，他の労働条件と異なり，従来から労基法に規制がある。すなわち，使用者は，所定労働日数が少ないパートタイマーについても，比例的に計算された法所定の年休を付与する義務を負う（労基法39条3項）。

労働災害の救済・安全配慮義務

　パートタイマーは，「労働者」（労基法9条）として，労働安全衛生法を適用されるとともに，労働災害に被災した場合は，労災保険法（労働者災害補償保険法）による保険給付の救済を受けることができる。

　次に，使用者は，労働契約上の信義則に基づく付随義務として安全配慮義務（「労働者が労務提供のため設置する場所，設備若しくは器具等を使用し又は使用者の指示のもとに労務を提供する過程において，労働者の生命及び身体等を危険から保護するよう配慮すべき義務」）を負う（労契法5条参照）。この安全配慮義務がパートタイマーに及ぶことは当然であり，労働災害に被災したパートタイマーは，安全配慮義務に基づいて使用者の民事責任（損害賠償責任）を追及することができる。むしろ，パートタイマーのように，使用者との交渉力格差が大きく，過重労働

を拒否しにくい労働者については，安全配慮義務は高度化するものと解される。裁判例では，中古車流通・情報雑誌の広告制作業務に従事していたパートタイマーの突然死につき，使用者は，業務の遂行に伴って労働者に疲労や心理的負荷が過重となって心身の健康を損なわないよう労働時間等について適正な労働条件を確保する義務を負うところ，業務に不慣れなパートタイマーを違法な時間外労働を含む長時間労働に従事させ，死亡させたことにつき安全配慮義務違反を肯定し，損害賠償請求を認容した例がある。[32]

人事異動

パートタイマーは，自分の都合に合わせて，自ら希望する仕事に，自分が居住する地域で就労することを予定して労働契約を締結することが多い。したがって，パートタイマーについては，異職種や遠隔地への配転がないことが原則であり，この点は，パート就業規則や雇入通知書において配転命令権を留保した場合も同様に解すべきである。一方，こうした人事異動が正社員と同様に行われていれば，前記①または③のタイプのパートタイマーとして，パートタイム労働法の規制（法8条・9条2項）が及ぶことになる。

正社員転換措置

パートタイマー（特に基幹パート・フルタイムパート）は，正社員転換を求めるニーズが高い。そこで，2007年改正パートタイム労働法は，通常の労働者（正社員）への転換を推進するための措置として，以下の3つのうちいずれかの措置を講ずべき義務を規定するに至った（法12条1項）。すなわち，
① 通常の労働者を募集する場合において，当該募集の掲示等により，その者が従事すべき業務内容，賃金，労働時間その他の事項を当該事業所のパートタイマーに周知すること。
② 通常の労働者を新たに配置する場合において，当該配置の希望を申し出る機会を当該事業所のパートタイマーに付与すること。
③ 一定の資格を有するパートタイマーを対象とする正社員転換のための試験制度を設けること。
の3点である。また国は，正社員転換を推進するため，以上の措置を講ずる事

業主に対する援助等必要な措置を講ずるよう努めるものとされる（同2項）。

この法改正は，正社員転換を促進するための規制としてきわめて有意義なものと評価できる。すなわち，雇用の多様化が進行しているとはいえ，労働者にとっては，正社員雇用がより良好な雇用機会であることは明らかであるし，企業から見ても，正社員は企業理念，企業戦略，ノウハウ・技能の継承という点で欠かせない存在である。したがって，パートタイム労働政策としては，パートタイマーについては，その均衡処遇を促進しつつ，同時に，正社員転換を求める者については，そのニーズを支援すべきである（Temp to Perm）。雇用社会の方向性としては，①正社員雇用を中核としつつ，②パートタイマーとして働く人々について，正社員との間でバランスのとれた雇用・処遇を保障していくことが重要である。パートタイム労働法8条〜11条を中心とする同法の本体が②に対応する法規制であるとすれば，法12条1項は，①に対処するための有用な法規制であり，企業は，この規定をふまえて，正社員転換措置の合理的な制度設計と運用を行う必要がある。[33]

ところで，正社員転換措置を講ずるに際しては，正社員雇用自体の多様化・多元化も課題となる。この点，現状では，正社員が拘束性の強いフルタイム正社員に限定されているため，正社員雇用のコストが高く，パートタイマー等の正社員転換が進まない状況にある。これに対し，正社員の雇用管理区分を多元化し，多様な中間形態（勤務地限定社員，職種限定社員，短時間正社員，在宅就労社員，有期雇用の正社員等）を創出すれば，パートタイマーは無理なくそれら正社員に移動することができる。ここでポイントとなるのは，多様化した正社員相互の均衡処遇であり，正社員・パートタイマー間の均衡と同様，正社員相互の間でも，拘束性・責任度が低い正社員については，賃金，昇格，昇進，雇用保障の面で一定の合理的格差を設けることは適法と解される。こうした解釈によって正社員雇用のインセンティブを高め，Temp to Perm を促進する必要がある。[34]

なお，正社員転換措置（法12条1項）は単なる努力義務規定ではなく，強行規定であるが，その法律効果は必ずしも明らかではない。私法的効果としては，企業が何らの転換措置も講じなかったために，正社員雇用の機会を逸したパートタイマーが慰謝料請求を行うことが考えられるが，さほど有効ではない。む

しろ，正社員転換措置を企業の行為規範として明確化した点に意義があるというべきであろう。

説明義務・紛争処理システム
以上の実体的規定に加えて，2007年改正パートタイム労働法は，手続的規制も新設した。

（1）説明義務
事業主は，労働条件明示規定，就業規則作成規定，賃金に関する差別的取扱いの禁止・均衡の確保規定，教育訓練規定，福利厚生規定，正社員転換制度について考慮した事項について，パートタイマーから求めがあったときは説明しなければならない（法13条）。従来，指針に置かれていた努力義務を強化したものであり，労働条件等に関する情報提供と紛争処理を図る上で有意義である。

（2）紛争処理システム
次に，紛争処理システムとしては，改正法は雇用機会均等法に倣い，一定の事項（労働条件明示義務，賃金に関する差別的取扱い規制，職務同一短時間労働者に関する教育訓練規定，福利厚生規定，正社員転換制度および説明義務）について次の3点のシステムを新設した。従来はほとんど実効性のなかった紛争処理システムを相当程度整備したものといいうる。
①苦情の自主的解決　事業主は，上記事項についてパートタイマーから苦情の申し出を受けたときは，苦情処理機関（事業主を代表する者および当該事業所の労働者を代表する者を構成員とする当該事業所の機関）に対し，当該苦情の処理を委ねる等その自主的な解決を図るよう努めるものとする（法19条）。
②紛争解決援助　都道府県労働局長は，上記事項をめぐる紛争に関し，当該紛争当事者の双方または一方から解決につき援助を求められた場合は，当事者に対し，必要な助言・指導または勧告をすることができる（法21条1項）。
③個別労働紛争解決促進法上の紛争調整委員会による調停　都道府県労働局長は，上記紛争について，当該紛争の当事者の双方又は一方から調停の申請があった場合において，紛争解決のために必要と認めるときは，個別労働関

係紛争の解決促進に関する法律6条1項の紛争調整委員会に調停を行わせるものとする（法22条1項）。

④不利益取扱いの禁止　事業主は，パートタイマーが紛争解決の援助を求めたことを理由として，解雇その他の不利益な取扱いをしてはならない（法21条2項）。パートタイマーが調停の申請をした場合も同じである（法22条2項）。

解　雇

期間の定めのない労働契約を締結したパートタイマーの解雇については，解雇権濫用規制（労契法16条）が適用され，解雇は，「客観的に合理的な理由を欠き，社会通念上相当であると認められない場合は，その権利を濫用したものとして無効とする」。一般に，解雇の理由は，①労働者の傷病，②能力不足・適格性欠如，③欠勤，勤務態度不良等の職務懈怠，④経歴詐称，⑤業務命令違反，不正行為等の服務規律違反，⑥整理解雇に類型化されるが，パートタイマーの場合は，解雇の合理的理由は正社員より緩和されうる[35]。とはいえ，期間の定めのない労働契約を締結している以上，パートタイマーといえども，その雇用継続の期待利益に即して解雇が制限されるのであり，安易な解雇が許されないことは当然である。裁判例では，パートタイマーとして雇用されてきた英文タイピストが余剰人員となったことを理由とする解雇につき，同人は期間の定めのない雇用契約によって15年以上勤務しており，雇用継続に対する期待・信頼利益は正社員に近いものがあるところ，使用者は，解雇に際して，配置転換や退職勧奨等の回避努力を行っていないとして解雇権濫用と判断した例がある[36]。

一方，職種や勤務地を限定されて雇用されるパートタイマーの場合，一方的配転命令が排斥される代わりに，当該職種や勤務場所が失われた場合の雇用確保措置（解雇回避努力義務）が縮減されることはやむをえないと解される。

なおパートタイマーの解雇については，労基法上の解雇制限（19条），解雇予告（20条）および退職時の証明（22条）の規制も及ぶ。

雇止め・中途解雇

（1）雇止めに対する解雇規制の類推

① 問題の所在

より重要な論点は，有期労働契約によって雇用されたパートタイマーに対する更新拒絶（雇止め）であり，パートタイマーは有期契約で雇用される場合が多いことから問題となる。この点，民法上は，有期労働契約は当該期間の満了とともに自動的に終了するのが原則であり，期間の定めのない労働契約の解約（解雇）におけるような合理的理由を必要としない。実際には，有期労働契約が長期にわたって反復更新されるケースにおいて，使用者が有期契約の更新拒絶（雇止め）によって雇用を打ち切る取扱いが一般化している。しかし，この取扱いを無制限に認めると，雇用が著しく不安定となるため，雇止めの法規制が課題となる。[37]

② 判例法理の展開

　判例は，まず有期労働契約が反復更新され，期間の定めが形骸化しているケースにつき，実質的に期間の定めのない労働契約と同一の関係となっていると解して解雇権濫用法理の類推を認め，雇止めは客観的に合理的な理由を要すると判断した（東芝柳町工場事件）[38]。事案は，雇用期間2カ月の臨時工が契約を5〜23回更新し，職務は本工と同様であり，使用者が採用時に長期雇用を期待させる言動を行い（「期間が満了しても，真面目に働いていれば解雇しない」等と発言），更新手続も形骸化していたというものであるが，最高裁は，労使双方から「格別の意思表示がなければ当然更新されるべき労働契約を締結する意思であった」と解釈し，有期労働契約が多数回の更新を経て，期間の定めのない契約と異ならない状態となっていると判断した。

　もっともその後，この判例法理の影響もあって，期間雇用の更新手続等の雇用管理が厳正化され，期間の定めのない労働契約と同視できるようなケースは減少していく。そこで判例は，有期契約が期間の定めのない労働契約と同視できない場合も，雇用継続に対する労働者の期待利益が保護に値する場合は，解雇権濫用法理を類推し，雇止めに合理的理由を求めるという新たな理論を展開した。リーディングケースとなった判例（日立メディコ事件）[39]は，2カ月の有期労働契約を5回更新した臨時工の雇止めにつき，更新のつど本人意思を確認する手続がとられていたことから，期間の定めのない労働契約と同視はできないが，「その雇用関係はある程度の継続が期待されていた」から，雇止めには

「解雇に関する法理が類推され，解雇であれば解雇権の濫用，信義則違反……に該当して解雇無効とされるような事実関係の下に使用者が新契約を締結しなかったとするならば，期間満了後……は従前の労働契約が更新されたのと同様の法律関係となる」と判断し，有期労働契約の更新を肯定した。

③ 雇止め規制の判断基準

その後の裁判例も，上記判例（特に日立メディコ事件）をふまえて雇止めの法規制を図っている。そのポイントは，雇用継続に関する労働者の期待利益が法的保護に値する程度に達しているか否かであり，当事者の意思解釈を通して探求される。具体的には，①職務内容・勤務実態の正社員との同一性・近似性，②雇用管理区分の状況，③契約締結・更新の状況（有無・回数・勤続年数等），④更新手続の態様・厳格さ，⑤雇用継続を期待させる使用者の言動・認識の有無・程度，⑥他の労働者の更新状況が判断要素となる。パートタイマーについても同様であり，たとえば，期間1年の労働契約を2回〜6回更新してきた「定勤社員」（基幹パート）につき，契約更新が事業部長の決定によるなど厳格な手続で実施されてきた（④）以上，期間の定めのない契約と同一の関係とはいえないが，他方，「定勤社員」が期間2カ月の臨時社員として2年以上勤務してはじめて得られる資格であること（②），事業遂行上必要不可欠の業務に組み込まれ，長年勤務してきたこと（①），勤続年数が長く，契約更新を重ねてきたこと（③・⑥）等の事情から，雇用継続への期待利益の強さを認め，特段の事情がない限り期間満了後も雇用の継続を予定していたとして解雇権濫用法理の類推を認めた裁判例がある。

(2) 雇止めの合理的理由

以上のように，雇止めに対する解雇規制の類推が認められると，雇止めは合理的理由と社会通念上の相当性を求められ（労契法16条），人員整理目的の雇止めについては，整理解雇の4要素（人員削減の必要性，解雇回避努力義務の履行，被解雇者選定の相当性，労働者との協議・説明）に準じた規制が行われる。ただし，この雇止めについては，有期雇用の趣旨に鑑み，正社員に対する整理解雇と同程度の合理的理由は求められない。判例（前掲日立メディコ事件）も，常用的臨

時工の雇止めについて、臨時工は比較的簡易な採用手続で雇用されるため、雇止めの判断基準は、期間の定めのない労働契約を締結している本工の解雇とは「おのずから合理的な差異がある」と述べた上、臨時工の雇止めに先立つ本工の希望退職の募集を不要と解し、また本工の希望退職者募集に先立ち臨時工の雇止めが行われてもやむをえないと判断している。パートタイマーについても同様に解される。

とはいえ、パートタイマーの実態は多様であるから、その雇用の実態に即した要件が求められ、それを欠いたまま行われた雇止めは否定される。特に、有期労働契約を反復更新するなどして雇用継続の期待利益が高い労働者については、希望退職者募集などの雇止め回避措置が求められる。裁判例も、常用的「定勤社員」（基幹パート）の雇止めに関して、その期待利益の大きさに応じた雇止め回避努力義務を肯定し、定勤社員の希望退職者募集をしないまま一斉に行った雇止めの効力を否定する一方[41]、雇止めに際して、雇止め後の就職先を斡旋しているケースでは、十分な回避努力を認めて雇止めを適法と判断している[42]。

なお、パートタイム労働法上は、契約更新によって1年を超えて使用しているパートタイマーについて、契約期間を1年以内の範囲でできるだけ長くするよう努めること、雇止めに際しては、30日前に予告することが事業主の義務とされている（前掲基発1001016号）[43]。

（3）中途解約（解雇）

近年には、パートタイマー等の有期雇用労働者の中途解約（解雇）をめぐる紛争が増えている。この点については従来、民法628条が、「やむを得ない事由」がある場合の当事者の即時解除権を規定するとともに、解除事由が当事者の一方の過失によって生じた場合は、相手方に対して損害賠償責任を負うことを規定していた。期間を定めて労働契約を締結した以上、その期間中は契約の拘束力が及ぶことから、一定の重大な事由の発生を即時解除の要件としたものである。そして、この規定は使用者による解雇についてのみ労働契約法に継承され、「使用者は、期間の定めのある労働契約について、やむを得ない事由がある場合でなければ、その期間が満了するまでの間において、労働者を解雇することができない」と規定された（労契法17条1項）。この中途解雇には、労基

法20条・21条の解雇予告制度が適用される。なお，労働契約法17条1項は，中途解雇を制限する規定であるから，中途解雇の根拠規定となるものではなく，その根拠規定は従来どおり，民法628条に求められる。[44]

　民法628条および労働契約法17条1項の「やむを得ない事由」とは，期間の満了まで雇用を継続することが不当・不公平と認められるほどに重大な理由が生じたことをいい，[45]解雇については，期間の定めのない労働契約に関する解雇権濫用規制（労契法16条）の解雇要件（「客観的に合理的な理由」）より厳格に解釈される。具体的な解雇事由としては，労働者の就労不能や悪質な非違行為のほか，天災事変や経済的事情による事業継続の困難化が挙げられ，労働者側の退職事由としては，賃金不払い等の重大な債務不履行や労働者自身の就労不能等が挙げられる。パートタイマーについては，その労働契約の更新後，わずか5日後に行われた人員整理目的の中途解雇を無効と判断した例がある。[46]

　では，民法628条および労働契約法17条1項は強行規定か，それとも，労使間合意があれば，より緩やかな要件を定める合意を許容する任意規定か。この点，民法628条に関する学説では，強行規定説が有力であり，裁判例も，この立場に立つものが多い。[47]これに対し，最近の裁判例では，民法628条につき，同条の趣旨は，有期労働契約であっても，当事者の長期的拘束を回避するため「やむを得ない事由」による解除を認める点にあるとして片面的強行法規と解し，解除事由を厳格化する合意は無効であるが，これを緩和する合意は有効（この面では任意法規）と解して，有期雇用契約書の中途解約特約を有効と判断した例がある。[48]しかし，有期労働契約においては，期間の定めに対する当事者の信頼利益を保護すべきであるから，民法628条・労働契約法17条1項の双方について，強行法規説を支持すべきである。すなわち，両規定の「やむを得ない事由」を緩和する労使間合意は，解雇については労働契約法17条1項違反として，退職については民法628条違反として無効と解すべきである。[49]

4　「パート社員の活用と均衡処遇」の今後

　本章で検討してきたように，2007年の改正パートタイム労働法は，企業におけるパートタイマーの活用と均衡処遇を進めるための梃子となる法であり，そ

うした取り組みを動機付ける役割を営むという意味で，パートタイマーの労働契約の適正な運営に関するインセンティブ規制と呼ぶことができる。

　折しも，企業においては，競争力の強化や人材確保を目的として，流通業やサービス業を中心に，パートタイマーの処遇・雇用を改善する動きが活発化しており，パートタイマーの均衡処遇を進める動きと，パートタイマーの正社員転換を進める動きが並行している。前記のとおり，今後は，パートタイマーの均衡処遇を促進しつつ，並行して正社員転換を進めることが「均衡の理念」の方向性として適切であり，企業の動向はこの方向性と符合している。換言すれば，こうした動向は「改正パートタイム労働法の先取り」と評価できるものであり，改正法のインセンティブ規制としての性格を立証しているともいえる。今後，こうした取り組みがさらに広がることを期待したい。

　注
(1) パートタイム労働の実情と雇用管理の変化に関しては，厚生労働省（2002）参照。また，最近のパートタイム雇用事例については，労務行政研究所（2007：2）が，正社員転換制度の企業事例については，労働政策研究・研修機構（2007）が詳しい。
(2) 両角（2008：50）は，パートタイマーの不利益取扱いを差別として規制すべき理由として，自由市場の下では，正社員を希望しながらパートタイマーとして就職せざるをえず，実質的にはパートタイマーとしての契約が本人の意思に基づく選択とはいえない場合が少なくないことと，パートタイマーの約7割は女性であり，雇用上の男女格差を増幅させ固定化する結果を生んでいることの2点を挙げる。
(3) 特に，厚生労働省（2002）が重要である。パートタイム労働をめぐる立法政策については，水町（1997），和田（2000：24），西谷（2003：56），奥田（2003：351），土田（2002：135）なども参照。
(4) パートタイム労働法の制定経緯については，松原（1994）が詳しい。
(5) 2007年改正パートタイム労働法については，両角（2008：45），和田（2008：117以下），日本経団連労政第二本部（2008）参照。概観として，土田（2008a：300以下，2008b：681以下）。改正法に対する企業の対応調査として，労務行政研究所（2008：2）参照。
(6) 両角（2008：46），和田（2008：126）参照。
(7) 「均衡の理念」に関しては，土田（1999：547，2002：122，2008b：685）参照。
(8) 2007年改正法のベースとなった厚生労働省労働政策審議会雇用均等分科会

(2006) も，賃金その他の労働条件に関する実体的規制を提言した上，それらをふまえて，「パートタイム労働法第3条において，事業主の責務として，通常の労働者との均衡ある待遇の確保を規定することが適当である」と述べている。

(9) 就業規則の法的拘束力に関する労働契約法の諸規制については，土田（2008b：136以下，508以下）参照。

(10) この問題については，土田（1999：543）のほか，山田（1997：111），浅倉（2000：397），島田（2000：86），西谷（2003：56），和田（2008：107）など参照。

(11) 菅野（2008：138），土田（2008b：81），林（2000：94）。裁判例として，京都市女性協会事件・京都地判平成20・7・9労判973号52頁。

(12) 浅倉（2000：45），山田（1997：117），林（2000：93）など。

(13) 同旨，菅野・諏訪（1998：131）。

(14) 菅野・諏訪（1998：129以下），菅野（2007：178）。同旨の裁判例として，日本郵便逓送事件・大阪地判平成14・5・22労判830号22頁。

(15) 土田（1999：563以下，2008b：685）。結論は近いが，より端的に，パートタイマーに関する著しい賃金格差は，賃金について平等取扱いを受けるべきパートタイマーの利益を侵害するものとして不法行為となると説く見解もある。島田（2000：94），下井（2007：45）。

(16) 土田（1999：568，2008b：686）参照。これに対し，雇用期間の有無（有期雇用か無期雇用か）については，正社員とパートタイマーの処遇格差を正当化する根拠と考えるべきではない。この点は，改正パートタイム労働法8条に即して後述する。

(17) 丸子警報器事件・長野地上田支判平成8・3・15労判690号32頁。

(18) 和田（2008：116）も，丸子警報器事件判決は，筆者が説く「均衡の理念」に基づいた判断を行っていると指摘している。

(19) 「その他の厚生労働省令で定めるもの」としては通勤手当，退職手当，家族手当，住宅手当，別居手当，子女教育手当の他，職務内容と密接な関連を有する賃金以外の賃金が挙げられている（法施行規則3条）。

(20) 裁判例では，財団法人の嘱託職員が，正規職員との賃金格差について，同一価値労働同一賃金の原則もしくは公序に反する不法行為であるとして，差額賃金相当額等の損害賠償を請求した事案につき，改正法8条の趣旨を斟酌して検討した上，嘱託職員は市民や女性からの相談業務として質の高い労務を提供しているといえるが，他方，正規職員が職務ローテーションによって異なる業務に就くのに対し，相談業務を中心に従事していること，苦情対応についても正規職員が行い，嘱託職員が行うことはないこと等の理由から，未だ通常の労働者と同視すべきパートタイマーに該当するとはいえず，不法行為は成立しないとして棄却した例がある（前掲・京都

市女性協会事件〔注11〕)。
(21) 石嵜 (2007:25) 参照。第一東京弁護士会労働法制委員会 (2007) も参照。
(22) 厚生労働省 (2002)。このルールはその後，2004年の改正パートタイム労働指針において具体化され，2007年改正の先駆的役割を果たした。
(23) 荒木・土田・中山・宮里 (2007:29［土田発言］)，土田 (2008b:689)。同旨，和田 (2008:128)。もっとも，パートタイム労働法の運用上は，「責任の程度」が通常の労働者と「著しく異なって」いないかどうかが判断基準とされ，「責任の程度」要件が若干緩和されていることに留意する必要がある (前掲基発1001016号)。
(24) もっとも，①のパートタイマーについては，人材活用の仕組みの同一性(人事異動の有無・範囲の同一性，職務内容の変更の同一性)が要件とされており(法8条1項。この要件自体は適切である)，有期雇用のパートタイマーが無期雇用の正社員と同一の人事異動や職務変更に服することは少ないため，期間の定めのない労働契約の要件を除外したとしても，有期パートタイマーが①として認められるケースは少数と推測される。しかし，有期労働契約を反復更新するパートタイマーの中には，長期雇用によって正社員と同様の人事異動・職務変更に服し，人材活用の仕組みの同一性の要件を満たす者が生ずる余地がある。そうしたパートタイマーについては，法8条の差別禁止規定の適用を否定すべき理由はないであろう。
(25) 短時間労働の活用と均衡処遇に関する研究会 (2003)，21世紀職業財団 (2005) など。
(26) 本文の私見に対しては，均衡処遇を決する賃金決定の要素は企業によって多様であり，均衡処遇義務の内容も不明確とならざるをえないことから，法的な意味での義務たりえず，努力義務にとどめておく方が適切との批判がなされうる。しかしながら，均衡処遇義務の前提を成す「均衡の理念」(法3条) は，パートタイマーの均衡処遇の水準ではなく，その実現に向けた企業の取り組み(決め方・プロセス)を促進しようとするルールである。したがって，企業がパートタイマーの人事処遇モデル(注25)を参考に適切な賃金制度を構築・運用し，賃金決定を実行していれば，均衡処遇義務を履行したものと評価できるのであり，それによって義務内容は明確化されるものと解される。具体的には，「職務の内容，職務の成果，意欲，能力又は経験等を勘案し」て賃金を決定すること (②ａの職務内容同一短時間労働者に関する法9条1項) や，「通常の労働者と同一の方法により賃金を決定する」こと (③のパートタイマーに関する法9条2項) が均衡処遇義務の内容となる。そして，そのような賃金決定を実行していれば，正社員とパートタイマー間の賃金・処遇格差が現実に是正されることは経験則上，明らかであり，その結果，正社員とパートタイマーの間になお賃金格差が存在するとしても，それが著しい格差でない限り，両者間の合理的な賃金格差を許容する「均衡の理念」によって許容されるこ

とになる。こうして，均衡処遇義務を法的義務として観念することは十分可能と解される。荒木・土田・中山・宮里（2007：32以下［土田発言，中山発言］）参照。
(27)　同旨，菅野（2008：190），両角（2008：48）。これに対し，和田（2008：129）は，パートタイム労働法に労基法13条のような直律効規定がないことを差額請求権肯定説の難点としつつも，労働契約上の平等取扱義務を介在させることで請求権を肯定すべきであると説く。
(28)　土田（2008b：690）。
(29)　同旨，両角（2008：52）。土田（2008b：690）も参照。和田（2008：135）は，フルタイムパートについてはパートタイム労働法の規定を類推適用すべきと説く。
(30)　「その他の厚生労働省令で定める場合」としては，職務内容が当該事業所に雇用される通常の労働者と同一の短時間労働者が既に当該職務に必要な能力を有している場合が挙げられている（法施行規則4条）。
(31)　川義事件・最判昭和59・4・10民集38巻6号557頁。電通事件・最判平成12・3・24民集54巻3号1155頁も参照。労働契約法5条は，「使用者は，労働契約に伴い，労働者がその生命，身体等の安全を確保しつつ労働することができるよう，必要な配慮をするものとする」と規定した。詳細は，土田（2008b：461以下）参照。
(32)　ジェイ・シー・エム事件・大阪地判平成16・8・30労判881号39頁。
(33)　もっとも，パートタイマーを優先的に正社員に転換させる措置等を講じない限り，法の実効性は乏しいという批判もある。和田・今野・木下（2008：108［今野発言］）参照。
(34)　土田（2004：46）参照。
(35)　土田（2008a：254以下，2008b：584以下）。
(36)　ワキタ事件・大阪地判平成12・12・1労判808号77頁。
(37)　雇止めの法規制を含む有期労働契約の法律問題については，労働省労働基準局監督課編（2000），櫻庭（2004：275），土田（2008b：666以下）参照。
(38)　最判昭和49・7・22民集28巻5号927頁。
(39)　最判昭和61・2・4労判486号6頁。
(40)　三洋電機事件・大阪地判平成3・10・22労判595号9頁。同旨，安川電機［本訴］事件・福岡地小倉支判平成16・5・11労判879号71頁。
(41)　前掲・三洋電機事件（注40）。
(42)　芙蓉ビジネスサービス事件・長野地松本支決平成8・3・29労判719号77頁。
(43)　また，労働契約法17条2項は，「使用者は，期間の定めのある労働契約について，その労働契約により労働者を使用する目的に照らして，必要以上に短い期間を定めることにより，その労働契約を反復して更新することのないよう配慮しなければな

らない」と規定する。短期労働契約の反復更新によって期間雇用労働者の地位が不安定になることを規制する趣旨の規定であり，パートタイマーにも適用される。

⑷⑷　同旨，厚生労働省「労働契約法の施行について」（平成20・1・23基発0123004号）。
⑷⑸　三宅（1989：107）。
⑷⑹　安川電機事件・福岡高決平成14・9・18労判840号52頁。
⑷⑺　前掲・安川電機事件（注46）。
⑷⑻　ネスレコンフェクショナリー事件・大阪地判平成17・3・30労判892号5頁。篠原（2005：6）参照。
⑷⑼　土田（2008b：679），菅野（2008：180）。

参考文献

浅倉むつ子（2000）『労働とジェンダーの法律学』有斐閣（初出：「パートタイム労働と均等待遇原則　上・下」『労働法律旬報』1385号・1387号（1996））。

荒木尚志・土田道夫・中山慈夫・宮里邦雄（2007）「パネルディスカッション　新労働立法と雇用社会の行方」『ジュリスト』1347号。

石嵜信憲（2007）「労働契約法・労働基準法・パート労働法」『ビジネス法務』7月号。

奥田香子（2003）「パートタイム労働の将来像と法政策」西谷敏・中島正雄・奥田香子編『転換期労働法の課題』旬報社。

厚生労働省（2002）『パート労働の課題と対応の方向性――パートタイム労働研究会最終報告』。

厚生労働省労働政策審議会雇用均等分科会（2006）『今後のパートタイム労働対策について』。

櫻庭涼子（2004）「有期雇用労働」角田邦重・毛塚勝利・浅倉むつ子編『労働法の争点（第3版）』有斐閣。

篠原信貴（2005）「業務の内部委託を理由とする雇用契約期間中の解雇・雇止め」『労働判例』893号。

島田陽一（2000）「雇用・就業形態の多様化と法律問題」『自由と正義』51巻12号。

下井隆史（2007）『労働基準法（第4版）』有斐閣。

菅野和夫（2007）『労働法（第7版補正版）』弘文堂。

菅野和夫（2008）『労働法（第8版）』弘文堂。

菅野和夫・諏訪康雄（1998）「パートタイム労働と均等待遇原則」『現代ヨーロッパ法の展望』東京大学出版会。

第一東京弁護士会労働法制委員会（2007）「改正パートタイム労働法8条2項に関する研究報告」『季刊労働法』220号。

短時間労働の活用と均衡処遇に関する研究会（2003）『短時間労働の活用と均衡処遇——均衡処遇モデルの提案』社会経済生産性本部。
土田道夫（1999）「パートタイム労働と『均衡の理念』」『民商法雑誌』119巻4・5号。
土田道夫（2002）「解雇・労働条件の変更・ワークシェアリング——『働き方の多様化』に向けた法的戦略」『同志社法学』288号。
土田道夫（2004）「非典型雇用とキャリア形成」『日本労働研究雑誌』No. 534。
土田道夫（2008a）『労働法概説』弘文堂。
土田道夫（2008b）『労働契約法』有斐閣。
西谷敏（2003）「パート労働者の均等待遇をめぐる法政策」『日本労働研究雑誌』No. 518。
21世紀職業財団（2005）『パートタイム雇用管理事例集』。
日本経団連労政第二本部（2008）『改正パートタイム労働法早わかり』日本経団連出版。
林和彦（2000）「賃金の決定基準」日本労働法学会編『賃金と労働時間』（講座21世紀の労働法5巻）有斐閣。
松原亘子（1994）『短時間労働者の雇用管理の改善等に関する法律』労務行政研究所。
水町勇一郎（1997）『パートタイム労働の法律政策』有斐閣。
三宅正男（1989）『新版注釈民法(16)』有斐閣。
両角道代（2008）「均衡待遇と差別禁止——改正パートタイム労働法の意義と課題」『日本労働研究雑誌』No. 576。
山田省三（1997）「パートタイマーに対する均等待遇原則」『日本労働法学会誌』90号。
労働省労働基準局監督課編（2000）『有期労働契約の反復更新の諸問題』労務行政研究所。
労働政策研究・研修機構（2007）『パート・契約社員等の正社員登用・転換制度——処遇改善の事例調査』労働政策研究・研修機構。
労務行政研究所（2007）「人材獲得競争下のパートタイマーの戦略的活用」『労政時報』3704号。
労務行政研究所（2008）「改正パートタイム労働法に企業はどう対応したか」『労政時報』3734号。
和田肇（2000）「パートタイム労働者の『均等待遇』」『労働法律旬報』1485号。
和田肇（2008）『人権保障と労働法』日本評論社。
和田肇・今野久子・木下潮音（2008）「鼎談　改正パート労働法および改正雇用対策法の実務への影響」『季刊労働法』220号。

第9章　非正社員から正社員への転換
――正社員登用制度の実態と機能――

原　ひろみ

1　正社員登用制度の現状と非正社員の意識

正社員登用制度とは

　正社員登用制度とは，パート・アルバイト，契約社員などの非正社員という雇用形態で働く労働者を，彼らの働きぶりや技能に応じて正社員へと登用・転換する制度のことである。1990年代初頭以降，雇用者に占める非正社員割合が増大し，少子高齢化の進展で労働力確保が困難になっている労働市場環境下で，正社員登用制度は，企業が非正社員を有効に活用するための人的資源管理上の工夫の1つとして注目が集まっている。

　正社員登用制度の導入は，雇用している非正社員の中から必要な人材を正社員として企業が確保することを可能とするだけでなく，今の勤務先でキャリアの上限がより高く設定されたキャリアパス選択が可能であることを示すことで，そこで非正社員として働いている人たちのインセンティブを高め，職場への定着や生産性アップにもつながるだろう。もちろん，労働者側，すなわち非正社員にとっても，職業能力開発を促進し，長期的なキャリア形成ルートにのるための有効な手段の1つとなりうる。[1]

　また，2008年4月には，事業主に対し，雇用する短時間労働者について，通常の労働者への転換を推進するための措置を講じなければならないことが盛り込まれた改正パートタイム労働法が施行されるとともに，中小企業への正社員登用制度の導入を援助する中小企業雇用安定化奨励金が創設されるなど[2]，非正社員の正社員への転換は政策的にも重要課題と認識されている[3]。このように，

社会経済環境が変化する中で、正社員登用制度に期待される役割は、今後さらに大きくなると考えられる。

　それでは、正社員登用制度は我が国でどの程度普及しているのであろうか。厚生労働省『パートタイム労働者総合実態調査報告』から、パートから正社員への登用制度がある事業所の割合の変化をみていこう。『パートタイム労働者総合実態調査報告』におけるパートの定義は、正社員以外の労働者でパートタイマー、アルバイト、準社員、嘱託、臨時社員などの職場での呼称にかかわらず、1週間の所定労働時間が正社員よりも短い労働者である。図9-1から、90年代半ば以降、パートを雇用している事業所のうち正社員登用制度を導入している事業所の割合は微増しており、2005年には47.3％と半数に近い事業所で導入されていることがわかる。

正社員登用制度のメリット

　パート・アルバイトなどの非正社員という雇用形態のままで、彼らを長期的に育成し活用することには、異動の範囲が制約されてしまったり、契約更新を辞退されてしまったりするなどといった限界がある。この限界を克服し、非正社員として採用した人材をより長期的な視点にもとづいて育成し、活用していくための手段として、正社員に登用し、長期的なキャリア形成のルートにのせること、すなわち正社員登用制度の導入が選択肢の1つとなりうる。ここでは、企業にとっての正社員登用制度導入の具体的なメリットを、佐藤編（2004：43-47）を参考にまとめよう。

　正社員登用制度の主なメリットとして、第1に、非正社員の中で優秀な人材を正社員へ登用することで、彼らの定着や仕事意欲の向上をうながすことが挙げられる。一般的に、賃金水準など正社員の労働条件は非正社員よりも高く、また、雇用の安定性も正社員のほうが高い。このほかにも、正社員としたほうが、より裁量性の高い仕事や責任の重い仕事を任せることができる。また、より高いキャリアの上限の達成が可能であること示すことは、非正社員のインセンティブアップにつながる。そのため、正社員登用には、労働条件や仕事への満足度を高める効果が期待でき、ひいては優秀な人材を定着させ、かつやりがいを高めることで労働意欲を一層高めることができるというメリットが期待で

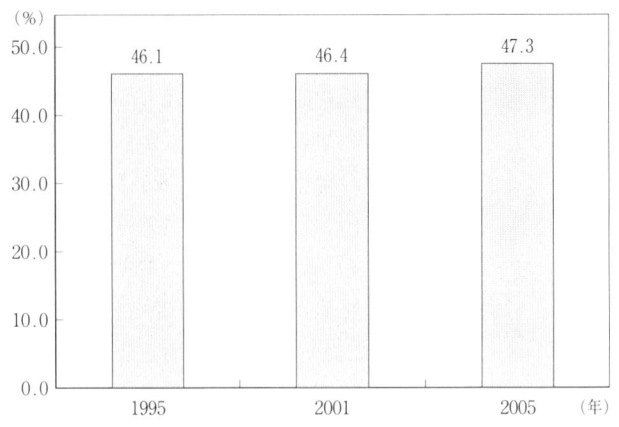

第Ⅲ部　非典型社員と外部人材の活用

図9-1　パートから正社員への登用制度がある事業所の割合

(%)
- 1995: 46.1
- 2001: 46.4
- 2005: 47.3

(注)　1.　ここでの「パート」とは、「正社員以外の労働者でパートタイマー、アルバイト、準社員、嘱託、臨時社員などの名称に係わらず、1週間の所定労働時間が正社員よりも短い労働者」のことである。
　　　2.　パートを雇用している事業所についてのみの集計である。
(出所)　厚生労働省『パートタイム労働者総合実態調査報告（平成7年・平成13年）』、(財)21世紀職業財団『パートタイム労働者総合実態調査報告（平成17年）』。

きる。

　第2に、正社員登用を行うことで、非正社員として採用した優秀な人材に、より高度な教育訓練の機会を与えやすくなるというメリットが挙げられる。一般的に、正社員とは、定年までの雇用保障を前提として人材を長期的に育成しつつ活用するための雇用区分である[6]。これに対し、非正社員の場合、必ずしも長期の雇用関係が予定されていないため、いくら優秀な人材であったとしても、企業には人的資本投資を行うインセンティブは発生しない。しかしながら、非正社員の中には、正社員と同等以上の仕事への意欲や能力をもつ人材がいることがある。そうした人材を正社員へ登用することで、優秀な人材を長期的に育成しつつ活用することを可能とする。

　第3に、非正社員から正社員を登用する際には、中途採用など社外から社員を採用する場合と比べて、実際の仕事ぶりをみて、その能力や仕事への意欲について正確に把握したうえで、社員を選抜することができる。つまり、情報の非対称性を解消し、採用コストを下げられるのである。実際に、企業の中には、

非正社員を正社員の候補者として位置づけ，その中から積極的に正社員を登用する例もみられる（中島 2003）。

　第4に，企業の知名度の低さや業種のイメージなどから採用力が弱い企業にとっては，非正社員からの正社員への登用は，正社員を補充する有効な仕組みとなる。一定の期間だけ勤務するつもりで非正社員として働き始めた者であっても，仕事や企業に興味をもち，長期の勤続を期待するようになることがある。そうした人材を社員に登用することで，正社員として長期で働く人材を確保することができる。

　第5に，非正社員の募集に際して，正社員への登用機会があることを示すことで，採用条件を魅力あるものにできる。求職者の中には，自分に適した仕事を探す手段として，非正社員としての仕事に就こうとする者が少なくないことによる。

　第6に，非正社員の仕事や技能習得への意欲を高められる。非正社員として働く人の中には，正社員として雇用されることを望む者もいる。こうした人たちにとっては，仕事への意欲や技能の向上，働きぶりなどに応じて正社員へと登用される機会があることが，仕事や技能習得への大きな動機付けとなる。正社員への登用の機会を設けることは，正社員に登用された人材だけでなく，正社員への登用を目指す非正社員に対して，仕事や技能習得への意欲を高める効果があるのである。

　ただし，後述するが，非正社員として働く人たちの中には，必ずしも正社員になることを望まず，非正社員のままでの能力開発やキャリア形成を望む人たちもいることを忘れてはならない。彼らのような人たちを活用するための人的資源管理上のその他の工夫が，今後より一層必要となってくると思われる。

　以上のように，非正社員に対して正社員への登用機会を設けることには，様々なメリットがある。特に，小売業や飲食店，サービス業など，非正社員を数多く活用する業種では，非正社員の中から，優秀な人材を選抜して正社員に登用する制度や慣行が普及しており，正社員登用を含めて正社員の採用計画を立案している企業さえある。[7]

非正社員の正社員への転換希望

　以上でまとめたように，企業が正社員登用制度を導入するのは，企業に制度導入によるメリット，必要性があるからである。それでは，労働者側，つまり非正社員として働く労働者には正社員転換の希望はどの程度あるのだろうか。

　非正社員のキャリア形成には，非正社員のまま人的資本を蓄積し，職業能力を高めつつ，自分にあった働き方を模索するという方法ももちろんある。他方で，正社員になって働くという選択肢もあり，非正社員，特に若年の非正社員の中には，今後，正社員になりたいと就業形態の変更を希望する者が少ないわけではなく，正社員という働き方を希望しながらも非正社員としての就業している，いわゆる不本意パートの存在は無視できない。

　他方で，正社員という働き方は，フルタイム勤務を前提とし，かつ残業をともなう長い労働時間を求められることがままある。さらには，勤務地が限定されない，すなわち転居をともなう勤務地変更を求められることが多い。しかし，労働者の中には，本人の職業に対する選好とは関係なく，育児・介護といった家庭の事情や健康面の問題を抱える人もいる。つまり，非正社員として働く労働者全員が，正社員への転換を希望しているわけではないであろう。そこで，さきほどと同じく，『パートタイム労働者総合実態調査報告』を用いて，パートの就業意識を確認しよう。ここでのパートは，さきほどの定義と同じである。

　まず，パートとしての働き方を選んだ理由として，「正社員として働ける会社がないから」とするパートの割合を確認すると（図9-2），パート労働者に占めるこのようなパートの割合が増大していることがわかる。

　次に，パートの今後の就業希望の推移をまとめたのが，図9-3である。2005年調査では同じ設問が用意されていないため，1995年と2001年の比較をここでは行おう。パートのままでの就業希望の者の割合が減り，その分，正社員としての就業を希望する者の割合が増えているものの，パート全体でみると割合は小さい。しかし，図には載せていないが，男性パートの正社員希望は，1995年では12.8％であったが，2001年には22.6％と，男性パートで正社員希望者の割合が急増している。また，29歳以下の若年層に限定すると，正社員としての就業を希望する者の割合は49.5％と約半数となる。[8]

第9章 非正社員から正社員への転換

(%)

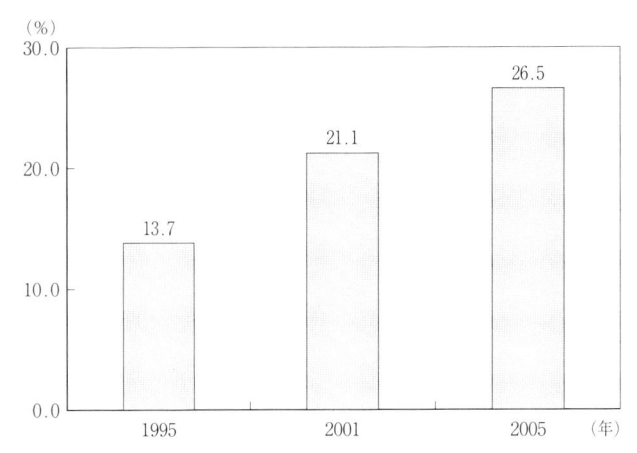

**図9-2 正社員として働ける会社がないからパートとして
働いている労働者の割合**

1995: 13.7
2001: 21.1
2005: 26.5

(出所) 厚生労働省『パートタイム労働者総合実態調査報告(平成7年・平成13年)』, (財)21世紀職業財団『パートタイム労働者総合実態調査報告(平成17年)』。

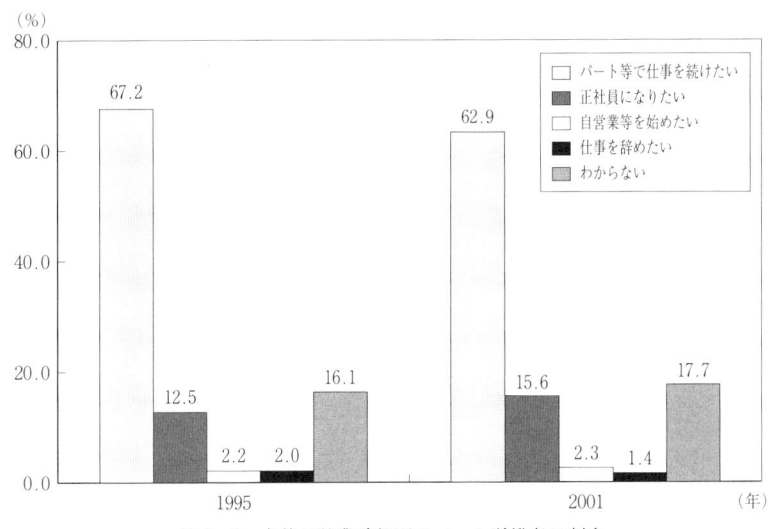

図9-3 今後の就業希望別のパート労働者の割合

凡例:
- □ パート等で仕事を続けたい
- ■ 正社員になりたい
- □ 自営業等を始めたい
- ■ 仕事を辞めたい
- ▨ わからない

1995年: 67.2, 12.5, 2.2, 2.0, 16.1
2001年: 62.9, 15.6, 2.3, 1.4, 17.7

(注) 1. ここでの「パート」とは,「正社員以外の労働者でパートタイマー,アルバイト,準社員,嘱託,臨時社員などの名称に係わらず,1週間の所定労働時間が正社員よりも短い労働者」のことである。
2. パートを雇用している事業所についてのみの集計である。
(出所) 厚生労働省『パートタイム労働者総合実態調査報告(平成7年・平成13年)』。

正社員登用制度を導入する際の留意点

　正社員登用制度を企業の導入意図に沿うように機能させ，制度上のメリットを活かすためには，働く側，すなわち非正社員の就業意識や働き方についての選好を考慮に入れた上で運用しなくてはならないだろう。それでは，正社員登用制度を導入・運用する際の留意点は何であろうか。前掲佐藤編（2004：47-49）を参考に，以下でまとめよう。

　第1に，正社員登用はあくまで本人の意思に即して行うべきである。正社員には，フルタイム勤務やシフト勤務，残業などによる時間的拘束や，仕事内容の変更への柔軟な対応が要求されることが少なくない。他方，非正社員の中には，そうした仕事への拘束を望まない者が相当多く含まれている。そのため非正社員の意図に反して社員に登用してしまうと，かえって仕事への意欲をそいだり，勤続を困難にしたりしてしまうことになる。こうした事態を避けるため，本人が正社員登用の機会に応募したり，正社員への転換の希望を上司に出したりすることを登用の条件とすることが望ましい。

　第2に，正社員への登用機会について，登用の対象となりうる非正社員に広く知らせることが有効である。正社員への登用機会が適用される非正社員に対して，社員登用制度の存在，社員登用の手続き，登用者の選抜基準などを周知することで，非正社員として働く幅広い範囲の人材に，正社員の登用機会に向けて働くインセンティブを与え，仕事や技能形成への意欲をもたせることができる。

　第3に，正社員に登用する人材の選抜に際しては，現在の働きぶりだけでなく，登用後の正社員としての働き方に柔軟に対応できるかを評価する必要がある。正社員として働く際には，非正社員として働く場合と比べ，創意工夫や，チームワークの中でリーダーシップを発揮したりする能力が，いっそう必要とされることが多い。非正社員として正社員の指示の範囲内では仕事を十分に遂行できていても，登用後の仕事が十分に遂行できるとはかぎらないのである。正社員の登用者を選抜する上では，登用の候補者に，正社員に準じた仕事を割り振ってみるなどして，正社員としての働き方に対応できる能力を事前に評価しておくことが不可欠となる。

　第4に，正社員登用の機会を有効に機能させるためには，非正社員の中から正社員登用すべき優秀な人材を発見したり，正社員登用の機会に向けて働く意

欲を非正社員に持たせるような育成が重要となる。これらの役割は，非正社員の上司にあたる同じ職場の管理者が担うことが多い。よって，正社員登用の機会を有効に活用するためには，管理者にこのような制度へのメリットを周知徹底することが重要となる。

2 正社員登用制度の実態——どのような事業所で導入されているのか？

事業所における人材の活用戦略と正社員登用制度の関係

どのような事業所で正社員登用制度が導入されているのだろうか。ここでは，「企業の非正規社員等人材マネジメントに関する調査研究」の事業所個票データを用いた分析結果から確認しよう（以下，「人材マネジメント調査」と呼ぶ）。「人材マネジメント調査」は，事業所における非正規社員（パート・アルバイト，契約社員，派遣社員，請負社員）の活用実態と評価処遇・能力開発といった人材マネジメントの状況を把握することを目的に実施され，事業所内の人材配置や雇用管理についての情報が豊富に揃っているため，最近の正社員登用制度の導入実態を分析するには適当なデータである。ここでは，非正規社員のうちパート・アルバイトに着目し，パート・アルバイトを雇用している事業所を対象に，正社員登用制度を導入している事業所の特徴を確認しよう。「人材マネジメント調査」によると，パート・アルバイトを雇用している事業所のうち，25.48％で登用制度を導入している。非正社員のより積極的な活用を図るための人事管理制度の1つである正社員登用制度の導入の有無は，非正社員だけでなく正社員も含めた人材の採用・配置，任せる仕事の範囲といった企業側の人材活用戦略によると考えられる。そこで，ここではまず，非正社員の活用戦略を表す変数，すなわち雇用条件（雇用契約期間）や，雇用しているパート・アルバイトの主な年齢層，実労働時間，仕事の任せ方，処遇の均衡といった活用状況と正社員登用制度の導入の関係を確認しよう。

雇用契約期間と正社員登用制度との関係をみたのが，図9-4である。雇用契約期間の定めがない場合が「定めなし」で，雇用契約期間の定めがある場合はその長さごとに，正社員登用制度の導入割合をまとめている。雇用契約期間が3カ月未満の事業所で登用制度の導入割合が17.02％ともっとも低く，定め

第Ⅲ部　非典型社員と外部人材の活用

図9-4　雇用契約期間別，正社員登用制度の導入割合

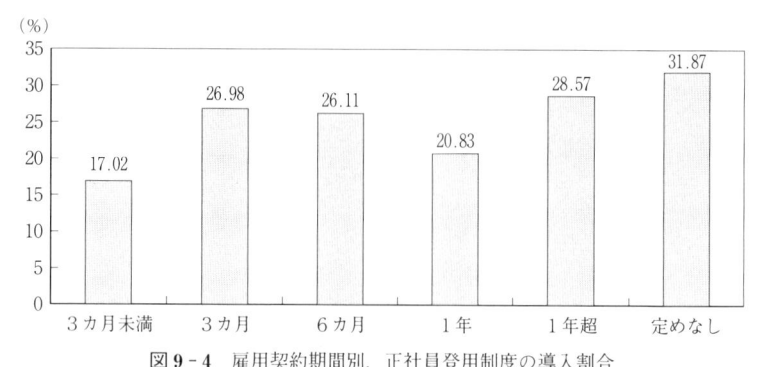

（注）3カ月未満の事業所数は47，3カ月は63，6カ月は157，1年は312，1年超は14，定めなしは251である。
（出所）「企業の非正規社員等人材マネジメントに関する調査研究」。

のない事業所で31.87％ともっとも高く，1年を超える事業所で2番目に高くなっているが，雇用契約期間の長さと登用制度の導入の間には一定の傾向はみられない。

次に，正社員登用制度の導入割合を実労働時間別にみたのが図9-5である。パート・アルバイトの実労働時間が正社員の所定労働時間よりも短い事業所よりも，同じもしくは長い事業所のほうが，正社員登用制度の導入割合がわずかに高いことがわかる。

そして，雇用しているパート・アルバイトの主な年齢層別に正社員登用制度の導入状況をみると（図9-6），10代または20代層がパート・アルバイトの主な年齢層である事業所で正社員登用制度の導入割合が一番高く（41.36％），次いで30代層となっており，雇用している非正社員の年齢層が低い事業所ほど導入割合が高い傾向がある。

事業所におけるパート・アルバイトの質的な活用状況の指標として，仕事内容や責任が正社員とほぼ同じパート・アルバイトの割合を取り上げよう。そうしたパート・アルバイトの割合が高い事業所ほど，質的な活用が進んでいるとみなせるだろう。この指標と，正社員登用制度の導入状況の関係をみると（図9-7），正社員と同じ仕事内容や責任のパート・アルバイトがいない事業所よりも，そうしたパート・アルバイトがいる事業所のほうが，正社員登用制度の導入割合が2倍以上高いことがわかる（4割以下で36％，5割以上で31.88％）。

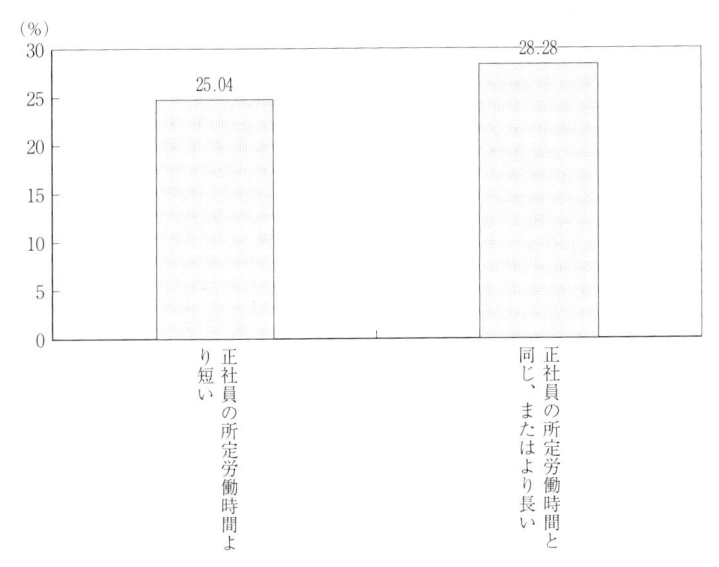

図 9-5　実労働時間別，正社員登用制度の導入割合

（注）　正社員の所定労働時間より短い事業所数は 655，正社員と同じまたはより長い事業所数は 198 である。
（出所）　「企業の非正規社員等人材マネジメントに関する調査研究」。

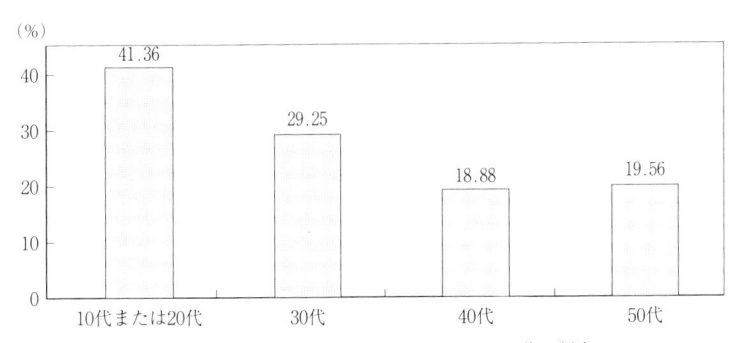

図 9-6　主な年齢層別，正社員登用制度の導入割合

（注）　雇用しているパート・アルバイトの主たる年齢層が10代または20代の事業所数は 162，30代は 147，40代は 249，50代は 271 である。
（出所）　「企業の非正規社員等人材マネジメントに関する調査研究」。

　そして，正社員と仕事内容や責任がほぼ同じパート・アルバイトがいる場合に，彼らの間の処遇の均衡と正社員登用制度の導入の関係をみると（図9-8），均衡処遇をはかっている事業所において，それ以外の事業所よりも制度の導入

第Ⅲ部　非典型社員と外部人材の活用

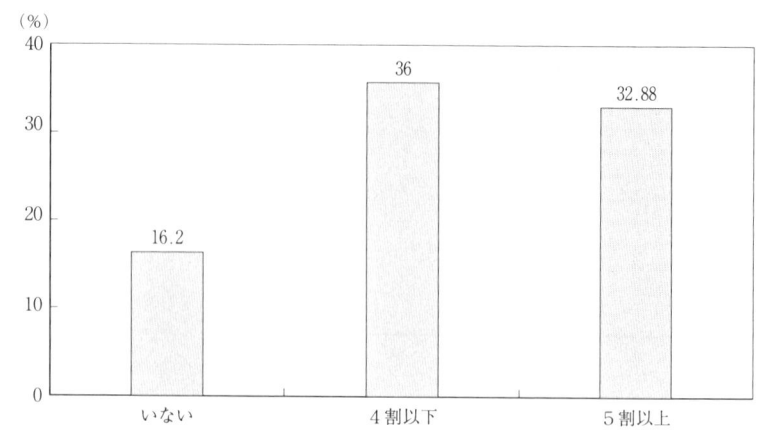

図9-7　仕事内容や責任が正社員とほぼ同じパート・アルバイトの割合別，正社員登用制度の導入割合

（いない：16.2／4割以下：36／5割以上：32.88）

（注）　N=872.
（出所）　「企業の非正規社員等人材マネジメントに関する調査研究」。

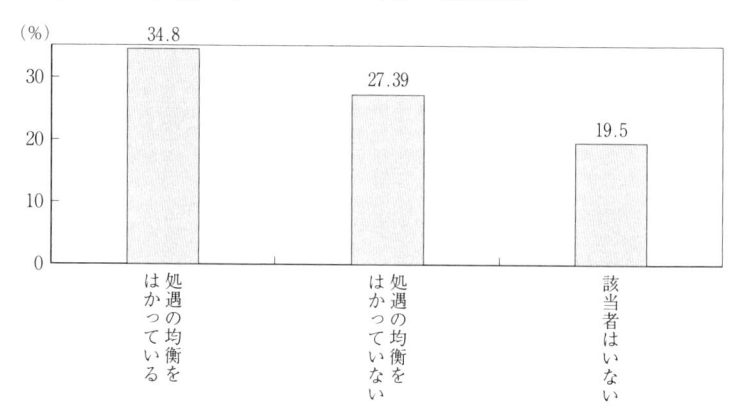

図9-8　パート・アルバイトの仕事内容や責任が正社員とほぼ同じ場合の処遇の均衡と，正社員登用制度の導入割合

（処遇の均衡をはかっている：34.8／処遇の均衡をはかっていない：27.39／該当者はいない：19.5）

（注）　N=839.
（出所）　「企業の非正規社員等人材マネジメントに関する調査研究」。

割合が高い（34.8％）。[13]

　ここまでみてきたパート・アルバイトの活用方針や活用状況といった活用戦略変数以外にもそもそもなぜパート・アルバイトを雇用しているのか，すなわちパート・アルバイトの活用の理由によって，正社員登用制度の導入状況は変

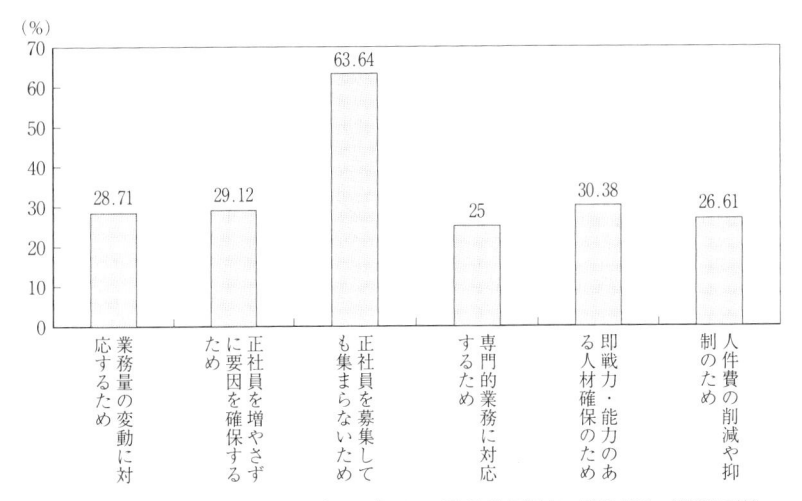

図9-9 パート・アルバイトの活用理由別,正社員登用制度の導入割合(複数回答)
(注) N=891.
(出所) 「企業の非正規社員等人材マネジメントに関する調査研究」。

わってくるだろう。そこで最後に,パート・アルバイトの活用理由と正社員登用制度の導入との関係を確認すると(図9-9),「正社員を募集しても集まらないため(63.64%)」を理由とする事業所の割合が最も高いだけでなく,他の理由とくらべて,理由としてあげる事業所の割合が2倍以上の高さとなっている。

正社員登用制度導入の規定要因——計量分析の結果から

正社員登用制度の導入の有無は,事業所の非正社員の活用状況や活用理由とも関連するが,パート・アルバイトの活用だけではなく,事業所全体の人材の活用状況,すなわち正社員や派遣・請負労働者といった外部人材の採用・配置にもよるだろう。そこで,これまでの非正社員の活用戦略に関する変数だけでなく,正社員や外部人材の採用・配置に関する変数も分析フレームワークに取り入れて,こうした要因のうち,どの要因が正社員登用制度の導入と関連しているのかを,計量分析を用いて確認しよう。

パート・アルバイトに正社員への登用制度を導入している場合を1,導入していない場合を0とする正社員登用の有無ダミー変数を被説明変数としてプロビット分析を行い,その推定結果(限界効果)をまとめたのが,表9-1である。

第Ⅲ部　非典型社員と外部人材の活用

表 9-1　正社員登用制度の導入確率についてのプロビット分析の結果（限界効果）

	(1)	(2)
雇用契約期間が3カ月	0.0764 (0.66)	0.0387 (0.35)
雇用契約期間が6カ月	0.1518 (1.43)	0.1208 (1.15)
雇用契約期間が1年	0.0199 (0.22)	−0.0135 (0.15)
雇用契約期間が1年超	0.1114 (0.62)	0.1209 (0.66)
雇用契約期間の定めなし （基準：雇用契約期間が3カ月未満）	0.1470 (1.49)	0.1185 (1.20)
実労働時間が正社員の所定労働時間と同じかより長い	−0.0106 (0.25)	0.0043 (0.10)
パート・アルバイトの主な年齢層が10または20代	0.1281 (2.18)*	0.1037 (1.74)
パート・アルバイトの主な年齢層が30代	0.0575 (1.03)	0.0430 (0.76)
パート・アルバイトの主な年齢層が40代 （基準：パート・アルバイトの主な年齢層が50代）	−0.0402 (0.87)	−0.0330 (0.70)
パート・アルバイトのうち，仕事内容や責任が正社員とほぼ同じ者は4割以下	0.1500 (3.24)**	0.1363 (2.91)**
パート・アルバイトのうち，仕事内容や責任が正社員とほぼ同じ者は5割以上 （基準：パート・アルバイトのうち，仕事内容や責任が正社員とほぼ同じ者はいない）	0.1670 (2.64)**	0.1696 (2.62)**
正社員とパート・アルバイトの仕事内容や責任がほぼ同じ場合，処遇の均衡をはかっている	0.0448 (0.99)	0.0395 (0.86)
正社員とパート・アルバイトの仕事内容や責任がほぼ同じ場合，処遇の均衡をはかっていない （基準：該当者はいない）	−0.0368 (0.76)	−0.0265 (0.54)
業務量の変動に対応するため	—	0.0393 (1.07)
正社員を増やさずに要員を確保するため	—	0.0759 (1.94)
正社員を募集しても集まらないため	—	0.3538 (3.88)**
専門的業務に対応するため	—	0.0080 (0.11)
即戦力・能力のある人材確保のため	—	−0.0496 (0.78)
人件費の削減や抑制のため	—	−0.0173 (0.45)
N	558	558
LR Chi2 (d. f.)	118.20 (45)***	138.78 (51)***
R-squared	0.1787	0.2099

（注）　1.　（　）内の数値は，標準偏差。***は統計的に1％有意，**は5％有意，*は10％有意。
　　　2.　売上高の3年前とくらべた伸びと正社員一人あたりの業務量の3年前とくらべた伸びは，3：増えた，2：ほぼ横這い，1：減ったとする変数である。
　　　3.　業務量の変動に対応するためは，「1日ないし1週，もしくは1カ月の中での業務量の変動に対応するため」または「1年の中での業務量の変動に対応するため」のいずれかにおいて，パート・アルバイトの活用目的として回答した事業所を1，いずれも活用目的として回答しなかった事業所を0とするダミー変数である。
　　　4.　表中の変数以外に，事業所の正社員数，事業所の施設タイプ，業種，売上高の3年前とくらべた増減傾向，正社員・非正社員・外部人材の3年前とくらべた増減傾向，最近3年間の新入社員の採用・配置数，正社員一人あたり業務量の3年前とくらべた増減傾向をコントロールしている。また，基本統計量は表9-4である。
（出所）「企業の非正規社員等人材マネジメントに関する調査研究」。

表9-1の見方であるが，事業所の基本属性(14)と人材活用の状況の影響を検証した推定結果が(1)，(1)の変数にくわえてパート・アルバイトの活用目的に関する変数を取入れた結果が(2)である(15)。ここでは，(2)を用いて，主な変数の推定結果をみていこう。パート・アルバイトの雇用契約期間や実労働時間は統計的に有意な影響は与えていない。また，雇用している主な年齢層について，若い層であるほど導入確率は高いことがうかがえるが，これも統計的に有意な結果ではない。

　正社員と仕事内容や責任が同じパート・アルバイトがいない事業所よりも，そうしたパート・アルバイトがいる事業所において，統計的有意に正社員登用制度の導入確率が高まる。また，そうしたパート・アルバイトの割合が高くなるほど，導入確率は高くなっている。このことから，仕事の範囲が正社員に近い非正社員の多い事業所で，正社員登用制度をより導入していると考えられる。また，正社員と同じ仕事や責任の非正社員の処遇の均衡を図っている事業所のほうが正社員登用制度を導入していることが予想されたが，予想に反して，処遇の均衡を図っているかどうかは，統計的に有意な影響を与えていない。

　そして，パート・アルバイトの活用目的変数の結果をみていくと，正社員を募集しても集まらないことを理由とする事業所で，統計的有意に，正社員登用制度の導入確率が高まる（係数は0.3538）。この結果から，正社員の採用力を補完するための役割を果たしていると考えられる。

　以上の結果から，正社員と同じ仕事を任せているパート・アルバイトが多い事業所や，正社員を採用しようとしても採用することが難しい事業所で，正社員登用制度の導入確率が高いことがわかる。

3　正社員登用制度の機能——若年非正社員に着目して

　次に，正社員登用制度が，実際に1節でまとめたようなメリットをもたらしているのかを，正社員になりたいと考えているが非正社員として現在は働いている人たちを対象に，データ分析から確認しよう。

　非正社員のキャリア形成は，非正社員のまま能力開発を行い，自分にあった働き方を模索するという方法もあるが，正社員に転換するという選択肢もあり

うる。実際に、非正社員、特に若年の非正社員の中には、今後、正社員になりたいと就業形態の変更を希望する者が少ないわけではない（以下では、正社員希望と呼ぶ）（原 2005）。他方、企業にとっても、仕事に対して意欲のある者や責任のある仕事を任せられる者が定着することは望ましい。

正社員登用制度が今の勤め先になければ、正社員になることを希望している場合、その希望を実現するためには他の会社に移ることを考えざるをえない。その一方、正社員登用制度がある職場に勤めている正社員希望者は、その会社で正社員になることが一番の近道と考えるのが自然だろう。もちろん、正社員登用制度があることが、すなわち現在の会社での正社員希望を促すことを意味するわけではないし、本人の職業適性や職場との相性との関係も無視できない。

企業にとっては、パートやアルバイトとして採用した優秀な非正社員人材の定着や仕事意欲の向上をうながすことは、経営上望ましいことである。1節でも述べたように、正社員登用制度の主要なメリットはこの点にあろう。さらに、知名度の低さや業種のイメージなどから採用力が弱い企業にとって、非正社員からの正社員登用は、優秀な人材を正社員として補充する有効なルートとなりえるし、前節の分析結果からも、企業が採用力を補完するために正社員登用制度を導入していることが示されている。

そこで、ここでは、厚生労働省『平成13年パートタイム労働者総合実態調査』の事業所個票データと個人個票データの両方をマッチングさせたデータを用いて（以下、「パート調査」と呼ぶ）、正社員登用制度が勤め先にあることが、非正社員の就業意識に影響を及ぼしているのかを確認しよう。

ここでの分析対象は、(1) 29歳以下、(2) 在学していない（つまりいわゆる学生アルバイトを除く）、(3) 男女ともに未婚である若年非正社員に限定する[16]。ここには委任・請負、派遣労働者は含まれないが、短時間パートだけではなく、1週間の所定労働時間が正社員と同じかそれより長いフルタイム勤務の者も分析対象に含まれることに留意されたい。また、若年非正社員サンプルは全体で3,374で、うち1,659人が正社員希望をもっている（49.5％）。

計量分析のフレームワーク

正社員登用制度があれば、正社員希望を持つ非正社員は今の勤務先で働き続

けたいと考えるであろう。また，その他の雇用管理制度でも，昇進・昇格制度や，OJT や Off-JT なども，企業特殊熟練の蓄積を促すように機能する人事施策は，非正規社員の定着や労働意欲向上を促し，ひいては現在の会社で正社員になりたいと考えさせるように作用するだろう。

そこで，「あなたは，今後仕事を続けたいと思いますか」という設問に対して，「正社員になりたい（現在の会社で）」と回答した者を1,「正社員になりたい（別の会社で）」を0とする"現在の会社で正社員希望"ダミー変数を被説明変数とし，上記の雇用管理変数と関係があるかどうかを計量的に確認することを，ここでの主たる目的とする[17]。

次に，説明変数の定義を確認すると，雇用管理制度を表す変数として正社員登用制度，昇進・昇格制度，OJT の実施，Off-JT の実施の4種類を用いる（表9-2）。正社員登用制度についての変数として，「パート等労働者から正社員への転換制度はありますか」という設問に，「あり」と回答した企業を1,「なし」と回答した企業を0とするダミー変数を用いる。また，昇進・昇格制度，OJT の実施，Off-JT の実施についても，同様に定義する。

また，勤務先での働き方や仕事の仕方も正社員希望という意思決定に影響を与えると考えられる。そこで，「主に自主的に判断し仕事を行っている＝3」，「一部については仕事を任されている＝2」，「主に正社員の指示に従って仕事をしている，およびその他＝1」とする，仕事の任され方がより大きい者ほど大きな値をとる仕事の仕方変数を用いることとする。また，週あたり所定労働時間が35時間以上か35時間未満かを表すダミー変数も，働き方を表す変数として，分析モデルに取り入れる。そして，個人属性をコントロールするため，学歴，性別，年齢に関する変数を用いることとする。

以上で説明したように，ここでは，現在の会社での正社員希望を被説明変数とし，雇用管理制度を主な説明変数とした分析を行うが，同時性が発生している可能性が残される。ここでの同時性とは，そもそも正社員として働くことを望んでいたから正社員登用制度や OJT などの雇用管理制度がある事業所にパートとして勤め始め，今でもその会社で正社員として雇用されたいという希望をもっている，という逆の因果関係のことである。そこで，操作変数として（雇用管理制度の導入に影響を与え，若年非正社員の正社員希望に影響を与えない変数），

第Ⅲ部　非典型社員と外部人材の活用

表9-2　推定に用いた主な変数

	変数の名前	設　問　文	変数の作り方
被説明変数	現在の会社で正社員希望	あなたは、今後仕事を続けたいと思いますか	"正社員になりたい（現在の会社で）"=1,"正社員になりたい（別の会社で）"=0
主な説明変数	正社員登用制度	パート等労働者から正社員への転換制度はありますか	"パートから正社員へ"または"その他の労働者から正社員へ"のどちらかの項目で「あり」と回答したものを1、そうでないものを0。
	昇進・昇格制度、OJT、Off-JTの有無	昇進・昇格制度、OJT、Off-JTの有無の実施の有無	各制度に対して、パートまたはその他の労働者のいずれかで「あり」と回答したものを1、そうでないものを0。
	仕事の仕方	あなたは仕事をどのようにおこなっていますか	"主に自主的に判断し仕事を行っている"=3,"一部については仕事を任されている"=2,"主に正社員の指示に従って仕事をしている、およびその他"=1
操作変数	パート等の雇用理由	①人件費が割安だから、②業務が増加したから、③学卒等一般の正社員の採用、確保が困難だから、④人が集めやすいから、⑤一時的な繁忙に対処するため、⑥1日の忙しい時間帯に対処するため、⑦経験・知識・技能のある人を採用したいから、⑧簡単な仕事内容だから、⑨仕事量が減ったときに雇用調整が容易だから、⑩退職した女性正社員の再雇用に役立つから、⑪定年社員の再雇用・勤務延長対策として、⑫その他	左列の各設問に、パートまたはその他について「あり」と回答したものを1、そうでないものを0として、12個のダミー変数を作成。

（出所）原・佐藤（2006）。

事業所がパートを活用している理由、事業所規模、業種を用いることとする。

　非正社員に対する雇用管理制度の導入は、パートの活用理由にも依存するだろう。たとえば、正社員登用制度が導入されているかどうかは、1節でも述べたように、事業所の非正社員に期待する役割によって変わってくる。第2節の分析結果からも、正社員登用制度の導入は、事業所のパートの活用理由に依存していることが示唆されている。そこで、パート等労働者の雇用理由を操作変

数とする（表9-2）。また，業種や事業所規模によって，正社員登用制度の導入に違いがあることも明らかにされているため，これらも操作変数として用いることとする。以上の説明は，正社員登用制度以外のその他の雇用管理制度についても当てはまるだろう。以上のことを踏まえて，ここでは被説明変数および内生変数が二値変数であるため，プロビット操作変数法を用いることとする。参考までに，プロビット分析も行い，表9-3の(5)に結果を掲載している。

推定結果の解釈

推定結果をまとめたのが，表9-3である。ここでは，プロビット操作変数法の推定結果を用いて解釈をしていこう。

まず，推定式(1)から正社員登用制度がある事業所に勤めている若年非正社員のほうが，そうでない若年非正社員よりも現在の会社で正社員になりたいと考えていることが示された（係数は0.3384）。この結果は，正社員登用制度が職場に導入されていることが，若年非正社員に現在の会社で正社員になりたいと考えさせるように作用していることを示唆する結果といえよう。

そして，女性よりも男性のほうが，また中・高卒者とくらべて大学・大学院卒者のほうが，現在の会社で正社員として働きたいと考えていることがわかる（係数はそれぞれ0.1457と0.2308）。また，仕事の仕方についての係数も統計的に有意に正の値となっている（0.2338）。仕事の責任範囲の広い者ほど，現在の会社で正社員として働きたいと考えていることが分かる。正社員登用制度という仕組みだけでなく，仕事の与え方も，若年非正社員の就業希望に影響を与えることが明らかにされた。

第2に，推定式(2)と(3)から，昇進・昇格制度とOJTの実施は，正社員希望に影響を与えていない。第3に，推定式(4)からOff-JTの実施は，若年非正社員に現在の会社で正社員になりたいと思わせるように作用していることが明らかにされた（係数は0.4885）。このことから，教育訓練を行い，社会人としての常識や基本的な業務内容を教えたり，企業の経営方針などを周知することが，その企業における正社員希望を高めると考えられる。

また，ここでは推定結果は掲載していないが，週所定労働時間が35時間以上にサンプルを限定したほうが，上記の傾向がより強くみられる（原・佐藤 2006,

表3-9で報告されている)。29歳以下の若年非正社員のうち,週35時間以上働いているフルタイム型の人が少なくないことが明らかにされているが,こうしたフルタイムで働く非正社員で正社員登用制度のある事業所で勤めている人ほど,より強く現在の会社で正社員として働くことを望んでいると思われる。

以上,現在の会社での正社員希望という意思決定に影響を与えると考えられる様々な要因をコントロールし,かつ同時性を回避するように試みた上で,正社員登用制度が職場に導入されていることが,若年非正社員に現在の会社で正社員になりたいと考えさせるように作用していることが示された。これは,正社員登用制度が正社員になるルートの1つとして実際に機能しており,若年非正社員がそのことを認知していることを示す結果といえよう。つまり,正社員登用制度が,導入の当初目的どおり人材の定着をうながし,さらに一部の企業にとっては採用力の弱さを補完する雇用管理制度として期待できることが示唆される。

さらに,仕事を主体的に行っている者ほど,正社員希望が強くなることが示された。レベルの高い仕事や主体的な仕事を与えるということは,すなわち能力開発を意味するとともに,やる気を引き出すと考えられるが,正社員希望が強まることはこうしたことを反映してのことと思われる。

4　正社員登用制度への期待

労働市場における非正社員割合の高止まりが予想されるなか,日本経済の成長を考えるうえで,どのようにして非正社員として働く人の職業能力形成をはかっていくかは,現在でも社会的課題となっているが,今後ますます重要な課題となっていくと思われる。職業能力を高めるためには,より高度な仕事経験と教育訓練機会を得ることが必要である。もちろん,非正社員として働くなかで,そうした仕事経験と教育訓練機会を提供されることもあるだろうが,正社員となったほうが提供される機会は多くなるであろうし,経験する仕事の幅もより広がり,かつ教育訓練も高度なものとなるだろう。

非正社員が正社員となる手段の1つが,本章で取り上げた正社員登用制度である。本章では,まず第1節で正社員登用制度の普及状況を確認し,企業が正

社員登用制度を導入することのメリットと運用上の留意点をとりまとめた。また，働く側の意識にも着目し，非正社員の正社員への転換希望がどのようになっているのかを公表統計の結果から確認した。そして，第2節では，事業所個票データを用いて計量分析を行い，実際にどのような属性の事業所が正社員登用制度を導入しているのかを，特に人材活用戦略に注目することで明らかにした。さらに，第3節では，事業所個票データと労働者個票データをマッチングさせたデータを用いて計量分析を行い，正社員登用制度が機能しているのかどうかを明らかにした。以上の結果にもとづいて，正社員登用制度に今後期待される役割を最後にまとめよう。

企業にとっては，パートやアルバイトとして採用した優秀な人材の定着や仕事意欲の向上をうながすことは，経営上望ましいことである。正社員登用制度の主要なメリットはこの点にあろう。さらに，知名度の低さや業種のイメージなどから採用力が弱い企業にとって，非正社員からの正社員登用は，優秀な人材を正社員として補充する有効なルートとなりうることを期待される。実際，第2節のデータ分析からも，企業が正社員登用制度を採用力を補完するために導入していることが示されている。また，第3節の若年非正社員の正社員希望に関する意識についての分析から，正社員登用制度が導入の当初目的どおりに人材の定着をうながしていることがうかがえる。

少子高齢化が進むことが予想される昨今，労働力の確保，特に生産性が高く，労働意欲の高い労働力の確保が企業にとって喫緊の課題であるが，正社員登用制度はこうした課題を克服するための一つの手段になりうると思われる。特に，これまで子育てなどの家庭の事情でパートタイムで働いている女性労働者は少なくはなく，こうした意欲も能力もある女性労働力を確保する手段となることが期待できる。また，働く側からみても，労働市場で新たなキャリアパスを歩むために，有効な手段となりうる。

平均でみると，非正社員は能力開発機会に恵まれない人たちが多く，非正社員として働き続けることで，正社員として働く人との間に，現在だけではなく，将来的な職業能力格差が生じてしまうかもしれない。よって，こうした課題解決の手段の一つとして，正社員登用制度は重要な役割を果たすと考えられる。[19]

第Ⅲ部　非典型社員と外部人材の活用

表9-3　現在の会社で正社員希望者についての推定結果

被説明変数：現在の会社で正社員希望	推定式(1) 係数	推定式(1) 疑似t値	推定式(2) 係数	推定式(2) 疑似t値	推定式(3) 係数	推定式(3) 疑似t値	推定式(4) 係数	推定式(4) 疑似t値	推定式(5) 係数	推定式(5) 疑似t値
正社員登用制度	0.3384*	1.68							0.1795**	2.54
昇進・昇格制度			-0.5743	-1.40					-0.0953	0.89
OJT					-0.1428	-0.72			0.0840	1.12
Off-JT							1.3187***	6.09	-0.0451	-0.59
短大・高専卒	0.0369	0.47	0.0284	0.37	0.0374	0.47	0.0518	0.71	-0.0447	-0.54
大学・大学院卒（リファレンス：中・高卒）	0.1457*	1.75	0.0872	1.06	0.0912	1.08	0.1849**	2.45	0.0669	0.77
男性	0.2308***	3.10	0.2735***	3.94	0.2728***	3.92	0.2133***	3.13	0.2675***	3.65
年齢	-0.0136	-1.08	-0.0178	-1.45	-0.0167	-1.35	-0.0074	-0.63	-0.0192	-1.50
所定労働時間35時間以上	0.0492	0.58	0.0949	1.16	0.0745	0.91	-0.0329	-0.41	0.0069	0.08
仕事の仕方	0.2338***	5.49	0.2398***	5.67	0.2396***	5.62	0.1315***	2.76	0.2639***	5.95
定数項	-0.3873	-1.14	-0.0930	-0.30	-0.1113	-0.35	-0.5760*	-1.94	-0.1480	-0.39
標本の大きさ	1650		1650		1650		1650		1650	
Wald Chi2 / LR Chi2	54.12		54.24		51.11		123.93		153.19	
Prob>chi2	0.0000		0.0000		0.0000		0.0000		0.0000	
疑似決定係数									0.0670	

（注）
1. ***は1％水準、**は5％水準、*は10％水準、で統計的に有意。
2. 推定式(1)～(4)において、Instrumented：正社員登用制度、昇進・昇格制度、OJT、Off-JT。Ⅳ：業種（鉱業、製造業、電気・ガス・熱供給・水道業、運輸・通信業、卸売業、小売業、飲食店、金融・保険業、不動産業、サービス業）、事業所規模（50人未満、50～99人、100～499人、500～1000人、1000人以上）、パート等労働者の雇用理由（人件費が割安だから、1日の忙しい時間帯に対処するため、業務が増加したから、学卒等一般の正社員の採用、確保が困難だから、人が集めやすいから、一時的な業務に対処するため、1日の忙しい時間帯に対処するため、経験、知識・技能のある人を採用したいから、簡単な仕事内容だから、仕事量が減ったときに雇用調整が容易だから、退職しない女性正社員の再雇用に役立つから、定年社員の再雇用・勤務延長策として、その他）。
3. 推定式(5)は、表現はしていないが、注(2)のⅣと同じ変数をコントロールされている。
4. 記述統計量は原・佐藤（2006）表3-10を参照のこと。
（出所）原・佐藤（2006）。
（データ）『パートタイム労働者総合実態調査（平成13年）』。

266

第9章 非正社員から正社員への転換

表9-4 基本統計量（表9-1のプロビット分析に用いた変数）

	平均	標準偏差	最小値	最大値
正社員登用制度の導入の有無	0.27	0.44	0	1
10人以下	0.20	0.40	0	1
11〜25人以下	0.17	0.37	0	1
26〜50人以下	0.18	0.38	0	1
51〜100人以下	0.19	0.39	0	1
101人以上	0.24	0.42	0	1
事務・営業施設	0.19	0.39	0	1
生産施設	0.29	0.45	0	1
研究開発施設	0.04	0.20	0	1
店舗・サービス施設	0.18	0.38	0	1
保管物流施設	0.08	0.28	0	1
スポーツ・娯楽施設	0.19	0.39	0	1
その他の施設	0.29	0.45	0	1
製造業（消費関連）	0.13	0.34	0	1
製造業（素材関連）	0.09	0.29	0	1
製造業（機械関連）	0.11	0.32	0	1
電気・ガス・水道，運輸業，通信業	0.06	0.24	0	1
卸売業（商社を含む）	0.06	0.24	0	1
小売業	0.11	0.31	0	1
金融・保険業，不動産業	0.00	0.05	0	1
サービス業（対事業所）	0.04	0.19	0	1
サービス業（対個人）	0.18	0.38	0	1
サービス業（社会公共関連）	0.03	0.17	0	1
飲食店・害職業	0.03	0.17	0	1
その他の業種	0.09	0.28	0	1
正社員数が3年前とくらべて減った	0.43	0.49	0	1
ほぼ横ばい，3年前も現在も正社員はいない	0.36	0.48	0	1
正社員数が3年前とくらべて増えた	0.20	0.40	0	1
非正社員数が3年前とくらべて減った	0.17	0.38	0	1
非正社員数はほぼ横ばい	0.41	0.49	0	1
非正社員数が3年前とくらべて増えた	0.41	0.49	0	1
外部人材が3年前とくらべて減った	0.16	0.36	0	1
ほぼ横ばい，3年前も現在も外部人材はいない	0.04	0.20	0	1
外部人材が3年前とくらべて増えた	0.53	0.49	0	1
現在，外部人材はいない	0.25	0.43	0	1
売上高の3年前とくらべた伸び	1.93	0.84	1	3
正社員一人あたりの業務量の3年前とくらべた伸び	2.35	0.59	1	3

第Ⅲ部　非典型社員と外部人材の活用

最近3年間の新入社員の採用・配置数	13.77	69.61	0	1500
雇用契約期間が3カ月未満	0.05	0.22	0	1
雇用契約期間が3カ月	0.07	0.26	0	1
雇用契約期間が6カ月	0.18	0.38	0	1
雇用契約期間が1年	0.36	0.48	0	1
雇用契約期間が1年超	0.01	0.12	0	1
雇用契約期間の定めなし	0.30	0.45	0	1
実労働時間が正社員の所定労働時間と同じかより長い	0.23	0.42	0	1
パート・アルバイトの主な年齢層が10または20代	0.20	0.40	0	1
パート・アルバイトの主な年齢層が30代	0.16	0.37	0	1
パート・アルバイトの主な年齢層が40代	0.31	0.46	0	1
パート・アルバイトの主な年齢層が50代	0.31	0.46	0	1
パート・アルバイトのうち，仕事内容や責任が正社員とほぼ同じ者は4割以下	0.45	0.49	0	1
パート・アルバイトのうち，仕事内容や責任が正社員とほぼ同じ者は5割以上	0.36	0.48	0	1
パート・アルバイトのうち，仕事内容や責任が正社員とほぼ同じ者はいない	0.17	0.38	0	1
正社員とパート・アルバイトの仕事内容や責任がほぼ同じ場合，処遇の均衡をはかっている	0.29	0.45	0	1
正社員とパート・アルバイトの仕事内容や責任がほぼ同じ場合，処遇の均衡をはかっていない	0.28	0.45	0	1
正社員と仕事内容や責任がほぼ同じのパート・アルバイトはいない	0.41	0.49	0	1
業務量の変動に対応するため	0.50	0.50	0	1
正社員を増やさずに要員を確保するため	0.60	0.49	0	1
正社員を募集しても集まらないため	0.50	0.50	0	1
専門的業務に対応するため	0.60	0.49	0	1
即戦力・能力のある人材確保のため	0.50	0.50	0	1
人件費の削減や抑制のため	0.60	0.49	0	1

(注)　N＝558.
(出所)　「企業の非正規社員等人材マネジメントに関する調査研究」。

* 本章の執筆にあたり，東京大学社会科学研究所附属日本社会研究情報センターSSJ データアーカイブから「企業の非正規社員等人材マネジメントに関する調査研究, 2005（寄託者：雇用・能力開発機構）」の個票データの提供を受けました。ここに謝意を表します。

注
(1) 非正社員のまま同一の勤務先で働き続ける限り，任される仕事は限定的なものにとどまる場合が多く，キャリア発展が難しいと考えられる（佐野 2008）。
(2) 具体的には，次のいずれかの措置を講じなければならないとされる。㋑通常の労働者の募集を行う場合において，当該募集に係る事業所に掲示すること等により，その者が従事すべき業務の内容，賃金，労働時間その他の当該募集に係る事項を当該事業所において雇用する短時間労働者に周知すること。㋺通常の労働者の配置を新たに行う際に，当該配置の希望を申し出る機会を当該事業所において雇用する短時間労働者に対して与えること。㋩一定の資格を有する短時間労働者を対象とした試験制度を設けることその他の通常の労働者への転換のための制度を設けること。㋥㋑から㋩までに掲げるもののほか，短時間労働者が通常の労働者として必要な能力を取得するために教育訓練を受ける機会を確保することその他の通常の労働者への転換を推進するための措置を講ずること。
(3) 基本的に中小企業事業主を支給対象とし，有期契約労働者に対して，①新たに転換制度を導入し，かつこの制度を利用して，直接雇用する有期契約労働者を 1 人以上通常の労働者（正社員）として転換させた場合，②転換制度を導入した日から 3 年以内に，直接雇用する有期契約労働者を 3 人以上通常の労働者として転換させた場合に，奨励金が支給される。ただし，対象労働者のいずれかが母子家庭の母等である場合は拡充措置がある。
(4) 平成 7 年，平成 13 年の調査実施者は厚生労働省で，平成 17 年調査は財団法人 21 世紀職業財団である（http://www.jiwe.or.jp/jyoho/chosa/h1709_parttime/index.html）。
(5) 企業事例に関しては，労働政策研究・研修機構（2008），ニッセイ基礎研究所（2005），連合総合生活開発研究所（2004）などを参照されたい。
(6) 佐藤・佐野・原（2003）では，正社員と非正社員それぞれならびに正社員内の雇用区分ごと，非正社員内の雇用区分ごとの働き方の特徴を整理しており，詳細については，そちらを参照されたい。
(7) 労働政策研究・研修機構（2008）を参照のこと。
(8) ただし，この数値は，原・佐藤（2006）における『平成 13 年パートタイム労働者

　　　　『総合実態調査』の個票データの特別集計の結果である。ここでの若年層の定義は，① 29歳以下，② 在学していない（つまりいわゆる学生アルバイトを除く），③ 男女ともに未婚である者である。
(9)　帝国データバンク事業所分類のうち，「事務・営業施設」「生産施設」「開発研究施設」「店舗・サービス施設」「保管物流施設」「スポーツ・娯楽施設」について各1000事業所，計6000事業所を調査対象として行われた調査である。調査の実施時期は2005年8〜9月，回収数は1337，有効回収率は22.3%である。詳細については，雇用・能力開発機構・みずほ情報総研株式会社（2006）を参照のこと。
(10)　ここではアンケート調査結果に基づいたデータ分析の結果を報告するが，小杉（2008）では企業・事業所ヒアリング調査の結果に基づいて，正社員登用制度を企業・事業所が導入する理由を明らかにしている。
(11)　『パートタイム労働者総合実態調査』よりも値が小さくなっているが，パート・アルバイトのみに対象を限定しているからと思われる。
(12)　佐野（2008）を参照のこと。
(13)　データ上，仕事内容や責任が正社員とほぼ同じパート・アルバイトをいないとする事業所と，処遇の均衡における設問において，該当する人材はいない（仕事内容や責任が正社員とほぼ同じパート・アルバイトはいない）とする事業所は一致していない。
(14)　事業所の基本属性として，事業所の正社員数，事業所の施設タイプ，業種，売上高の3年前とくらべた増減傾向に関するダミー変数を用いた。また，人材の活用状況に関する変数として，正社員・非正社員・外部人材数の3年前とくらべた増減傾向，最近3年間の新入社員の採用・配置数，正社員1人あたり業務量の3年前とくらべた増減傾向，仕事内容や責任が正社員とほぼ同じパート・アルバイトの割合，正社員とパート・アルバイトの仕事内容や責任がほぼ同じ場合の均衡処遇の考慮の有無といった変数を用いた。
(15)　パート・アルバイトの活用目的に関する変数として，業務量の変動に対応するため，正社員を増やさずに要員を確保するため，正社員を募集しても集まらないため，専門的業務に対応するため，即戦力・能力のある人材確保のため，人件費の削減や抑制のためのそれぞれについて，該当すると回答した場合を1，該当しない場合を0とするダミー変数を用いた。
(16)　若年非正社員の特徴は，原（2005），原・佐藤（2006）を参照されたい。
(17)　正社員希望と，その他の説明変数との関係をみたクロス表集計については，原・佐藤（2006）にまとめられているので，詳細はそちらを参照されたい。
(18)　連合総合生活開発研究所（2004，第Ⅰ部第2章，第Ⅱ部第2章）参照のこと。ま

た，本章第2節の分析でも紙幅の関係上表掲はしていないが，同様の結果が得られている。

(19) 非正社員の能力開発の現状については，黒澤・原（2008, 2009）を参照されたい。

参考文献

株式会社ニッセイ基礎研究所（2005）『フリーター等非正社員から正社員への登用制度の普及促進　企業事例調査研究報告書（平成16年度厚生労働省委託調査）』。

黒澤昌子・原ひろみ（2008）「非正社員の能力開発」労働政策研究・研修機構『非正社員の雇用管理と人材育成に関する予備的研究』資料シリーズ No. 36，第Ⅱ部，13-63頁。

黒澤昌子・原ひろみ（2009）「企業内訓練の実施規定要因についての分析――Off-JTを取りあげて」労働政策研究・研修機構『非正社員の企業内訓練についての分析』労働政策研究報告書 No. 110，第Ⅱ部，11-55頁。

厚生労働省（1997）『平成9年　パートタイマーの実態（平成7年　パートタイム労働者総合実態調査報告）』。

厚生労働省（2003）『平成15年　パートタイマーの実態（平成13年　パートタイム労働者総合実態調査報告）』。

小杉礼子（2008）「非正社員の能力開発と正社員の登用」労働政策研究・研修機構『非正社員の雇用管理と人材育成に関する予備的研究』資料シリーズ No. 36，第Ⅲ部第2章，91-119頁。

雇用・能力開発機構・みずほ情報総研株式会社（2006）『企業の非正規社員等人材マネジメントに関する調査研究報告書』。

佐藤博樹編（2004）『パート・契約・派遣・請負の人材活用』日本経済新聞社。

佐藤博樹・佐野嘉秀・原ひろみ（2003）「雇用区分の多元化と人事管理の課題――雇用区分間の均衡処遇」『日本労働研究雑誌』No. 518, 31-46頁。

佐野嘉秀（2008）「非正社員の仕事とキャリア――正社員のキャリア類型との関係」労働政策研究・研修機構『非正社員の雇用管理と人材育成に関する予備的研究』資料シリーズ No. 36，第Ⅲ部第1章，67-90頁。

中島豊（2003）『非正規社員を活かす人材マネジメント』日本経団連出版。

原ひろみ（2005）「若年非正規社員の就業実態と正社員登用制度――予備的分析」(財)統計研究会『経済社会の構造変化と労働市場に関する調査研究報告書』第5章第3節，90-113頁。

原ひろみ・佐藤博樹（2006）「若年非正規社員の就業希望と雇用管理のあり方」独立行政法人雇用・能力開発機構・財団法人統計研究会『雇用の多様化，流動化，高

度化などによる労働市場の構造変化への対応策に関する調査研究報告書』第1章第3節，15-29頁。

みずほ情報総研株式会社（2007）『労働者の多様な働き方に対応した能力開発施策に関する調査研究報告書（平成18年度厚生労働省委託）』。

連合総合生活開発研究所（2004）『若年者の職業選択とキャリア形成に関する調査研究報告書』。

労働政策研究・研修機構（2008）『非正社員の雇用管理と人材育成に関する予備的研究』資料シリーズ No. 36。

索　引

あ　行

アイデンティティ　149
　——・アンカー（identity anchor）　150
　——との一致（identity-affirming）　149
　——との矛盾（identity-discrepant）　150
アカウンタビリティ（説明義務）　155, 234
新しい仕事へのチャレンジ度の低下　72
アトキンソン, J.　8
新たな能力評価体系　77
安全配慮義務　231
育児休業制度　136
育成（いわゆる Make）　55
　——資源の選択と集中　58
　継続的な——　78
　報酬としての——　57
意識のすり合わせ　77
意味の容器（container of meaning）　149
意欲　142
　仕事に対する——　135
インセンティブ給　37
インターンシップ　113
インフラストラクチャー　155
植え付けメカニズム（embedding mechanisms）　154
ウェルビーイング　139, 152, 157
請負社員　→派遣・請負労働者
売上高人件費比率　40
エージレス社会　171
多くの人材に対するモチベーション配慮　72
遅い選抜　62
夫の家事・育児参加　134

か　行

解雇（中途解雇・中途解約）　235, 238, 239
　——予告制度　239
解雇権濫用法理　163, 235
　——の類推　236
改正雇用対策法　166
改正パートタイム労働法　246
階層別研修　59, 62
外部競争性の原則　39
外部人材　195, 257
外部調達（外部化）　11, 55, 58
外部労働市場　116
価値（values）　153
　——ある働き方　17
　——志向　149
家庭生活から仕事への葛藤　145, 147
家庭内労働　141
管理職の緩やかな時間管理　83
企画業務型裁量労働制　82, 86
基幹労働力化　189
企業特殊的能力　56, 61, 166
企業内労働市場　161
企業の働く場としての魅力　56
機能的柔軟性　10
基本的仮定（basic underlying assumption）　153
キャリア・プランニング・センター　169
キャリア開発　75
　——の自己責任化　67
　——の責任主体　68
キャリアカウンセリング　77
教育訓練　230, 263
業績給　18, 37
均衡考慮の原則　223, 229
均衡処遇　34, 253, 255, 259
　——説　222
均衡処遇ルール（均衡の理念）　219, 222, 226-228

日本型—— 227
金銭的柔軟性 10
均等処遇原則 227
勤務形態 86
勤労意欲 3
苦情の自主的解決 234
ケア役割 146
経営リーダー 58
　——人材の育成 65
　——の選抜育成 66
経済的支援 136
経済的報酬 34
経済的役割 146
継続雇用 162
　——制度 171
　——制度利用率 176
現金給与 35
原資の管理 37, 41
研修プログラムに対する効果測定 77
現場のリーダー 75
効果測定 137, 156
　研修プログラムに対する—— 77
公序 223, 229
行動に基づく葛藤 146
高年齢者雇用安定法 162
公平性（fairness） 139
個別賃金 17, 36
コミットメント 141, 142
　——効果 106
　仕事への—— 82
雇用延長 161
雇用管理 2
雇用区分数 19
雇用区分の多元化 16, 19
雇用契約期間 253
雇用調整 163
雇用ポートフォリオ 189
　——論 11
雇用保障の均衡 26
雇用保障の多元化 26

雇用労働 141
コンティンジェンシー・アプローチ 6
コンピテンシー給 18
コンピテンシー制度（新能力開発体系） 76

さ　行

再雇用・勤務延長制度 171
採用直結型 118
差額賃金請求権 229
産業雇用安定センター 170
資格制度 167
　職能的—— 24
　能力的—— 24
時間的柔軟性 10
時間に基づく葛藤 145, 148
始業・終業時間一定勤務者 86
仕組みの再構築 73
資源ベース理論 7
仕事から家庭生活への葛藤 145, 147
仕事管理 84, 93
仕事給 18
仕事限定・勤務地限定型 22
仕事限定・勤務地非限定型 22
仕事時間 152
仕事の裁量度 86
仕事の手順の裁量量 93
仕事のやりがい 82
仕事非限定・勤務地限定型 22
仕事非限定・勤務地非限定型 22
仕事量の裁量性 92, 93
自社型雇用ポートフォリオ 11
自社に求められる人材像 76
システム思考 143
システム変容（systemic change） 144
私生活時間 152
持続可能性（sustainability） 140
社員格付け制度 52
社員区分制度 40
社内 FA 制度 78
社内公募制 78

索　引

従業員　2
　　——能力観　142
就業規則　221
習熟昇給　45
柔軟な企業モデル（Flexible Firm Model）　8, 188
出向・転籍　168
修羅場経験　64
紹介予定派遣　112
昇格昇給　45
昇進・昇格制度　261, 263
情報伝達　156
賞与・期末手当　35
将来への"夢"　73
処遇の均衡　→均衡処遇
職能給　18, 38, 43
職能資格制度　24, 43, 60
　　——の等級区分　90
　　——変更企業　62
職場管理　82
職場の育成機能弱体化　70, 73
職場風土　94, 157
　　活用ができない——　78
職務給　38, 63
職務遂行能力　60
職務分類制度　52
所定外給与　35
所定内給与　35
新規学卒採用　178
人工物（artifacts）　153
人材育成　55
　　新たな——モデル　69
　　——に対するマネジメント層の責任意識高揚　78
　　——の消極化　58
人材活用　137
　　キャリアを通じた——　57
　　——の仕組み　225
　　人材マネジメントの中核に据えるべき——　73

人材タイプ別キャリアパスの提示　77
人材ビジネス　12
人材マネジメント　73
　　総合的な——　75
人材力観測基準　77
人事異動　232
人事管理の基本原則　34
人事管理の基本的機能　1
人事管理の担い手として管理職　4
人事戦略・人事管理制度を制約する内外環境　9
『新時代の「日本的経営」——挑戦すべき方向とその具体策』　10
人的資源　2
数量的柔軟性　10
スクリーニング効果　106
ストレインに基づく葛藤　145, 148
ストレッチ職務　64
スピルオーバー　145
　　——・コンフリクト（spillover conflict）　151
3ウェイ・パートナーシップ　155
成果重視型人事制度　91
成果主義賃金　18, 172
成果主義の導入　69, 70
　　——による人材育成への影響　69
生活給　43
生活と仕事とのバランス　→ワーク・ライフ・バランス
生活領域　143
性差　146
正社員　187
　　——・非正社員区分の廃止　25
　　——と非正社員を統合した人事制度　25
正社員雇用の多様化　233
正社員転換措置　218, 220, 232
正社員転換の希望　250, 260
正社員登用　248
　　——制度　246, 247, 252, 261
正社員のキャリア　197
成長意欲の低下　72

成長機会　63, 64
　　――が限定的な職場　64
　　――となるような仕事　74
制度の管理　37
性役割分業意識　134
整理解雇　163
説明義務　→アカウンタビリティ
選抜型研修　58, 59
専門業務型裁量労働制　82, 86
専門職制度　167
戦略　154
　　――を構築できる人材　65
総額賃金　17
早期選抜型の育成　66
早期退職優遇制度　168
相互エンリッチメント（mutual enrichment）150
相互消耗（mutual depletion）　151
総実労働時間　83
属人給　18, 38
測定　156
組織パフォーマンスの向上　158
組織文化　152
　　――の変革　158
損害賠償請求　223, 229

　　　　　　　た　行

体験的就業　111
退職金　36
退職マネジメント　78
対人スキル　140
多様性　139
短期評価賃金　17
短時間勤務の適用者　86
短時間雇用　191
短時間労働者　218
　　――法　218
弾力的時間制度適用者　88
弾力的労働時間制の運用適正化　94
中途解雇　→解雇

中途解約　→解雇
長期評価賃金　17
長労働時間化　81
賃金後払い　163
賃金格差の適法性　221
賃金管理　24
　　――の課題　17
賃金決定要素　48
賃金の変動費化　46
　　――機能　52
賃金不払残業　95
通常の労働者　219
低価値化　143
定期昇給（定昇）　44
定着率　137
定年延長　162
定年制　162
　　――の経済分析　163
　　――廃止　174
伝統的な採用　105
天秤　141
同一価値労働同一賃金原則　177, 222
共働き世帯　134
トライアル雇用　112
努力義務　227

　　　　　　　な　行

内的なフィット　7
内部公平性の原則　38
内部調達（内部化）　11
内部労働市場　116
日経連能力主義管理研究会　24
日本版デュアルシステム　112
年次有給休暇　231
年俸制　51
年齢―賃金プロファイル　164
年齢差別　165
　　――禁止法　165
年齢制限　165
能力開発　230

索　引

　　企業主体の——　68
　　キャリアの基礎となる——　74
　　——機会の縮小　66
　　——主義　48
　　——の主体は個人　69
　能力主義的賃金制度　48

は　行

パート・アルバイトの質的な活用　254
パートタイマー　216
　　職務内容・一定期間の人材活用の仕組みが通常の労働者と同一の——　226, 228, 229, 254
　　職務内容も異なる——　225
　　通常の労働者と同視すべき——　225
　　——の賃金　216
　　——の賃金格差　221
　　——の労働時間　216
パートタイム労働法　218, 224
派遣・請負労働者　195, 257
働き方の高付加価値化　49
働き方の多様化　50
働く場の変化　59
範囲給　44
非正社員　191
　　——の仕事の範囲　191
　　——への仕事の割り振り　191, 203
非典型雇用　185
　　——者への個別の仕事の割り振り　187
　　——の仕事の範囲　187
ファミリー・フレンドリー表彰　138
フェイス・タイム　142
付加価値　40
付加給付　35
部下を囲い込む誘惑　64
複数の雇用区分を設ける理由　20
福利厚生　230
「普通の人々」
　　——の成長　73
　　——の成長意欲　79

不法行為　223, 229
不本意パート　250
部門間ローテーション　61
不利益取扱いの禁止　235
フルタイムパート　219, 229
フレックスタイム制度　83, 86
　　——適用者　86
文書交付の努力義務　220
紛争解決援助　234
紛争処理システム　234
紛争調整委員会による調停　234
ベースアップ（ベア）　44
ベストフィット・アプローチ　6
ベストプラクティス・アプローチ　6
報酬管理　2, 35
　　広義の——　3
法定外福利費　36
法定定年齢　161
法定福利費　36
補償コンフリクト（compensation conflict）　151
ホワイトカラー・エグゼンプション制　94

ま　行

毎月決まって支給する給与　35
みなし労働時間制度　82
「報いられる」という感覚　74
メタファー　140
モチベーション　135, 138
　　長期的な——　73
　　リスク回避的な——　70
モデル賃金統計　45
モラル・ハザード　179

や　行

役職定年制　167
役割間葛藤　145
役割給　18, 63
役割等級制度　52
役割明確化効果　107
雇止め　235

277

──の合理的理由　237
有期雇用　191
有期労働契約　236
　──の反復更新　226

ら行

ライフスタイル　14
リーダーシップ　154
良質の経験　74
労使関係　3
　──管理　2
労使自治の原則　217
労働契約
　期間の定めのある──　225
　期間の定めのない──　225, 228
労働サービスの関係　2
労働災害　231
労働時間　231
　──管理　81
労働者　218
労働条件の明示　220
労働費用　34
　現金給与以外の──　35
　──の変動費化　41
労働分配率　40
老齢厚生年金　170
60歳定年　162

わ行

ワーク・ファミリー・コンフリクト　144
ワーク・ライフ・アンバランス　135, 144
ワーク・ライフ・コンフリクト　15
ワーク・ライフ・バランス　50, 82, 133, 157, 217
　──支援　14
　──支援策　149
　──支援制度　136
　──の満足度　82
　──文化　154
ワークシェアリング　173
ワクチン効果　106
ワナウス, J. P.　103

アルファベット

Off the Job Matching　111
Off-JT　261, 263
OJT（On the Job Training）　62, 261, 263
　──経験の体系化（形式知化）　62
On the Job Matching　111
PDCA サイクル　93
Realistic Recruitment　103
RJP　103
Standards of Excellence Index　154
win-win　133

《執筆者紹介》（執筆順）

佐藤博樹（さとう・ひろき）はしがき，序章
    編著者欄参照。

今野浩一郎（いまの・こういちろう）第1章
    1946年　生まれ。
    1973年　東京工業大学大学院理工学研究科修士課程修了。
    現　在　学習院大学経済学部経営学科教授。
    著　作　『資格の経済学――ホワイトカラーの再生シナリオ』（共著）中央公論社，1995年。
            『勝ちぬく賃金改革――日本型仕事給のすすめ』日本経済新聞社，1998年。
            『人事管理入門』（共著）日本経済新聞社，2002年。

守島基博（もりしま・もとひろ）第2章
    1986年　米国イリノイ大学産業労使関係研究所博士課程修了，同年，Ph.D. in Industrial Relations and Human Resource Management 取得。
    現　在　一橋大学大学院商学研究科教授。
    著　作　『人材マネジメント入門』日本経済新聞社，2004年。
            "The Evolution of White-Collar Human Resource Management in Japan." *Advances in Industrial and Labor Relations* 7. 1996：145-176.

佐藤　厚（さとう・あつし）第3章
    1957年　生まれ。
    1990年　法政大学大学院社会学専攻博士課程単位取得後退学，2003年社会学博士。
    現　在　法政大学キャリアデザイン学部教授。
    著　作　『ホワイトカラーの世界――仕事とキャリアのスペクトラム』日本労働研究機構研究双書，2001年。
            『仕事の社会学――変貌する働き方』（共編著）有斐閣，2004年。
            『業績管理の変容と人事管理――電機メーカーにみる成果主義・間接雇用化』（編著）ミネルヴァ書房，2007年。

堀田聰子（ほった・さとこ）第4章
- 1976年　生まれ。
- 2008年　大阪大学大学院国際公共政策研究科博士後期課程修了，2008年国際公共政策博士（大阪大学）。
- 現　在　東京大学社会科学研究所特任准教授。
- 著　作　『人材育成としてのインターンシップ――キャリア教育と社員教育のために』（共著）労働新聞社，2006年。
『ヘルパーの能力開発と雇用管理――職場定着と能力発揮に向けて』（共著）勁草書房，2006年。
『能力開発と雇用管理に関する実証研究』大阪大学大学院博士論文，2008年。

藤本哲史（ふじもと・てつし）第5章
- 1964年　生まれ。
- 1994年　米国ノートルダム大学大学院社会学研究科社会学専攻博士課程修了，1994年社会学Ph.D.（ノートルダム大学）。
- 現　在　同志社大学大学院総合政策科学研究科教授。
- 著　作　「企業のファミリー・フレンドリー制度に対する従業者の不公平感」『組織科学』（共著）Vol. 41, No. 2, 白桃書房，2007年。
「看護職のワーク・ファミリー・コンフリクト――勤務体制と子育て支援が仕事と子育ての両立に与える影響」『社会保険旬報』（共著）No. 2346, 社会保険研究所，2008年。
"Work-family conflict of nurses in Japan." *Journal of Clinical Nursing*（共著）17, Blackwell Pablishing, 2008年。

八代充史（やしろ・あつし）第6章
- 1959年　生まれ。
- 1987年　慶應義塾大学大学院商学研究科博士課程単位取得退学，1993年博士（商学）（慶應義塾大学）。
- 現　在　慶應義塾大学商学部教授。
- 著　作　『大企業ホワイトカラーのキャリア――異動と昇進の実証分析』日本労働研究機構，1995年。
『管理職層の人的資源管理――労働市場論的アプローチ』有斐閣，2002年。
『人的資源管理論――理論と制度』中央経済社，2009年。

佐野嘉秀（さの・よしひで）第7章
- 1972年　生まれ。
- 2002年　東京大学人文社会系研究科博士課程単位取得退学。
- 現　在　法政大学経営学部経営学科准教授。
- 著　作　「パート労働の域職と要員をめぐる労使交渉――ホテル業B社の事例」『大原社会問題研究所雑誌』No. 521, 大原社会問題研究所, 2002年。
「製造分野における請負労働者の労働条件とキャリア――社会政策の視点から」『季刊社会保障研究』2004年冬号, 国立社会保障・人口問題研究所, 2004年。
「製品開発における派遣技術者の活用――派遣先による技能向上の機会提供と仕事意欲」『日本労働研究雑誌』（共著）No. 582, 労働政策研究・研修機構, 2009年。

土田道夫（つちだ・みちお）第8章
- 1957年　生まれ。
- 1987年　東京大学大学院法学政治学研究科博士課程修了, 法学博士（東京大学）。
- 現　在　同志社大学法学部・法学研究科教授。
- 著　作　『労働契約法』有斐閣, 2008年。
『労働法概説』弘文堂, 2008年。
『ウォッチング労働法（第2版）』（共著）有斐閣, 2007年。

原　ひろみ（はら・ひろみ）第9章
- 1970年　生まれ。
- 2003年　東京大学大学院経済学研究科現代経済専攻博士課程単位取得退学, 2007年博士（経済学）, 東京大学。
- 現　在　労働政策研究・研修機構人材育成研究部門研究員。
- 著　作　「正規労働と非正規労働の代替・補完関係の計測――パート・アルバイトを取り上げて」『日本労働研究雑誌』No. 518, 2003年。
「日本企業の能力開発――70年代前半～2000年代前半の経験から」『日本労働研究雑誌』No. 563, 2007年。
"The Union Wage Effect in Japan," *Industrial Relations*（共著）, Vol. 47, No. 4, 2008.

〈編著者紹介〉

佐藤博樹（さとう・ひろき）
　1953年　生まれ。
　1981年　一橋大学大学院社会学研究科博士課程単位取得退学。
　現　在　東京大学社会科学研究所教授。
　著　作　『人事管理入門』（共著）日本経済新聞社，2002年。
　　　　　『人を活かす企業が伸びる　人事戦略としてのワーク・ライフ・バランス』（共編著）勁草書房，2008年。
　　　　　『パート・契約・派遣・請負の人材活用（第2版）』（編著）日本経済新聞出版社，2008年。

叢書・働くということ④
人事マネジメント
2009年9月30日　初版第1刷発行　　　　　　　　検印廃止

定価はカバーに
表示しています

編著者　佐　藤　博　樹
発行者　杉　田　啓　三
印刷者　坂　本　喜　杏

発行所　株式会社　ミネルヴァ書房
　　　607-8494　京都市山科区日ノ岡堤谷町1
　　　　　電　話　(075)581-5191（代表）
　　　　　振替口座　01020-0-8076

Ⓒ佐藤博樹ほか，2009　　冨山房インターナショナル・兼文堂

ISBN 978-4-623-05267-7
Printed in Japan

叢書・働くということ（全8巻）

監修委員：橘木俊詔・佐藤博樹
体裁：Ａ５版・上製・各巻平均320頁

第1巻	働くことの意味	橘木俊詔 編著
＊第2巻	労働需要の経済学	大橋勇雄 編著
第3巻	労働供給の経済学	三谷直紀 編著
＊第4巻	人事マネジメント	佐藤博樹 編著
第5巻	労使コミュニケーション	久本憲夫 編著
＊第6巻	若者の働きかた	小杉礼子 編著
＊第7巻	女性の働きかた	武石恵美子 編著
＊第8巻	高齢者の働きかた	清家 篤 編著

（＊は既刊）

——— ミネルヴァ書房 ———

http://www.minervashobo.co.jp/